中國模式

經驗與困局

Chinese Mode: Experiences and Difficulties

鄭永年◎著

目　錄

前言：中國的崛起和中國模式

中國模式的崛起可以說是二十一世紀國際關係上的一件大事。中國模式是中國改革開放政策的產物，但「中國模式」概念的提出和爭論卻發生在本世紀。因爲改革開放包括對內改革和對外開放這兩個互相依存的方面，因而討論中國模式就是要把改革開放放在中國和國際發展這兩個維度中去探討其意義。就是說，中國模式不僅屬於中國歷史，也屬於世界歷史。

探討中國的改革開放對世界的意義，就要從國際環境的變化來看中國的改革開放。中國的改革開放既然和國際環境分不開，那麼自然也對國際社會具有深刻的影響。尤其應當指出的是，「開放」表明中國的改革一開始就是世界發展經驗的組成部分。也正因爲這樣，中國的改革開放事業一開始，國際社會對此表現出來的關懷並不亞於中國社會本身。

中國的改革開放對世界意味著什麼？這個問題在改革開放的不同時期，其含義是不一樣的。這可以從西方世界的一些人對中國改革開放的話語變遷中看出。早期在中國剛開始改革開放的時候，也就是二十世紀八〇年代初期，西方社會對中國一片歡迎，認爲中國的改革開放會使中國很快演變成另一個西方式國家。但當他們最終意識到中國不可能成爲另外一個「他們」的時候，西方就從九〇年代初開始掀起了一波又一波的「中國威脅論」，從「中國軍事威脅論」到「中國經濟威脅論」，再到「中國政治不確定論」，等等，循環反覆，從未間斷過。當然，跟隨著各種威脅論的是各種應付中國的策論，「圍堵」、「遏制」、「抗衡」、「對衝」和「接觸」，等等，不一而足。等他們意識到中國的崛起不可遏制和圍堵，意識到中國事實上已經崛起的時候，西方又有了「大國責任論」和「利益相關者論」等論調。

西方對中國的各種憂慮和猜疑背後有其種種原因。不管怎

樣，這就是說，中國的改革開放和西方的利益息息相關。但如果光從西方對中國的反應來看中國改革開放的世界意義，那麼就會過於狹隘。不管中國現在如何定位自己，或者其他國家如何定位中國，改革開放當初發生在屬於開發中國家的中國這個事實表明，中國的經驗對於開發中國家更具有現實意義和價值。

中國模式問題在西方已經討論多年。儘管中國政府本身還是很低調，但在海外，對這個模式的討論有增無減。從總體上來說，中國模式對於西方已開發國家和其他開發中國家具有不同的意義。對很多第三世界開發中國家來說，中國模式的意義在於其到底是否能成為有別於過去其他所有模式的一個替代模式。在第二次世界大戰後，世界的發展模式基本上分為蘇聯模式和西方模式。現在蘇聯模式已經解體，只剩下西方模式。西方模式主要指的是美國模式。儘管歐洲國家也經常在國際事務中倡導其價值和模式，但已經沒有很大的能量在世界舞臺上推動其模式的傳播；並且在很多方面，歐洲正在和美國區分開來，努力尋求其自己的模式。很顯然，在內政方面，歐洲的社會主義因素遠較美國多。美國在冷戰結束後成為唯一的超級大國，有力量推行其模式，也就是人們所說的「華盛頓共識」。但不管是歐洲還是美國，在推行其模式方面並沒有獲得很大的成功，很多採用西方模式的開發中國家並沒有因此得到經濟、社會的發展與民主政治的穩定。在這種情形下，中國模式對開發中國家來說具有非常重要的意義。

如果，中國模式對發展中國家來說更多的是發展經驗問題，那麼對西方國家，尤其是美國，則更多的是一種價值問題。對很多西方人來說，中國模式就是對西方價值的挑戰和競爭。他們的擔憂不僅僅在於上面所說的很多開發中國家對中國經驗表現出極大興趣，還在於那些對美國和西方模式不再感興趣的西方人也開始看重

中國模式。不管怎樣，前些年所謂的要以「北京共識」取代「華盛頓共識」的討論起源於西方，而非中國。

中國模式對中國發展本身的意義更不容忽視。改革開放到現在已有三十年。儘管從數字上看，三十年對有著數千年歷史的中國並不算什麼，但把它放在中國歷史的過去和未來的中間，人們會感覺到這三十年具有里程碑式的歷史意義，就是說，這三十年為歷史的長河注入了前所未有、並且注定會對未來產生長遠影響的因素。儘管數千年的歷史很長，但這樣的歷史時刻並不多見。無論從哪個方面來說，這三十年已經成為歷史連貫中的重要一環。進而，如果不理解改革開放之前三十年的歷史，也很難、甚至不能理解改革開放三十年的成就。前三十年可以理解為「試誤」式的發展，從而為後三十年累積了非常豐富的經驗。因此，中國模式的範疇應當涵蓋從中華人民共和國成立到現在的六十年。

對中國的大歷史來說，改革開放最深刻的意義在於對國家發展道路，包括經濟、社會和政治道路的探索。中國在進入近代歷史之前，儘管時期漫長，但多為歷史的簡單重演，農業社會和王朝更替是數千年歷史最持續的特色。只有到了近代和西方強國接觸之後，中國各方面才發生了根本性變化。簡單地說，從清末改革運動到孫中山，再到毛澤東，在改革開放之前，中國人一直處於持續的革命之中，探索的重點在於建立一個什麼樣的國家。儘管毛澤東領導的共產黨人最終建立了人民共和國，但對共和國應當是怎樣的一個國家，一直處於艱難的探索之中，對很多問題的理解只能在實踐中進行。「繼續革命」可以說是改革開放前三十年共和國的一大主要特點。

在前三十年，鑑於當時的國際形勢，儘管中國也有些制度上的創新（如在建設社會主義方面和蘇聯決裂），但總體上還是蘇聯

版本的計畫經濟和貧窮社會主義，仍然孤立於（不管是主動的還是被動的）國際體系之外。前三十年為一個主權獨立國家奠定了基礎結構，而對如何建設這個新國家，只能說為後人留下了很多寶貴而代價極高的教訓和經驗。同時也要意識到，如果沒有前三十年建立起來的主權國家架構，也就很難有後三十年的建設；而且正是因為有毛澤東那麼多充滿價值的社會實踐，毛澤東之後的中國領導人才有了全然不同的探索。計畫經濟、高度集權、沒有自由、封閉、貧窮社會主義等已經被證明行不通，才使得無論是領導階層還是中國社會都接受並追求市場、分權、自由、開放和富裕生活等價值。儘管鄧小平當時象徵性地說改革開放是「摸著石頭過河」，但這只是說追求這些價值的過程具有不確定性，實際上方向是相當明確的。這也是為什麼在各種危機，如一九八九年的「六四事件」和隨後九○年代初蘇聯和東歐國家政權解體之後，中國的改革開放始終沒有走回頭路的主要原因。

同時，中國對發展的道路選擇也並非「非此即彼」，就是說並不是在告別了蘇聯模式之後，就去選擇西方模式。這方面中國又與俄羅斯和東歐國家區分開來。應當說，這種獨立的探索本身就是一種價值。俄羅斯和東歐國家接受西方發展模式，希望透過激進的改革，變成西方國家，但大都導致了經濟衰退和社會的大動盪。在其進行休克療法（shock therapy）的激進改革後，俄羅斯在一段時間裏贏得了西方的高度讚美。但不久俄羅斯就發現，無論是西方式市場經濟還是西方式民主，都很難適應俄羅斯的社會經濟發展，直到普金執政，進行改革，俄羅斯才開始糾正激進改革的弊端。但一旦這樣做，俄羅斯就被視為開始走回頭路，西方對俄羅斯是一片責難。經過諸多曲折之後，那裏的政治人物和社會民眾才意識到，儘管民主政治是一種值得追求的價值，但民主不能保證社會經濟的

發展。如果民主不能同時促進社會經濟的發展，就會導致社會的不滿，而政權也會處於低度合法性。

中國模式的崛起不僅對中國未來的發展具有意義，對世界的發展（尤其是對開發中國家的發展）也具有參考意義。不過，無論在學術界還是政策研究領域，儘管人們對中國模式的興趣已經很濃，但到目前為止，除了媒體對中國模式概念的傳播，還沒有嚴肅的學術研究。很顯然，對中國模式的認識需要很長的時間，花費很大的努力。

本書蒐集的文章是我過去很多年裏對中國模式的思考。這種思考在幾個層面進行，包括中國模式是什麼，它如何發展而來，它的未來是什麼。很多研究者在涉及中國模式問題的時候，往往關注中國模式應當怎麼樣的問題。在很多年的研究裏，筆者不太涉及理想層面的問題，因為很難回答應當怎樣發展的問題，並且如果過度流於抽象，對實踐的發展也並無多大幫助。這裏蒐集的文章更多的是一種經驗觀察，就是對中國發展實踐的觀察。筆者相信，只有透過觀察中國的實踐和中國的經驗，才能理解中國模式，也才能理解這個模式從何而來、到何處去的問題。要回答從哪裏來、到哪裏去，就必須有一個歷史的角度和一個比較的角度。就是說，筆者在這些文章裏意圖從中國的視角（歷史）和國際的視角（比較），來對中國的模式做些探討。應當強調的是，對中國模式的探討需要很多人很長時間的努力。一則是因為，如上所說，到目前為止，對中國模式的認識還不深入；二則是因為，中國模式本身還處於發展和變化過程之中。把這些思考文章發表出來，主要是期待能引發更多、更深入的討論。

這裏蒐集的文章之前曾經在各種國際性或區域性會議上發表過，大都也曾在中國的一些大學以講座形式發表過。此次能夠集結

出版，必須感謝浙江人民出版社社長樓賢俊先生、副總編輯張建江先生以及王利波女士。沒有他們的鼓勵和推動，筆者很難下決心花費時間更新這些文章。

鄭永年

第一講　國際發展視野中的中國經驗

◆ 如果光從「民主化」的角度來看像中國這樣的開發中國家的政
治改革，很多寶貴的內容就會被輕易忽視。

◆ 國家制度建設是中國過去將近三十年政治改革的核心。

◆ 中國還沒有進入一個以政治改革為主體的改革階段。這個階段
什麼時候到來，取決於社會改革和進一步經濟改革的情況，而
這個階段一定會到來。

◆ 經濟的可持續發展要求基本社會正義，或者說基本社會正義是
可持續發展的前提。

引言

前不久受邀到哈佛大學參加由甘迺迪政府學院主辦的第十三次國際發展會議。因為是強調發展，會議的焦點自然落在與發展有關的主題上，包括成長與整合、治理與制度、教育與發展、環境與可持續發展以及衛生與發展等。主辦者希望能夠總結出一些普遍性的經驗，提供給包括非洲和拉丁美洲等在內的開發中國家參照。整個會議只有一場討論，議題集中在個別國家的（特殊）經驗上，這個國家就是中國。中國經驗的重要性是不言自明的。中國過去將近三十年的發展經驗儘管有其特殊性，但已經受到越來越多開發中國家的普遍關注。將來發展得好，中國有可能成為開發中國家一個可以借鑑的模式。

應主辦者要求，我做了一個題為「經濟發展和政治改革：中國經驗」的演講。如果把中國的經驗放在國際發展這樣一個大背景下，中國的確有很多經驗可以為發展中國家所借鑑。總結中國的經驗自然是一件有意義的事情，同時，政治改革和經濟發展之間的關係，也是中國國內自改革開放以來一直爭論不休的一個重要問題，所以，把演講提綱和問答筆記整理出來，供讀者討論。

中國的經驗有很多，但從政治和經濟發展的關係來說，主要可從如下五個方面來討論。

不能說中國沒有政治改革

　　首先，我不同意國際學術界和政策圈一直流行的所謂「中國只有經濟改革而無政治改革」的看法。自改革開放以來，中國如果沒有政治改革，很難想像經濟發展成就是如何取得的，也很難解釋當代中國政治與改革開放前的中國政治之間的巨大區別。關鍵在於如何定義政治改革。在不同開發中國家，因為內部情況的不同，政治改革具有不同的內容。同時，即使在同一個國家，在經濟社會發展的不同階段，政治改革也會具有不同的內容。如果光從「民主化」的角度來看類似於中國這樣的開發中國家的政治改革，那麼很多寶貴的內容就會被輕易忽視。實際上，單單從民主化的角度來看開發中國家的政治，人們經常會得出悲觀的結論，因為開發中國家的民主化改革往往反反覆覆，很少有一帆風順的。

　　西方國家要求開發中國家進行民主化改革是可以理解的，因為到目前為止，民主是一種能夠幫助人們實現自我價值的最有效制度。但大多數開發中國家面臨的不僅僅是民主化的問題，更重要的是基本國家制度建設問題。西方社會經過數百年的發展，確立了一套行之有效的、完備的現代國家制度，但多數開發中國家顯然還沒有建立起這樣一套制度。對開發中國家來說，首要任務就是基本國家制度建設。從很多開發中國家的經驗來看，民主化並不能夠幫助它們建立現代國家制度，但現代國家制度建立以後，民主化則是有可能的。

　　國家制度建設就是中國過去將近三十年政治改革的核心。中國領導階層一直強調的機構改革就屬於這個範疇。民主化是中國政

治改革的其中一個目標，但不是唯一的目標。除了民主化，中國還有其他很多同樣重要的目標，如經濟發展和社會轉型等。經濟、社會和政治等方面的多重轉型，往往給開發中國家的領導人帶來莫大的壓力。在一些國家，政府面對多重壓力無能為力。在中國，多重壓力主要是透過兩個方法來應付和消解的：其一是改革的漸進性。漸進改革表明改革並非革命。中國沒有採取前蘇聯和東歐國家的激進改革方法，而堅持改革的漸進性。改革的漸進性使得中國有時間和空間來不斷調整政治體制，以適應不斷變化中的經濟和社會。其次，中國把改革分成不同的階段，在每一階段，各方面的改革優先次序不同。簡單地說，從二十世紀七〇年代末到本世紀初，中國改革的主軸就是經濟改革。但這並不是說就沒有政治改革和社會改革了，而是說在經濟改革處於主導地位的這個階段，政治改革和社會改革是輔助性的。沒有各種輔助性的政治改革和社會改革，經濟改革就很難進行。自中共十六大（二〇〇二年）以來，中國已經進入了一個以社會改革為主體的改革階段。社會改革的重點包括社會保障、醫療衛生、教育等方面。社會改革一方面是為了消化由經濟改革帶來的負面效應，另一方面也是為了給進一步的經濟改革營造一個更好的社會基礎。當然，沒有政治改革，社會改革也難以發生和發展。有秩序的社會改革還是要靠政治改革來保障的。中國還沒有進入一個以政治改革為主體的改革階段。這個階段什麼時候到來，就取決於社會改革和進一步經濟改革的進展情況，但這個階段一定會到來。

社會政治秩序不可缺失

　　第二，經濟發展需要一個最低限度的社會政治秩序。沒有這個秩序，正常的經濟活動就很難進行。這是哈佛大學教授亨廷頓在幾十年前出版的《變革社會中的政治秩序》中一個主要觀點❶。這個觀點在今天的全球化時代還是適用。全球化時代的一個殘酷現實是：如果一個國家處於封閉狀態，那麼很難得到發展。國際資本已經成爲很多開發中國家的發展動力。如果不開放，國際資本就不會進來。但光開放還不夠，還需要秩序。秩序是資本和商業活動的基本條件，尤其對國際資本，更是這樣。實際上，如亞洲金融危機時期印尼的經驗所表明的，一旦失去基本的政治社會秩序，原有的發展成果也會很快付諸東流，前蘇聯的經驗也在很大程度上說明了這一點。在中國，自改革開放以來，儘管也有各種不同形式的社會運動或者群衆事件，但政府保證了基本社會政治秩序。自鄧小平一九九二年南巡以來，中國在吸收外資方面，在開發中國家一直處於領先地位，這應當和中國的社會秩序有關。很難想像在社會失去秩序的情況下，外資還會源源不斷地進入中國。

透過政治與行政手段保護產權

　　第三，經濟發展需要有效的產權保護。產權保護關係到投資者的積極性問題。如果沒有產權保護，就沒有動力機制。因此，西方各經濟學派，尤其是新自由主義，特別強調產權保護在經濟發

展中的核心作用。問題在於用什麼樣的機制來保護產權。在這一點上，中國和其他一些開發中國家與西方國家有不同意見。西方國家特別強調依靠法治來保護產權。這也很容易理解，因爲在發達政治體系和經濟體系裏，法治是產權最有效的保障。但西方批評包括中國在內的開發中國家，沒有建立起有效的法治來保護產權，並不見得公平。如同民主，西方法治制度也是經過數百年的演進，才發展到現在這個程度。要求開發中國家在短時期內建立有效的法治並不務實。關鍵在於，在沒有一個有效法治制度的情況下，開發中國家必須找到其他的產權保護機制。

在中國，改革一開始就提出要建立法制。一九九七年的中共十五大更是把建設法治作爲中國政治改革的主要目標。自改革開放以來，中國已經制訂了無數的法律和規章，不能說中國不重視法治。但另一方面，也應當看到，因爲中國缺乏一個良好的法治基礎設施，很多法律和法規在執行時往往困難重重。在產權保護方面也是這樣。如果沒有產權保護，那麼又如何來解釋中國高速而持續的經濟發展呢？事實上，中國的產權保護主要是透過政治和行政手段來進行的。在法治沒有建立起來，或者法治不能有效運作的情況下，如果要追求經濟發展，透過政治和行政手段來保護產權就變得不可避免。在改革開放時代，中國建立了一個可以稱之爲「親商」或者「親發展」的政府。中共修改黨章容許私營企業家入黨，享受政治權利。中國的憲法也已經修訂來保護產權。在經驗層面，中國各級政府對資本和產權的保護，已經大大超越了法治的程度。地方政府爲了應付競爭和推進地方經濟發展，往往以政治和行政手段，爲資本提供額外的保護和額外的激勵機制，如壓低工人的工資，廉價出讓土地，等等。但是應當看到的是，透過政治和行政方式保護產權有其先天的不足。因爲政治和行政權力的介入，各級政府及其

官員的權力往往得不到制約。過度的權力往往會造成對產權和其他各種權利的侵犯。資本的權利得到保護了，但勞工和農民的權益卻往往得不到保障。很自然，有些場合，過分的權力也會侵犯資本的權利。

政治和行政手段不可避免，但更為重要的是，能否從政治和行政的保護轉型到法治的保護。在這一點上，中國最近通過的《物權法》顯得意義重大。儘管中國國內對這個法律有諸多爭論，但這一法律的通過是一大進步，它表明中國對產權的保護已經開始從政治和行政的方法轉型到法治。

社會正義是持續發展的前提

第四，經濟的可持續發展要求基本社會正義，或者說基本社會正義是可持續發展的前提。所有經濟活動並不發生在抽象的空間內，而是發生於實實在在的社會空間裏，任何經濟交易都是發生在人與人之間和不同社會群體之間。或者說，經濟生活不能獨立於社會生活，而是社會生活的一個重要組成部分。因此，經濟活動本身的意義要到社會關係中去尋找。社會的正常運作是經濟發展的最基本條件。前面所說的社會政治秩序就是一個重要的方面。基本社會正義的重要性也就在這裏，如果沒有基本社會正義，社會運作就會出現很大的問題。經濟活動能夠給基本社會正義創造經濟條件，但經濟活動對社會正義的影響並不見得都是正面積極的。如果在經濟發展中，對社會群體不能給予同等的機會，社會正義就難以得到保障；如果由經濟發展而產生的大量財富在社會群體中不能公平分配，那麼社會正義也難以得到保障。而一旦社會缺少基本的正義，

那麼社會不穩定，甚至無秩序就會成爲可能。自第二次世界大戰以來，很多開發中國家在一定的階段並不缺乏經濟發展，問題在於發展沒有持續下去，而其中一個主要原因就是缺乏社會正義，最後導致社會失序。非洲和拉丁美洲的很多國家今天就面臨著如何實現基本社會正義的挑戰。

中國在這方面也有經驗。經濟發展在給人民帶來很多好處的同時，也導致了很多方面的社會正義問題。因爲中國的經濟發展是透過大規模的分權運動造成的，各級地方政府及其官員掌握了大量的資源，他們的權力過大，得不到制約，造成大量的腐敗。中國儘管沒有發生像俄羅斯那樣大規模的私有化，但是各種變相形式的私有化還是發生了。西方稱爲公共部門的領域，包括醫療衛生、社會保障和教育等，過度產業化，大量財富透過產業化的途徑流向了少數社會成員。同時，鄧小平所倡導的「讓一部分人、一部分地區先富裕起來」的政策，到現在爲止，並沒有導向「共同富裕」的結果。根據世界標準，中國收入差異已經到了很危險的地步。在這樣的情況下，中國很自然地出現了社會不和諧的狀態。近年來，群衆事件不斷，並且一些群衆事件朝政治化方向演變。正是在這樣的情況下，中國最近幾年出爐了「科學發展觀」和建設「和諧社會」的政策。顯然這些新政策是要達到基本社會正義目標。對開發中國家來說，沒有經濟發展就不會有社會正義。但經濟發展並不能等同於社會正義，關鍵在於出現社會非正義的時候，能否採取有效的方法糾正問題。

社會多元促進政制改革

　　第五，民主化需要一定的社會經濟基礎結構。在二十一世紀，很少有國家及其人民不嚮往民主政治的。但在很多場合，民主是可遇而不可求的。開發中國家並不缺乏民主化的經驗，但並非所有民主化經驗都是積極的，有「好」民主，也有「壞」民主。有些國家的民主給人民很多正面的體驗，但在另外一些地方，民主帶來的是不好的經驗。如前面所討論的，很多開發中國家的首要任務是基本國家制度建設。民主制度只是眾多國家制度中一個重要部分，而非全部。民主並不能替代現代國家制度的全部，民主也並不見得有能力建設各方面的現代國家制度。再者，儘管在西方社會民主和經濟發展可以平行，但在很多開發中國家，民主不見得能夠推動經濟的發展。經濟發展需要秩序，但民主政治並不能保證這樣一個秩序。民主也不見得能夠帶來社會和諧。在開發中國家，民主往往造成國家經濟和社會生活的過分政治化。國家過分政治動員，造成政治空間過大，經濟和社會空間過小。這些都是不利於社會和諧的。

　　對中國和其他開發中國家來說，關鍵問題並不是要不要民主的問題，而是如何追求「好」的民主而避免「壞」的民主。從已開發國家和開發中民主國家的經驗來看，一個「好」的民主需要一定的社會經濟基礎結構。就是說，「好」的民主需要一定的社會和經濟發展程度和水準。窮的地方可以發展民主，但人民過於貧窮的話，就沒有力量去抵抗掌權者，無論這個掌權者是選舉出來的，還是透過其他方式產生出來的。有太多的歷史經驗告訴人們，農民的反叛和革命產生不了民主，尤其是「好」的民主，而中產階級革命

則往往帶來「好」的民主。

中國的經濟發展還處於早期，中產階級規模還不是很大，窮人還很多。這些年來，很多群眾事件就發生在窮人中間，如何解決窮人的問題是中國領導者面臨的重要任務。很顯然，如果不能消除絕對的貧窮，就很難根除中國歷史上一而再、再而三發生的惡性革命。就民主化來說，中國存在著很大的希望。在中國的一些地方，也正經歷著中產階級的覺醒。已開發地區的一些群眾事件就和中產階級有關，尤其在與環境保護等問題相關的領域。經濟的發展促成了社會多元化，而社會多元化反過來又促成中國政治體制的調整，以適應社會經濟的現實。所以，儘管漸進式主導著中國的政治變革，但人們可以對民主政治保持樂觀。從各個方面來說，民主化可以說是不可避免的。

（本文最初發表在哈佛大學的一個會議上，經修改發表在《開放時代》2007年第4期）

註釋

❶ Samuel P. Huntington, *Political Order in Changing Societies* (New Haven and London: Yale University Press, 1968).

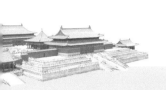

第二講　中國民族主義和自由主義

◆ 民主是國家現代化的前提條件，沒有民主很難說會有現代民族國家。但是民族主義在傳播到中國的過程中，由於條件不同，兩種主權之間的關係發生了變化。

◆ 如何組織中國民族主義，是從孫中山到毛澤東的中國政治精英人物所面臨的最重要政治課題。

◆ 從國家結構來說，國共兩黨並沒有多大的區別。但為什麼中國共產黨最終能夠取代國民黨而治國呢？這主要是因為國共兩黨使用民族主義的方法和策略不同。

◆ 很顯然，民族主義的主題是中國的內政建設，而非對國際壓力的情緒化反應；或者說，情緒化反應是不可避免的，但不能成為民族主義的主題。

引言：余英時vs.姜義華

　　一九九六年三月二十九日，美國普林斯頓大學余英時教授在臺灣《中國時報》上發表了一篇題為〈飛彈下的選舉：民主與民族主義之間〉的文章，在肯定了臺灣民主政治發展的同時，直接批評中國大陸領導人，認為他們利用中國民族主義來壓制中國的民主政治❶。余教授的文章一經發表，便在海內外引起非常大的回響。一個簡單的原因是，余先生把中國大陸和臺灣政治發展的差異簡約為民主政治（臺灣）和民族主義（中國大陸）間的對立。而把中國政治的發展簡約為民族主義，很顯然是把中國置於西方自由主義和民主政治的對立面。很多西方學者紛紛引用余先生的觀點，來印證西方自九〇年代初以來盛行的「中國威脅論」。中國威脅論者的一個主要觀點是：中國大陸的經濟發展在急遽地把中國推向一個世界大國的地位，但由於中國領導人只重視經濟發展，而拒絕實行民主政治改革，所以中國的崛起勢必對現存世界和平與世界秩序構成極大的威脅❷。

　　余先生的文章在中國大陸也產生了相當大的回應，其中最具系統和學術性的，要算上海復旦大學歷史系教授姜義華先生的文章了。在余先生的文章發表後不久，姜義華先生在南京大學做了一次題為「論近代以來中國的國家意識與中外關係意識：評余英時〈飛彈下的選舉：民主與民族主義之間〉」的講座，文章很快進入網際網路，在海內外流傳。一九九七年三月，文章又正式發表在《復旦學報》上❸。姜先生從幾個重要的角度來反駁余先生的觀點，包括「中國」這一概念的歷史形成、近代主權國家意識在中國的崛起、

中國人民追求平等國際地位等。

　　余英時先生是公認的史學大師，但因爲文章作於一九九六年臺海危機之後，先生的寫作更多的是受政治和意識形態影響而非學術驅動的。在西方學術界，近年來有很多的文獻討論文明（或者民族主義）與民主的關係。探討文明和民主的關係再次成了學界的熱門話題。眾所周知的哈佛大學教授亨廷頓就把民主政治歸於西方文明，認爲東方或其他文明與民主政治無緣❹。但是也有學者討論民族主義與民主的正面積極關係。在蘇聯、東歐國家互解以後，這些國家開始了向所謂的民主政治轉型。但轉型並非像學者所想像的那麼簡單。激進的改革或革命摧毀了舊的國家機器，而新的民主方式並不能建立一套新的國家機器，因此社會經濟生活陷入無政府狀態。所以從九〇年代初起，學者們開始思考民族主義和民族國家重建問題❺。這種思路很快得到發展。一九九六年，耶魯大學教授胡安・J．・林茨和哥倫比亞大學教授阿爾弗萊德・斯泰潘，在他們的合著《民主轉型與鞏固的問題：南歐、南美和後共產主義歐洲》中，正式把國家的建設和民族主義作爲民主政治生存和穩定發展的一個制度前提❻。可見，余英時先生在寫作時受前一派學術思想的影響很深，而忽視了後一派所提出的新思想。

　　相較之下，姜義華先生試圖從學術的角度來論證中國近代民族主義對國家發展的重要性。不過姜先生只是從側面批評了余先生的觀點，而沒有對余先生提出的重要問題進行正面回答。筆者認爲隱含在余先生文章中的主要有兩個論題：第一是中國民族主義和自由主義的關係問題，它們兩者是互相排斥的還是互補的；第二是中國的經濟發展是不是中國民族主義崛起的根源，中國的民族主義會不會對現存世界秩序構成威脅。

　　本文並不想對余、姜兩位先生的觀點進行逐一評論。把兩位

27

先生的觀點做這樣一個總結只是爲了作爲引子，把這個具有重要學術和現實意義的問題提出來，意圖直接回答上面兩個隱含在余先生文章中的問題。本文分爲幾個部分：第一部分簡單地討論西方民族主義和自由主義的關係。第二部分討論西方民族主義在近代中國的轉型。現代中國以主權爲核心的民族主義是從西方傳入，但由於國內外種種制約因素，西方民族主義在傳播到中國的過程中發生了很大的轉型。這一部分側重強調中國民族主義和自由主義的同一性和差異性。第三部分討論中國後毛時代經濟成長和民族主義之間的關係。這部分的討論被置於第二部分的架構中，凸顯了爲什麼說決定中國民族主義的不是經濟因素，即經濟成長本身並不決定中國民族主義是否會具有擴張性。最後，在結論中簡單地討論一下中國民族主義和自由主義在改革時期的再整合，和中國民族主義未來的發展方向。

西方民族主義和民主政治

爲什麼在討論中國民族主義之前要先討論西方民族主義？這是因爲，我認爲近代民族主義基本上是個西方的概念。沒有西方民族主義思想在中國的流傳，就很難有近代中國民族主義的崛起。人們發現，中國近代以前占主導地位的是文化主義（culturalism），而非民族主義（nationalism）。前者認同的是文化，而後者的根基是種族❼。近來也有人論證中國的傳統文化主義中包含有種族的因素，即近代民族主義的因素。就是說，文化主義和民族主義不但不相互排斥，反而可以互補❽。我認爲文化主義和民族主義的二分法基本上仍然有效，即使中國傳統文化認同中包含有種族等因素，也

遠遠不能和西歐國家的民族主義相提並論。進而，這種二分法也使我們能夠透視到西方民族主義在傳入中國後的演變過程，以及演變的原因。

有關民族主義的定義已經汗牛充棟，這裏不想再費筆墨了。本文從政治的角度把民族主義定義爲民族國家（nation-state）的產生和發展，以及人民對該民族國家的政治認同。具體地說，民族主義有兩個重要的層面：其一是客觀的制度層面，即民族國家制度；其二是主觀的層面，即民族成員的民族意識和激情，它表現爲一種至高無上的忠誠，促使民族成員不惜爲民族國家的生存而獻身。在民族國家形成後，第二個層面的民族意識就表現爲一種國家意識形態或價值體系。民族國家建立一種民族主義的價值體系，意在培養民族成員的民族自我意識、態度和行爲取向，促使其以推進和保衛民族利益爲己任。所以，民族國家制度下的民族主義帶有強烈的政治色彩。對國家的領導人來說，民族主義意味著愛國主義，人民應該在國際政治舞臺上爭取和保衛國家的主權利益和尊嚴。

民族國家制度和人民的民族國家認同感是相互關聯的。人民對民族國家的認同以及認同的深淺，是和民族國家的形成過程密切相關的。不同的民族國家有不同的形成過程，所以人民對國家的認同也不相同。因爲近代民族主義是先在西方形成，爾後再傳播到其他國家的，所以要瞭解民族國家的原本意義，就要考察西方民族主義的演變過程，也就是要考察人民在民族國家形成過程中所扮演的角色。

簡單來說，西方民族國家（從而是民族主義）的形成和發展過程是兩種主權，即民族主權（national sovereignty）和人民主權（popular sovereignty）的互動過程❾。民族主義有其深厚的歷史淵源，但作爲一種激發民族國家誕生的政治力量，它是近代的產物。

這裏尤其要提的是法國大革命。在法國大革命前，就已經存在民族問題，但法國大革命把一種全新的因素引入民族問題，從而使各種民族因素得以重新組合，形成一種全新的主義。這一新的因素就是民主政治。在民主成為民族主義的一大要素之後，民族主義不再像從前那樣屬於少數精英人物，而是成為千千萬萬平民百姓的事了。從此以後，民族主義和人民主權不可分離，就是說，在民族國家形成過程中，人民不再是一個被動的政治角色，而是一個積極的主動參與者了。從這一角度來看，民族主義和自由主義是同一的。美國政治學家摩根索強調：

> 無論從歷史起源還是從其所發揮的政治功能來說，民族主義的思想和自由的思想密不可分，但也同自由的概念一樣模糊不清。作為一種政治現象，民族主義為兩種自由提供了精神源泉，即集體自由和個人自由。前者為一個民族擺脫另一個民族統治的自由，後者為個人根據自己的意志加入這一民族的自由。〔在民族主義者那裏，〕個人自由被視為是民族自由的先決條件，而民族自由僅僅是個人自由在國際舞臺上的表達罷了。原先用來保障和支持個人自由的政治和法律被應用到民族。人民的意志應決定該由誰來統治他們以及如何來統治。一個民族應該屬於哪個國家統治也是這一決策的一部分。所以，民族自決原則的實現是民主政治和民族主義的實現❿。

民族國家作為一個整體有權利擺脫另一個民族國家的統治，這一思想淵源於十六、十七世紀。當時國家面臨兩個主要敵人，一是封建秩序，二是帝國體制。前者自下而上、後者自上而下地阻礙著近代民族國家的形成。這兩種制度在王朝或者宗教戰爭中不堪

1789年7月14日，群眾蜂擁攻入巴黎的巴士底獄，象徵著法國民眾登上了歷史舞臺。

一擊，證明了它們在組織上的無效性。在封建和帝國體制解體後，隨後興起的是地域國家（territorial state），其政治形式表現爲王朝主權（dynastic sovereignty），君主掌握了國家最高的世俗權力。較之封建和帝國制度，王朝國家更有能力保衛其所控制的領土和人民，提供國內秩序，防範外來的侵略。這種能力是王朝國家統治的道德基礎。我們可以看到，十六世紀的布丹和十八世紀的萊布尼茲都從哲學的角度論證了君主專制的合法性。

　　但君主王朝政體很快就體現出其弱點。到十八世紀末，君主

31

王朝已經不能保衛自己的民族國家了。在歐洲，一些國王為了自身的私利，勾結外國力量來反對自己的國家。就是說，國王自己的利益被置於民族利益之上了。民族主義隨即誕生，表示民族應當自己起來保衛自己的利益了。

法國大革命後，民族主義成了一種革命性的意識形態，迅速登上國際國內政治舞臺。就國內政治來說，人民主權意味著君主專制、貴族政體等傳統國家統治主體失去了統治合法性。民族主義強調的是國內公民一律平等，有權利參與國家的政治過程，而不能被排斥在國家的政治過程之外。無論哪個階級或政治階層都不能代表整個民族來組織和管理國家政治。這裏，「民族」的概念近似於「政治平等」和「民主」的概念。

那麼，民族主義是如何體現在自由主義的政治體制，即民主政治制度上的呢？這需要來看民族國家是如何向民主轉型、體現人民主權原則的。民族主義強調所有公民都有權利參與國家的政治過程，即國家的權力基礎是人民。這當然是一種理想，因為所有人民不可能一律平等地參與國家的政治過程。上面已經提到，民主成為民族主義重要的組成部分是在十八世紀法國大革命時期，最先表現為一種政治意識型態，或者說是理想。從理想變成一種政治現實，或者說是理想外化為政治制度，經歷了一個極其複雜的政治過程。

人民主權原則的制度化過程就是人民進入國家政治生活的過程。從君主主權到民主政治轉型的過程是各種政治力量角逐的過程。先是資產階級。誠如馬克思所分析的，君主主權或專制政權的產生本身就離不開資產階級，因為無論是帝國政體，還是分散的、地方化了的封建政體，都不能滿足新興資產階級的要求。君主專制從制度上統一了國家，民族主權原則得以制度化，這是符合資產階級統一市場要求的；但是，君主主權與資產階級之間的矛盾，在君

主專制政權建立後不久就暴露出來。資產階級不但要享受君主主權所提供的國內秩序，而且要成為一個積極的政治主角參與國家政治。君主主權的根據是人的身分和出身等非自然的特質。資產階級要求把政體建立在更為自然的基礎之上，那就是基於財產之上的「平民」，即資產者。資產者利用自己的經濟權力，透過不同的路徑（或改革，如英國；或革命，如法國），取得了分享政治權力的權利，並最終成為權力的主體。簡單地說，這是西方人民主權的第一次勝利，勝利的基礎是經濟力量。

人民主權的第二次勝利是工人階級進入國家政治過程。資產階級的崛起也造就了一個工人階級，不斷成長的工人階級也要求和資產者分享國家政治權力。和資產者用其經濟權力參與政治不同，

8月26日，法國國民議會通過《人權宣言》，宣布自由、平等、財產和安全是天賦的神聖不可侵犯的人權；宣布了「主權在民」的原則。

工人階級參與政治的基礎是其組織和人數。最終，因爲民選的實現，工人階級成功地進入國家政治過程。從形式上說，工人階級的進入政治是人民主權的「平民化」。儘管在實際的政治層面，人民主權還在發展，但各種制度的確立使得越來越多的人民能夠參與國家的政治過程⓫。

民族主義在中國的演變及其與自由主義的關係

六〇年代末，美國學者詹姆斯‧哈里森在總結當時的學術界，特別是美國學術界，對中國國家的研究後說，在傳統中國，人們強調的是基於共同的歷史傳統、共同的信仰之上的文化主義，它與基於現代民族國家概念之上的民族主義，是兩個根本不同的概念。中國人的文化自秦漢以來就包含著一種政治上的民族優越感和忠誠感，但中國人的基本認同感是針對中國文化的，中國人沒有獨立的國家認同感和忠誠感，不能把文化和民族區分開來。就是說，中國人把最高的忠誠感給予了文化而非國家（state）。對中國人來說，沒有任何理由去放棄或改變自己的文化來強化國家忠誠感⓬。中國人文主義或文化至高論中有兩個因素：其一，文化主義包含有這樣一種信念，即中國是唯一眞正的文明，其文化的優越性是不容置疑的。其他民族可能會在軍事上比中國強，構成對中國的威脅，但它們不是中國眞正的競爭者。除非它們接受中國文化，否則它們就無法統治中國。中國人文主義的形成，是因爲中國文化在很長時間裏沒有遇到任何競爭者和挑戰者。中國人沒有民族主義的概念是因爲沒有外來的壓力。其二，統治者必須接受儒家教育，並根據儒家原則來治理國家。進而，儒家思想具有普遍性。因爲統治者的合

法性取決於教育，其他民族如果接受了中國文化的主體，即儒家精神，也可以合法地統治中國。政治家們的忠誠是針對儒家文化的，而非針對某一特定的政體或民族的。文化主義也反映在中國人的國際政治觀上，它不承認國家間的平等性。文化主義強調的是中國文化的優越性，而非物質財富方面的進步。到了近代，中國人才意識到中國文化不能對付西方人的物質進步，於是，放棄文化主義而轉向民族主義。

這種說法是有相當說服力的。當西方列強侵入中國，中國的知識分子開始接觸到西方世界，他們馬上發現了中國人的這種文化主義和西方民族主義的不同。在二十世紀初，梁啓超就指出，中國人有深厚的文化主義，但無歐洲人那樣的民族主義。中國人視中國為世界而非國家。在梁啓超看來，這種深刻的認同妨礙了中國人發展出愛國主義精神。因此，要造就一個新類型的國家，首先就要求創造一種「新人」⓭。梁漱溟從另外一個角度說明了文化主義和民族主義的區別。他認為傳統中國政府的特徵是統而不治，基本上不履行現代國家的功能⓮。

在帝國主義侵入中國後，中國人也開始接受西方民族主義。這是一個複雜的過程。上面已經強調，在西方社會，現代民族國家是民族主權和人民主權兩種主權互動的過程。民主是國家現代化的前提條件，沒有民主很難說會有現代民族國家。但是民族主義在傳播到中國的過程中，由於條件不同，兩種主權之間的關係發生了變化。具體表現為：兩種主權被分離開來，民族主權漸漸占據最主要地位，而人民主權變成了國家主權，民主主義（democracy）變成了國家主義（statism）。一個強而有力的國家而非民主成為中國現代化的必要條件。這種轉型並不是某些個人的自由選擇，而是決定於中國國家建設所處的國際國內環境，即中國處於民族國家中後

開發國家的地位。當中國人開始進行民族國家建設的時候，中國已經淪落為一個半殖民地國家，因此，首要任務是要爭取民族主權。沒有民族主權和國家主權，國家建設就無從談起。其次，在爭取到民族主權以後，如何進行民族國家建設則是中國政治精英們所面臨的問題。上面已經提到，中國人認同的是文化，而非民族。這意味著，即使在爭取到民族主權以後，也還要用政治方法來建立一個政治民族國家。換句話說，從傳統文化主義到現代民族主義的轉變是一個政治過程，這個政治過程產生了中國近代以來的國家主義。

在國際政治舞臺上，中國人對民族主權的追求最主要的特徵是對主權的追求。「主權」（sovereignty）意味著國家的獨立、自主、在國際社會中的平等地位，它是國家現代化的首要象徵。「主權」這一概念一旦進入中國，就很快對中國社會產生了巨大的影響。西方一學者對《清史外交資料，一八七五—一九一一》做了一項統計分析，以表明「主權」概念的出現頻率，發現這一概念在中國最早出現是在一八六〇年代。從一八七五年至一八九四年，每一百頁文件只出現一次「主權」一詞；從一八九五年到一八九九年，每一百頁出現二．五次；從一九九〇年到一九〇一年，每一百頁出現八．八次；從一九〇二年到一九一〇年，每一百頁出現二十二次左右。使用頻率最高的為一九〇九年，每一百頁為三十七次。「主權」不僅成為中國學者分析時局的新概念，而且被用於中國的國際活動中⑮。可以說沒有一個概念能像「主權」概念那樣，對近代中國的政治發展產生那麼深刻的影響。主權意味著一個獨立的民族國家。從孫中山、蔣介石到毛澤東的政治人物，儘管具有不同的政治理想，對建立一個什麼樣的民族國家以及組織民族國家的方法，有著不同的看法和行動，但他們對這個民族國家應該是個獨立的主權國家這一點，保持著高度的一致性⑯。

　　中國的政治精英們對民族主權的追求具有共性，但對如何建立一個新的政治民族國家卻有不同的認同和策略。西方民族主義不僅影響著中國人的民族主權觀念，也影響著他們的人民主權觀。有趣的是，儘管他們對人民在民族國家建設過程中的角色有不同看法，但最終都傾向於國家主義。不過，這並不是說中國的民族主義者排斥自由主義和民主，而是因爲國際環境不容許用自由主義的方法來建設民族國家。當我們說人民主權讓位於國家主權時，指的是國家權力而非個人權力在創造和建設民族國家過程中的作用。

　　民族主義的最終表現形式是國家的一整套以政治體制爲核心的制度。中國人對制度形式的西方民族主義的認識有個複雜的過程，中國人先是認識到西方人的軍事制度，然後才認識其政治組織。自西方列強侵入中國後，中國傳統的政治組織表現出軟弱性來。至十九世紀中期，中國國內對中國前途乃至生存問題表現出極大的關注。國家復興被視爲國家面臨的最迫切任務。在史學家稱爲同治中興的一八六〇年代，中國人對西方軍事組織和技術的認識導致了一場自強運動，也就是初期現代化的開始。自強運動的目標是培養既有傳統道德教養、又有現代政治才能的人才，訓練掌握西方技術的專家，組織規劃軍事、經濟和外交等各方面的建設項目，以增強國家力量。自強運動只是一場軍事體制改革運動，當時的精英人物對西方強大的背景是其國內政治體制，並沒有深刻的認識。這是可以理解的，因爲在國際舞臺上，西方民族主義首先表現的是其軍事力量和軍事體制。

　　在一八九四年至一八九五年間的中日甲午戰爭中，中國敗於當時才崛起的日本。中國的精英們相信只要有強大的軍事力量，中國足以阻止列強的侵略，但中日甲午戰爭表明，國防和軍事的現代化並不足以抵抗其他方面都勝於中國的外敵。從政府官員到知識分

子這才感到，只有自強運動遠遠不能建設一個強大的民族國家。政治變革使得日本強大，如果中國要強大，也必須圖謀政治改革。批評自強運動的人認為自強運動強調建設國家並沒有錯，但忽視了國家民眾和道德的基礎，因此有必要進行一場意識型態的復興，把皇帝和人民聯繫起來。只有當政府及其官員能夠傾聽人民的聲音、政府決策表達人民的意志的時候，中國的復興才有希望，中國也才能和外國列強在國際舞臺上進行競爭。

中日戰爭以後，加強國家和人民之間聯繫的觀點在很多人的思想中得到體現。一方面他們認為中國如果要趕上西方國家，就必須有個強而有力的國家；另一方面，也強調國家強大的基礎是人民。王韜表示，在世界上所有的不幸當中，最大的不幸是人民對統治者缺乏信心。中國的不幸就是因為統治者與被統治者之間沒有溝通，主權和人民之間沒有聯繫。王韜認為，要把兩者結合起來，需要有制度性的改革，用政治方法才能做到❶。康有為在強調皇帝權力重要性的同時，也認為皇帝的權力基礎需要革新。如果沒有這樣一種革新，國家的權力很難得以加強。在康有為的建議中，除了要重視經濟、軍事和教育等方面的改革外，更重要的是要去培養人民，否則國家就沒有基礎❶。

儘管不乏各種改造舊國家體制、建設新民族國家的建議，但在惡劣的國際環境下，國家還是一味地衰落。到五四時期，很多中國人意識到政治革命不足以使中國強大，社會革命和經濟革命也是必要的。各種革命性的主義紛紛出爐，改革之路已經不可能。而革命在很多方面是與國家建設相衝突的，因為在革命的含義上，拯救國家意味著先摧毀國家。五四時期出現的種種主義，包括無政府主義、聯邦主義等，都因為不能為民族國家的建設提供實際執行的方案而漸漸消失。只有國民黨和共產黨初生的民族主義生存下來，並

日益成熟和制度化，最終爲國家建設提供了有效的組織架構。

孫中山、蔣介石和毛澤東都強調用民族主義來拯救中國。他們的第一努力就是激發中國人的民族主義情緒。孫中山強調指出，中國人的傳統忠誠在於家族和家庭，而傳統國家因爲不履行國家的職能，無爲而治，國民的國家忠誠感極其微弱。如果國民的忠誠感不能從家庭、家族轉移到國家或政府，國家就會缺少民衆的心理基礎。所謂現代民族國家，意味著國民把其民族感情依附於國家之上。就是說，民族主義情感必須有制度化作爲依託，或者說民族主義必須制度化。而要人民產生國家認同感或者忠誠感，首先就必須創造出一個國家。

只有作爲一種組織的國家才能把民族主義制度化；只有當民族主義制度化後，才會體現出其政治力量來。中國人有強烈的家庭感，卻缺少群衆或集體意識，而民族主義則是一種集體意識，民族就是一種集體。孫中山象徵性地把中國比喻爲一盤散沙，中國人只能稱之爲大衆而非現代公民，只是個體而非集體。所以，要使中國大衆產生民族主義國家意識，建立國家是首要任務。就是說，國家首先被創造出來，然後國家再去創造民族意識或組織大衆分散的民族意識。如何組織中國民族主義，是從孫中山到毛澤東的中國政治精英人物所面臨的最重要政治課題。

在革命生涯的早期，孫中山強調更多的是人民民主，認爲基於歐美多黨制基礎之上的共和國政體，能夠爲人民提供一種有效的政治參與途徑。但一九一一年革命後建立的共和政體的無效性，促使孫中山重新考慮人民主權問題。他深刻地認識到，沒有強而有力的政治體制，任何形式的民主政體都不能夠幫助中國建設一個強有力的國家。孫中山因此轉向了民族國家的組織方面。

基於對中國社會的認識，孫中山在一九〇六年提出了建國的

中國民主革命的先行者孫中山先生。

三序方略,即軍政、訓政、憲政三時期。但這種程序並沒能夠鞏固共和政體。在俄國十月革命後,孫中山轉向了蘇聯。蘇聯是第一個從資本主義體系中掙脫出來而建立不同於西方政體的國家,對包括孫中山在內的許多中國人產生了重大的影響。以孫中山來說,蘇聯的感染力不在於列寧對民族和殖民地問題的系統論述,而在於列寧主義的政黨組織。一九二四年,在國民黨第一次全國代表大會上,孫中山強調指出,國民黨要做兩件事:一是改組國民黨,二是用政黨的力量去改造國家。改造國家的內容很廣泛,不限於政府,但建立一個新型的政府是首要任務。建立黨,以黨改造國家,這是全新的思想。把這一思維方式應用到民族主義,含義極其明顯,就是說,中國首要的任務是要組織各種政治力量,或把政治力量制度化,然後,再去改造、甚至重建新的民族國家。

組織和政黨成了孫中山建設中國民族國家的最有力武器。他

曾明確表示過，他「向來主張以黨治國」**⑲**。但黨的概念在他那裏有個變化過程。前期的以黨治國思想，學自歐美，指多黨競爭的政黨政治。袁世凱掌權以後，孫中山曾經想用政黨來制約袁世凱的專制主義。宋教仁組黨，提倡議會政治，政黨內閣。可是最後，宋事敗身亡。所以，後來孫中山主張效法蘇聯政黨，不再提倡歐美式的政黨政治。在孫中山看來，俄國革命之所以能取得成功，「即因其將黨放在國之上」，這「又爲我們模範，即俄國完全以黨治國，比英、美、法之政黨，握權更進一步」。他還進一步指出，中國以黨治國爲時太早，因爲國家還是亂，社會還是退步。所以，「我們現在並無國可治，只可以說是以黨建國。待國建好，再去治它」**⑳**。

　　中國共產黨也致力於以黨治國。從國家結構來說，國共兩黨並沒有多大的區別。但爲什麼中國共產黨最終能夠取代國民黨而治國呢？這主要是因爲國共兩黨使用民族主義的方法和策略不同。國民黨使用的是精英策略，依靠的是地方精英，而非民衆。在地方層次，地方民衆被國民黨排斥在政權過程之外。由於地方精英沒有能夠改善地方人民的生活，加上官員腐化，蔣介石的政權儘管高度集權，但實際上極其脆弱。相反的，中國共產黨是在中國的邊緣地帶成長起來的，多數地方精英已經爲國民黨政權所吸收，共產黨能動員的資源主要是民衆，這使得共產黨走上了一條自下而上的民族主義建國道路。

　　正如約瑟夫・惠特尼所指出的，更重要的是，國民黨政府沒有能夠發展出爲平民百姓所能理解和接受的國家思想。就是說，國民黨的思想是針對各階層精英人物的，而非一般平民百姓的。作爲一個執政黨，國民黨只強調權力的集中，不容許來自下層民衆的政治參與。再者，國民黨政府因爲走的是以城市爲中心的建設道路，缺乏有效的工具把其國家建設思想傳達給中國社會的最基層。和國

民黨不同，共產黨透過幹部下鄉等方法，成功地把國家建設思想傳達給了人民㉑。

從以上對中國近代民族主義發展過程的討論中，可以看到民族主義和自由主義互動的複雜性。自由主義本來就是民族主義的重要組成部分。在西方政治發展過程中，只是當民主思想和民族主義結合在一起的時候，後者才獲得了巨大的政治力量。因為西方民族國家在發展過程中具有一個相對和平的國際環境，民主政治和民族國家的建設相對來說一直在平衡發展。在民主成為民族國家建設的重要原則以後，西方國家間的衝突和戰爭反而促進和強化了民主原則，因為統治者必須透過民主的原則來動員民間資源。

中國則不同。因為面臨惡劣的國際環境，政治精英所面臨的最重要問題是民族的生存問題，國家的力量就變得重要起來。沒有國家的力量，民族生存就會受到威脅。不僅如此，因為傳統中國社會盛行的是文化主義，人民認同的是文化，這個因素更強化了政治精英的權力角色，他們不僅要為民族主權而鬥爭，而且要創造一個民族國家，創造人民的國家認同感。在這個過程中，國家的力量超越了人民的力量。所以我們說，人民主權的位置被國家主權所取代，就是說，集體的權力超越了人民個體的政治權力。因為只有在國家的組織下，人民個體的力量才能聚集成為集體的力量；只有集體的力量，才能求得民族的生存權。因為人民是由國家來組織的，國家自然高居於社會之上。

人民主權因此演變成國家主義，人民主權居於次要地位。但很顯然，把人民主權（或民主）與民族主義對立起來的觀點，忽視了兩者之間關係的複雜性。在西方，民族國家是人民主權的外化，而在中國，無法用人民主權的原則來創造一個新的民族國家。所以，如果說西方民族國家和民主政治的發展是統一的過程，那麼在

中國，它們兩者的發展就有個時間上先後的問題。就是說，先用政治方法建立一個民族國家，再來調整國家和人民主權的關係。至於國家要如何改革自身來體現人民主權，則又是另外一個需要討論的問題。

經濟發展和民族國家建設

余英時先生（和很多西方提倡「中國威脅論」的學者）的另一個觀點是，中國領導人利用經濟發展來推動民族主義的復興，從而會對世界構成威脅。因此，我們必須討論經濟發展和民族主義的關係，即經濟和民族國家之間的關係。

認為經濟發展會導致民族主義的興起並不是一種新的觀點，從馬克思到列寧，甚至到當代現實主義學派的國際關係學者，無一不強調經濟因素決定了一國在國際事務中的地位。例如，耶魯大學史學家保羅·甘迺迪在其名著《大國的興衰》中，把國際關係的變化動力歸諸經濟和與之有關的技術的進步，認為經濟和技術的進步決定了各國間發展的不平衡性，從而影響各國在國際關係中的地位，決定了一國是否會對另一國構成威脅❷。

那麼經濟發展為什麼會使一個國家的民族主義發展到帝國主義（帝國主義即民族主義在國際社會的表現）呢？第一，追求經濟利益是任何國家最重要的目標。如果現存國際關係結構不能滿足一個國家的經濟利益，那麼它就要千方百計地去改變這一結構。而一國的經濟力量決定了它是否有能力去挑戰現存國際秩序。第二，國際關係等級結構最終決定於國家的經濟基礎。一國的經濟成長表明了其財富和其他資源的增加。隨著這一國家經濟效益的提高、工業

結構的變遷和國際貿易方式的變化，其國際行為方式也會隨之發生變化。經濟利益之所以成為國際關係中最基本的動力，主要是因為世界經濟資源的貧乏。任何國家要想生存下去，必須以某種方式去獲取更多的資源。所以，只要有可能，任何國家都想以自己的意願來組織國際關係。

再進一步討論經濟發展如何導致一國的擴張，經濟成長本身是否包含著擴張的動力。經濟決定論者從三個主要因素來加以解釋：第一是規模經濟的發展。因為規模經濟能夠提高經濟效益，減少交易成本，於是國家就會千方百計地把經濟規模擴張到其他國家。第二是經濟活動的國際化。任何國家，特別是大國，總想透過控制國際關係來剝削他國，迫使其負擔維持現存國際關係的成本。第三是因為報酬遞減規律的作用。根據這一規律，如果要維持經濟成長，所有必要的生產要素都必須合比率地成長，否則經濟產能就會下降。如果這種比率不能在國內市場中達到平衡，就要在國際舞臺上開拓新的市場，以滿足國內的需要。

很明顯，這些規律主要是對西方資本主義市場經濟發展過程中所產生現象的解釋，不可否認，它們在今天的國際關係中仍然發揮著作用。不過經濟決定的解釋不是沒有挑戰者。普林斯頓大學教授羅伯特・吉爾平儘管也強調經濟因素對國際關係的重大影響，但同時也發現國際衝突與國家的組織形式有密切的關係❷。在人類的歷史長河中，已經歷了三類主要國家形式，即各種地方化的政治形式、帝國政治形式和現代民族國家形式。一種國家形式替代另一種國家形式，是因為舊的國家形式無法適應經濟發展的需要。就像帝國這一國家形式消失在國際政治舞臺上，是因為：第一，現代民族國家的興起取代了帝國作為國際關係的主角地位；第二，工業化推動了經濟型態的轉型，現代經濟成長不再依賴於農業經濟，而依賴

於科學與技術的發展；第三，世界市場體系的形成。

吉爾平雖然把國家形式考量在內，但也還是過分強調經濟決定國家間的關係。在這裏，經濟仍然是主角，而國家形式只是經濟發展的一種反映。這樣的解釋仍然不能回答我們的民族主義向外擴張的問題。這一問題的實質，其實就是一國內政的組織形式和其國際行為之間的關係。很早以前，一些德國史學家曾指出，一方面，來自外部的壓力對國家的內部結構具有決定性影響；另一方面，國家的內部組織方式對該國的國際行為也有重大的影響，如果國家要在國際競爭中取得勝利，就必須從建立有效的國家組織做起❷。近來也有美國學者從國家政體出發來研究其外交行為，特別是戰爭行為。例如，傑克‧施奈德就認為，戰爭可以為國內各種利益集團（如軍方、外事官員和大資產者）帶來巨大利益，因此他們把持國家機器，發動戰爭，以增加自己的利益❷。這種理論其實和列寧的帝國主義擴張理論有很大的雷同之處。

實際上，「中國威脅論」的提倡者都可從上述理論中找到根據。早在二十世紀九〇年代初，世界銀行等國際組織就用實際購買力方法，預測中國的經濟會在二十一世紀初超越日本，成為世界第二強經濟體。一方面，強調經濟成長和民族主義兩者關係的人，看到的是中國過去二十年間的高速經濟發展對世界權力格局的未來潛在影響，那就是中國經濟力量的發展會打破現存國際關係秩序。隨著中國經濟力量的成長，其在國際上的野心也必然隨之成長。另一方面，強調政體對民族主義擴張性影響的人認為，中國的「非民主」政體會對國際關係產生不利影響。西方國際關係理論的一個重要假設，就是民主國家之間不會發生戰爭。把這種理論推廣到中國，自然就是中國必然會構成對現存世界秩序的威脅了。

應當指出的是，這些理論在西方學術界也是有爭議的。這裏

45

姑且不論這些理論是否正確，僅是把它們用來解釋中國的民族主義就已經導致了非常大的誤解。這些理論是根據西方經驗總結而成，反映了西方民族國家發展的軌跡，作為一個後開發中國家，中國沒有、也不可能循著西方民族主義的發展軌跡。上面對近代中國民族主義演變的分析，實際上已經說明了這一點。再說，和西方民族主義相較，中國民族主義表現出更具反映性。就是說，它不是原生的和自發的，而是對環境變化的一種反映，首先當然是對中國國際環境的反映。民族主義既是「進口」的，也是對「輸出國」的一種回應。其次是對中國國內環境變化的反映。因為民族主義是「進口」的，其對中國原有的各種制度體系必然產生巨大的影響，同時也必然引起這些制度體系的反彈。

從這個角度來看，二十世紀九〇年代中國民族主義的崛起，並不是因為國家經濟的高速成長，使得中國有能力改變現存國際關係秩序。相反的，它是上述兩種反應的結果❷。先是對來自國際社會壓力的回應。西方社會認為，中國經濟上的崛起必然會挑戰現存國際秩序，所以自九〇年代以來，各種有關「中國威脅」和「圍堵中國」的理論一一出籠，同時在國際關係的實踐中，也在不同程度上視中國為假想敵。應當指出的是，西方的這些變化是根據其本身的發展經驗，而對中國的經濟發展做出的回應，但這種回應反過來刺激了中國民族主義的崛起。如果我們考量一下中國民眾情緒在八〇年代和九〇年代的不同，就可以明顯看出這種反映性民族主義。在八〇年代，中國民眾對西方世界普遍有好感，向西方學習成了整個中國社會的呼聲。可是自九〇年代初以來，由於西方社會對中國的打壓，民眾不再對西方抱有幻想；反之，民族主義情緒式的批評成了一種知識風氣，向西方（特別是美國）說「不」系列著作的出版和發行，就是很好的證據。

　　同樣重要的是，中國民族主義也是對中國國內問題的反映。鄧小平時代開始實施的經濟改革，一方面帶來了快速的經濟成長，另一方面也造成了許多負面影響。因爲八○年代改革的主軸是分權，中央政府的能力，特別是經濟方面的能力有很大的衰落。這就是九○年代初以來，大陸爭論的所謂「國家能力危機」的主題。高速的經濟成長確實對舊的民族國家體制提出了嚴重的挑戰。如果沒有有效的應對措施來應付這些挑戰，一個統一民族國家的生存就會成爲問題。在這樣的情況下，很多學者再次提出了重建民族國家的呼籲，各派政治思潮也紛紛湧現。民族主義在這種環境中又成了其中一個主要流派。

　　中國民族主義是對國際、國內新環境的反映。西方學者卻根據西方本身發展經驗得出了幾乎相反的結論，即民族主義的興起，表明中國因爲其經濟實力的劇增，而開始要揮舞「拳頭」來驗證其力量了。這種「誤解」盛行在西方的各個領域。政治人物經常故意誤解中國民族主義是爲了追求政治利益。學術界爲什麼也會這樣呢？很多人自然是由於情緒所致，在看待中國民族主義時，附加了很多感情成分。更重要的是，他們在分析中國問題時利用的是現有的西方概念。社會科學研究離不開有效的概念，但概念是具有文化和歷史背景的。使用西方背景下發展起來的概念分析中國問題，會出現這樣的誤解是避免不了的。

中國民族主義的未來

　　上面從學術研究的角度討論了中國民族主義的複雜性。這裏需要再次強調上面提出的幾個重要問題。首先，中國民族主義並

非是其經濟力量的反映，經濟成長並不一定導致向外擴張型的民族主義。相反的，如果說中國的經濟發展對民族主義有推動作用，也只是因爲經濟發展破壞了舊的體制，從而對民族國家舊的制度架構造成了威脅。第二，中國民族主義並非一定是民主（人民主權）的對立面。相反的，兩者不僅可以是互補的，甚至民族主義能夠扮演一個推動民主政治進步的角色。第三，中國民族主義是對外來壓力的一種反映，國內民族主義的高低程度取決於外來壓力的強度。第四，就一個民族國家在國際中的地位而言，和經濟發展同等重要的是民族主義的組織化。經濟成長本身並不成爲一種國際力量，經濟力量如果不能組織成爲民族國家的力量，就不能在國際政治舞臺上發揮作用。同樣，如果沒有一整套健全的政治制度來組織經濟力量，民族主義就只能停留在情緒層面。

　　這些初步結論也向我們指出了中國民族主義的發展方向。在

民族主義式的情緒應該轉變成國內建設的力量。（圖／新華社・戚恆）

反對用西方概念來解釋中國民族主義的同時，必須看到中國的民族主義還有很長的路要走。很顯然，民族主義的主題是中國的內政建設，而非對國際壓力的情緒化反應。或者說，情緒化反應是不可避免的，但不能成爲民族主義的主題。本文開頭已經明確指出，民族主義的本質是要爲民族國家提供一個制度基礎。近代中國從孫中山到毛澤東的各種革命，都是爲了建立這樣一種制度基礎。沒有這樣一種制度基礎，民族國家的生存就無從談起。

也應該看到，在尋求這樣一種民族國家的制度基礎的同時，民族主義的諸多因素得到了重新組合，其中一些被賦予優先地位，另外一些被置於次要位置。當國家力量的地位變得至高無上時，人民主權的地位只能居於從屬性次要地位。現在，在經過了多次革命後，中國不僅獲得了民族主權，也爲民族國家創造了一種制度基礎。但民族主義的任務還沒有完成，民族國家的制度基礎還需要進一步鞏固和加強。在這一過程中，如何重組國家權力和人民主權之間的關係問題，變得重要起來。如何適應民族國家新的形勢，使得人民進入國家政治過程，乃是今後中國民族主義的主題。同樣，在國際政治方面，民族主義式的情緒必須轉型成國內建設的力量，轉化爲一種對民族國家的認同。沒有這樣一種轉型，除了即時反應性的民族情緒，國家不可能具有一種連續性的以國家利益爲核心的國際關係原則。

（本文最初是作者於1999年6月14日在廣州社會科學院所做的演講。後收錄在王賡武、鄭永年主編的《中國的「主義」：從「五四運動」到當代》一書中。該書由新加坡八方文化公司於2009年出版）

註釋

❶ 余英時：〈飛彈下的選舉：民主與民族主義之間〉，《中國時報》，1996年3月29日。

❷ 對「中國威脅論」的討論，請參見鄭永年：《中國民族主義的復興：民族國家向何處去？》，香港：三聯書店1998年版，第一章。

❸ 姜義華：〈論近代以來中國的國家意識與中外關係意識：評余英時「飛彈下的選舉：民主與民族主義之間」〉，《復旦學報》1997年第3期，第1-10頁。

❹ Samuel P. Huntington, "The West Unique, Not Universal", *Foreign Affairs*(Nov./Dec. 1996), pp. 28-46.

❺ 例如Daedalus, "Reconstructing Nations and States", *Special Issue*, vol. 122. no. 3(Summer, 1993).

❻ Juan J. Linz and Alfred Stepan, *Problems of Democratic Transition and Consolidation: Southern Europe, South America, and Post-Communist Europe* (Baltimore: The Johns Hopkins University Press, 1996). 中譯本已由浙江人民出版社於2008年出版。

❼ 對這種區分的綜合性討論，請參見James Townsend, "Chinese Nationalism", in Jonathan Unger ed., *Chinese Nationalism* (Armonk, NY: M. E. Sharpe, 1996), pp.1-30.

❽ 例如Prasenjit Duara, "De-Constructing the Chinese Nation", in Jonathan Unger ed., *Chinese Nationalism* (Armonk, NY: M. E. Sharpe, 1996), pp.31-55; Frank Dikotter, *The Discourse of Race in*

Modern China (Stanford, CA: Stanford University Press, 1992).

❾ 爲了分析方便，我在這裏忽略了近代民族國家誕生前構成民族主義的種種要素，因爲本文的目的並不是論述民族主義本身。

❿ Hans J. Morgenthau, "The Paradoxes of Nationalism", *Yale Review*, vol. xlvi, no. 4 (June 1957), pp. 481-483.

⓫ 本文並不探討人民主權的平民化對一個國家民主政治體系的實際影響，但這並不意味著這一問題不重要。

⓬ James Harrison, *Modern Chinese Nationalism* (Hunter College of the City of New York, Research Institute on Modern Asia, New York, 1969).

⓭ 梁啓超：〈新民說〉，《飲冰室文集》，香港：天行出版社1974年版。

⓮ 梁漱溟：《中國文化要義》，臺灣：正中書局1975年版。

⓯ John E. Schrecher, *Imperialism and Chinese Nationalism: Germany in Shantung* (Cambridge, MA: Harvard University Press, 1971).

⓰ 寥光生先生對此有過較爲詳細的論述，請參見寥光生：《排外與中國政治》，臺灣：三民書局1988年版。

⓱ Paul A. Cohen, *Between Tradition and Modernity: Wang Tao and Reform in Late Ch'ing China* (Cambridge, MA: Harvard University Press, 1974).

⓲ Michael H. Hunt, "Chinese National Identity and the Strong State: The Late Qing-Republic Crisis", in Lowell Dittmer and Samuel S. Kim eds., *China's Quest for National Identity* (Ithaca, NY: Cornell University Press, 1993).

⓳ 《孫中山全集》第8卷，中華書局1986年版，第281頁。

⓴ 《孫中山全集》第9卷，中華書局1986年版，第103-104頁。

㉑ Joseph B. R. Whitney, *China: Area, Administration and Nation-Building* (Chicago: University of Chicago, Department of Geography Research, 1969).

㉒ Paul Kennedy, *The Rise and Fall of the Great Powers: Economic Change and Military Conflict from 1500 to 2000* (New York: Vintage Books, 1989).

㉓ Robert Gilpin, *War and Change in World Politics* (Cambridge: Cambridge University Press, 1981).

㉔ 例如 Otto Hintze, "Military Organization and the Organization of the State", in *The Historical Essays of Otto Hintze* (New York: Oxford University Press, 1975), p. 183.

㉕ Jack Snyder, *Myths of Empire: Domestic Politics and International Ambition* (Ithaca, NY: Cornell University Press, 1991).

㉖ 詳細的論述請參見Yongnian Zheng, *Discovering Chinese Nationalism in China: Modernization, Identity, and International Relations* (Cambridge: Cambridge University Press, 1999).

第三講　政治改革與中國國家建設

◆ 民主化可以是一股強大無比的摧毀非民主舊制度的力量，卻很難充當建設新制度的強大力量。

◆ 在西方，正是社會力量的壯大才馴服了國家力量。但是當社會經濟的變遷要由國家來推動時，誰來馴服國家權力呢？這種歷史的發展在很大程度上決定了民主是政治精英賦予社會的一件「禮物」。

◆ 不管我們的意願如何，客觀的現實要求和政治權力的本質決定了國家權力會一直存在於我們身邊。我們所面臨的問題並非要不要這樣一個國家政權，而是如何確立一個強大的、能夠滿足各方面發展要求的國家，同時又是一個能夠容納民主政治因素的，並且能夠推動民主政治的政權機構。

◆ 我們想提出的最重要的一個問題就是：中國是否具備了一個民主政權所需要的最低制度條件。

引言

隨著社會主義市場經濟被確定為中國經濟制度的發展方向，越來越多的人開始相信，政治改革是中國下一階段改革的一個主要任務。自二十世紀九〇年代初以來，無論是民眾還是黨政官員都認為，改革的重點在於經濟和機構等方面。但最近的情況則不同了，二〇〇〇年的一項調查表明，黨政幹部最關注的是政治體制的改革，其次才是機構人事、國有企業、收入分配制度等❶。

儘管沒有人否認建立一個民主政治制度是中國政治改革的最終目標，但在如何進行政治改革的問題上卻沒有任何共識。綜合目前各種討論的情況來看，中國社會上主要存在著三種有關民主政治導向的政治改革的理論性討論，即自由派、民主派和公民社會派❷。自由派認為，中國的國家權力太大、太集中，是「專制」的根源。解決的出路在於繼續縮小國家權力，給社會和人民更多的自由。而民主派並不反對強大的國家權力，但反對不民主的國家權力，所以認為要解決目前的問題，一方面是要加強國家權力，主要是中央政府的權力，但另一方面也要強調人民對國家政治的參與，這樣才能避免國家朝「專制」方向發展。公民社會派則強調社會力量對國家權力的有效制約，主張大力擴展建立在非政府組織基礎上的社會權力，從而在國家和社會權力之間達到一種平衡，使得國家權力的「專制」成為不可能。

每一種觀點都有其自身的合理性，很難說哪一種更具有優勢。民主是我們期望的價值和制度，民主化也無疑是中國政治改革的目標。但是筆者認為，所有這三方面的思路都沒有涉及國家在民

主化中的作用。大家都認爲民主意味著國家政權的民主化或者政治權力的民主化，但是因爲沒有涉及政治權力本身在民主化過程中能做些什麼，這些方法因此未免顯得過於理想。筆者認爲，要討論中國的政治改革和民主化，一個很重要的問題，就是要理解國家和民主之間的關係問題。在對這個問題有比較清楚的認識後，才能更全面地考量以民主化爲目標的政治改革問題。本文討論國家與民主的關係問題，重點並不是民主化本身，而是民主化的前提政治條件，亦即國家建設（state-building）和民主的國家建設過程中有關國家的作用。

國家與民主

一般意義

國家與民主的關係問題有兩層含義❸。第一層含義指的是國家在民主政治中的作用，比如說「國家」在西方各種民主政體中所扮演的角色。學者們發現，在不同的民主政體中，「國家」在政治、經濟和社會等各方面所能發揮的作用，是很不相同的。第二層含義指的是「國家」在民主化過程中所發揮的作用。這經常是就那些非民主國家而言，指「國家」在從非民主到民主的轉型過程中的作用。強調這一點很重要，尤其是對政治漸進主義而言。如果用革命的方法，「國家」本身的作用似乎不重要。之所以要革命，是因爲人們不相信現存「國家」本身能夠民主化，或者「國家」有能力促使自己轉型❹。而漸進主義強調的是，不透過推翻現存國家政權

而把國家轉型爲民主政體。

哈佛大學教授亨廷頓研究民主化的「第三波」浪潮，認爲從非民主政體到民主政體的轉型過程中，國家可以扮演一個重要的角色❺。也有其他一些學者研究國家在政治民主化過程中的作用。但討論兩者關係的文獻並不多見，並且大都聚焦於權威主義類型的國家和社會。也有學者研究「國家」在前共產主義政權轉型過程中的作用，但這裏的「國家」往往指的是「國家」的少數高層精英人物在瓦解舊政權過程中所發揮的作用。最明顯的例子是前蘇聯的戈巴契夫。迄今爲止，還沒有哪個共產主義政權能夠透過漸進方式實現民主政體的案例。因此，在中國政治發展中提出「國家」和民主之間的關係問題，具有重大的理論和實踐意義。

人們關心中國的民主化，熱中於討論「國家的民主化」或「民主的國家建設」。理想地說，民主化應當是一個國家建設過程，透過民主化而使得國家轉型成爲民主政體。但現實的情形並非如此。民主化往往不能成爲國家建設的一個過程，反而是國家的毀滅過程。這在多民族國家尤其如此，民主化經常表現爲多民族國家的解體和消失。戈巴契夫激進的政治改革，不但沒有爲蘇聯人民帶來一個能夠有效運作的民主政體，相反的，帶來的是國家的解體。蘇聯解體後，儘管俄國人民擁有了一種民主形式，但他們所付出的代價和從這種民主政體中所享受到的利益，卻極不相稱。印尼是另外一個例子，蘇哈托專制政權垮臺後，印尼開始了民主化過程，這一過程不可說不激進。但與此同時，印尼也開啓了民族國家的解體過程。不僅東帝汶很快獨立了出去，其他很多省份也都紛紛要求獨立。而這一切對印尼人來說，可能還只是一個開始。

在「國家」還沒有民主化時，人們紛紛要求民主化。但當民主化摧毀了舊「國家」之後，學者們又開始討論「國家」建設問

印尼騷亂：民主化開啟了國家的解體過程。

題，而政治家們則開始感到國家建設困難重重❻。實際的情形是，民主化可以是一股強大無比的摧毀非民主舊制度的力量，但很難充當同樣強大的力量來建設新制度。而且，很多國家制度或者國家機器並不是透過民主化所能建立的。可以說，一旦民主化到來，或者一個國家成為民主政體之後，有些方面的國家制度就再也建立不起來了。儘管人們不想把諸多消極的東西和民主化聯繫起來，但這是現實。無論從哪個角度來說，民主化是一種值得期待的事情；但在民主化前或者民主化過程中，人們必須考慮到很多事情。在一定程度上，民主化是人們的一種選擇，是政治精英和人民之間互動的產物。民主化可以有多種途徑，精細的考量可以幫助我們在這些不同的途徑中進行選擇，得到較好的結果。

民主化不能等同於國家建設

如果說民主化和國家建設不是同一件事，那麼我們就有必要首先定義一下什麼是國家，什麼是民主。人們討論現代國家時，大都指的是起源於近代歐洲的「國家」。不提及近代歐洲國家，我們很難討論開發中社會所擁有的國家形式。韋伯認爲近代國家是一種組織，它由無數的機構組成，國家機器的領袖（行政權威）領導和協調這些機器，並有能力或者權威爲其統治下特定土地上的人民和其他社會組織決策，並在必要時以自己的意志來使用武力❼。在歐洲、北美和其他一些地方，近現代國家又獲得了一種特殊形式，即自由民主政體。那麼，什麼是民主政體呢？民主政體也是一種組織形式。根據達爾的總結，它包含了如下的特點：第一，憲法保證民選代表對政府政策的控制；第二，定期、公平和自由選舉制度的確立，藉此人民選舉和撤換其領導人，就是說，權力的轉移是透過選舉機制來完成的；第三，所有成年人都具有參與這種選舉的權利；第四，公民有競選公共職位的權利；第五，公民有自由表達的權利；第六，公民有獲取政府和其他組織所控制的資訊的權利；第七，公民有自由結社的權利❽。顯然，這是對現行西方民主實踐的理論總結。

僅從上面對「國家」和「民主」的定義比較中，我們也可以看出，政治民主化和國家建設不是同一件事。民主政治只是現代國家的一種形式，並且是在後來才出現的，而國家建設遠遠早於民主這一特殊的政體形式。即是說，先有了現代國家形式，然後才逐漸轉型成爲民主政體的。

西歐、北美是近代國家的發源地，近代民主政治也是起源於

斯。無論是現代國家形式還是民主政治，都是從西方傳播到世界各個地方的。用法國學者貝特朗・貝蒂的話來說，所有其他國家的國家建設過程都是一種變相的政治秩序西方化的過程❾。但無論是在最先產生近代國家和民主的西方，還是受西方影響的世界其餘部分，國家建設和民主政治從來都不是同一件事。

　　已經有很多著作討論西方近現代國家的形成和發展過程。簡單地說，這是一個從近代專制國家形式向民主政體轉化的過程。絕對專制主義的崛起是近現代國家發生的第一步。絕對專制國家由一系列因素構成：摧毀和取消弱小而地方化的各種政治組織，或者把它們合併到較強大和全國性的政治組織；強化中央政府的權力來統治其屬地；把強有力的法律制度和政治秩序加於其統治的屬地；單一、集中和主權的中央政府❿。從絕對專制國家到民主政治的轉型是一個漫長的歷史時期。這一時期可以說是西方社會國家建設最重要的一個階段。很多主要的國家制度在民主化發生以前就已經確立了。在一九五〇年代，美國社會科學研究會成立了比較政治委員會，集中世界各國專家學者（主要是西方學者）來研究世界各國的政治發展。一九七〇年代，受委員會支持，組成了一個研究小組，專門對西歐的近現代國家發展過程進行研究，並在一九七五年發表了《西歐民族國家的形成》一書⓫。這本著作自發表後，一直是研究現代民族國家發展的學者們必讀的參考書。但是，學者們的注意力往往放在民族國家方面，而常常忽視它所強調的、也是更為重要的一個方面，就是中央政府或者統一集中的國家統治制度的形成。上面提到，絕對專制國家和以往的各種政體的不同，在於其權力的國家化和集中化。從以往較為分散、地方化和多中心的政治權力，轉化到統一和集中的國家權力中心，是一個充滿暴力和戰爭的過程。有學者甚至稱，沒有戰爭和暴力，就沒有近現代國家形式。

該書所考察的國家制度包括國家的暴力、政治、經濟和行政制度等多方面。在政治暴力方面,包括國家統一的軍隊和警察制度;經濟制度方面,包括近代金融、財政、稅收和食物供應制度;在行政制度方面,包括行政技術官員的錄用和培訓制度等等。指出這些,主要是想說明,在近現代民主政治出現以前,國家建設早就開始了。民主政治的發生和發展激進地改變了國家形式,但不管怎樣,現在我們所看到的西方民主,就是在這些國家制度基礎上發展出來的。

從專制到民主的轉型

即使在西方,從專制到民主的轉型過程、民主政體從西歐到其他國家的傳播過程,也是一個十分緩慢、不平衡和經常充滿暴力的過程。一些主要國家的民主制度(如美國和法國)都是經過革命而得到的,內生自發的民主例子少之又少。除了西歐和美國,今天世界上大多數民主制度要麼是「擴散」的結果,要麼是「外加」而來。「擴散」要麼透過移民文化途徑,如加拿大、澳大利亞和紐西蘭,要麼透過地理和文化的關聯,如現代葡萄牙和西班牙。「外加」要麼透過戰爭勝利方的強加,如日本和德國,要麼透過殖民地的遺產,如印度、斯里蘭卡和馬來西亞。這裏應當指出的是,這些國家在民主化之前,國家建設早已經開始了,例如德國和日本。德國的近代國家建設,基本上是在「鐵血宰相」俾斯麥主政期間開始並完成的;而在日本,這一任務主要是在明治維新期間進行的。

那麼,是哪些因素促成西方國家從專制轉型到民主的呢?理解西方民主發生、發展和生存的問題,就要理解民主的條件問題。在西方學界至少存在三種主要理論。第一種理論(也是西方最流行

最普遍的理論）認為，民主這種政府形式只能存在於市場經濟或者資本主義經濟之中。第二種理論認為，較之其他社會，民主更有可能在工業化的富裕社會中發生、發展和生存下來。第三種理論側重於一個國家的政治傳統，認為如果傳統制度中包含妥協、權力制衡的因素，那麼有助於國家向民主化轉型。綜合三者而言，民主最有可能在具有有利於民主發展因素的、富裕的資本主義社會中生存。所有這些理論都是在講西方國家的民主發展經驗，很難把它們用於中國這樣的開發中國家。但是對妥協、經濟富裕程度、市場經濟和有利於民主發展的傳統的強調，可以反照出像中國這樣的開發中國家發展民主政治的困難，或者在發展民主過程中所缺乏的因素。

這裏我們簡單地來討論一下這些理論。在研究西方民主發展過程中，無論是自由派，還是保守派，或者馬克思主義者，都一致同意在民主政治和資本主義經濟之間存在著一種歷史邏輯。從當代一些學者如林德布羅姆、亨廷頓和摩爾的學說中，我們可以看到這一點❷。為什麼會這樣呢？歐洲歷史發展表明，資產階級的興起與那裏的民主政治的產生和發展是密不可分的。根據這種理論，新崛起的資產階級成功地馴服了君主專制國家。君主專制國家的統治原則是基於出身背景之上的政治等級。資產階級認為這種政府形式不「自然」，所以要由基於財富之上的統治原則取而代之，因為財富比出身更為「自然」一些。但資產階級的統治產生了一個工人階級。工人階級最終用組織的力量，和資產階級分享政治權力，建立了代議制度。代議制度的本質就是根據人口來統治。正是在這個意義上，摩爾指出「沒有資產階級就沒有民主」。

為什麼民主和資產階級的發展分不開呢？資本主義是一種建立在私有財產制度上的經濟制度，它是對國家權力一種最根本的制約。再者，資本主義產生一種與「公共領域」分離的社會經濟上的

「私人領域」。這種「公」、「私」領域的分離，是民主作爲一種有限政府形式最重要的原初條件。「公」、「私」領域的分離，也使得法律政治上的平等和社會經濟上的實質不平等相對分離開來。在一個不平等的社會中，政治平等和經濟不平等的這種分離，不僅爲民選政府的合法性奠定了基礎，而且爲人們開啓了一種希望，亦即透過動用民主國家的權力，來改變繼承下來的社會經濟不平等的狀況。

那麼，爲什麼工業化社會有利於民主化？一個簡單的回答是，工業化導致富裕。財富有助於緩解精英之間以及精英與大衆之間的矛盾和緊張。在西方，長期的經濟發展及其所創造出來的財富，爲現代福利國家打下了基礎。福利國家反過來緩和了工業化資本主義的階級衝突。經濟危機所導致的西方政治社會危機，也從一個側面證實了這一點。

財富也緩和了精英之間的衝突。政治遊戲中的失敗者可以轉向尋求經濟社會方面的成功，這樣，就不會把所有賭注都放在政治遊戲中。就是說，參加政治遊戲並非是一個人取得成功的唯一途徑。政治遊戲因此不是一種零和遊戲，或曰你死我活的遊戲。在這樣的情況下，失敗者就不太可能去做那些不利於政治穩定的事情，例如組織示威、暴動和參加地下反政府活動，等等。就是說，財富爲政治家們的活動提供了一個界限，防止他們超過這個界限，超過這一界限，就會對現存制度的運作和生存產生破壞性的影響。這樣的界限無疑對民主政治的運作和生存也是極其重要的。

最後，一些學者也發現了工業化和資本主義時代以前所存在的民主傳統對民主政治的重要性⓭。英國的封建傳統是一例。英國的封建傳統意味著君主和貴族之間一種分權的制度性安排。這種分權就已經包含著民主的因素，如政治妥協原則、權力分享原則、權

力制衡原則，等等。正是這些民主因素的存在，才使得英國的制度較之其他國家，更順利地容納進日後崛起的資產階級。這個例子無非說明了一個國家以往的政治傳統對民主發展的重要性。

國家、民主和開發中國家

當轉向非西方社會時，我們可以對這種所謂的民主政治和經濟發展之間的邏輯，提出諸多的質疑和挑戰。首先，在蘇聯和東歐解體之前，這些國家的工業化已經達到了相當高的程度，經濟發展和人民生活水準相較於一些已經民主化了的西方國家並不遜色，但是這些國家並沒有因為工業化、經濟富裕而得以民主化。其次，經濟發展的過程不是推動國家的民主化過程，相反的，它可以很容易導致現存國家的「政治衰敗」，這在亨廷頓的學說中發揮得淋漓盡致。亨廷頓儘管是西方民主最忠誠的擁護者，但有鑑於開發中國家的無政府亂象，認為政治秩序較之經濟發展和民主化更為重要❹。不管怎樣，如上面所討論的，資本主義和持續的經濟發展，幫助了那些在傳統政治中包含有民主因素的西方國家轉型成為民主國家，這是歷史的邏輯。但歷史不可能重複。西方的經驗不可能在第三世界和開發中國家再現。在理解開發中國家的發展或者不發展時，無論是經濟還是民主政治，都離不開「國家」的作用。

當我們考察當今開發中國家時，在西方社會經歷過的經濟和國家政體的民主化之間的關係，剛好倒了過來。就是說，在西方，是經濟的發展、資產階級和其他社會力量的崛起，最後馴服了專制的國家權力，但是在開發中社會，國家（或者政府）必須生產出資本主義並推動經濟發展。這也不是抽象的邏輯，而是由開發中「國

家」產生的歷史條件決定的。上面提及，在很大程度上，現代社會所擁有的「國家」形式都是從西方傳播而來。但是，西方式「國家」並非「自然」地傳播到後開發中國家的，在很多場合，傳播的過程就是西方國家實行帝國主義和殖民主義的過程。現在我們所看到的第三世界主權國家，幾乎都是在反殖民主義的民族革命運動中產生的。

在獨立建國後，後開發國家用政權的力量支持初生的資本主義，以此來推動經濟的發展。而在共產主義類型的國家，則發展出另一類經濟制度，即計畫經濟。即使在拉丁美洲，那裏並沒有直接的殖民主義，但經濟的發展仍依賴國家的干預。在西方，新生的企業家階層是推動民主的主力；但在第三世界，催生和支持這樣一個資產階級本身就是一項政治任務，要由國家來主導和輔助。當國家主導社會經濟發展時，同時必須對社會負責就變得極為困難。在西方，正是社會力量的壯大才馴服了國家力量。但是當社會經濟的變遷要由國家來推動時，誰來馴服國家權力呢？這種歷史的發展在很大程度上決定了，民主是政治精英賦予社會的一件「禮物」。如果政治精英們不願意給社會這樣一件「禮物」，那麼社會力量就不太可能根據自己的意願來造就一種民主的政治制度。

這樣，開發中國家的民主就面臨一些結構性障礙。最重要的就是上面所講的國家占據社會經濟的主導地位。國家對社會經濟的主導地位從本質上說，是反民主的或者非民主的。隨著經濟的發展，社會力量有可能擴大和加強其對國家的力量，如在亞洲新興工業國。但即使在這些國家，民主化也不是社會力量單方面的結果，離開了政治精英的作用，民主化可能無從談起。在現代社會，除了亞洲新興工業國之外，大多數開發中國家都是由國家主導著社會力量，這並不是說國家有能力控制社會力量。在很多社會，國家的主

導地位並沒有使其能夠有力的控制社會，反倒是讓社會處於一種無政府狀態。

　　為什麼會出現這樣的情況？從歷史的角度來看，很多開發中國家政治體制整合度不高，權力分散，缺少經濟發展的動力。分散的政治和軟弱的經濟，使得它們很容易受殖民主義影響。在建立新主權國家政權過程中，扮演主要角色的是具有民族主義色彩的政治精英，而非具有企業家精神的資產階級。政治始終是這些國家各方面發展的主要動力。無論是社會還是經濟，都有待發展，但負責推動這些方面發展的就是國家。即使是弱國，其在社會經濟發展中也占主導地位。國家總要透過各種方式控制和操縱社會經濟的發展。由國家或者政治精英們所發動的社會運動，而非有組織的社會力量，更有能力動員資源，從事國家建設和各方面的發展。但是社會制約的缺乏，使得「國家」本身很難向民主政體轉化。

　　在很大程度上，只要是國家主導社會，民主主要就是政治精英的事情。但這並不是說，社會大眾對民主的發展不重要。這樣說只是要強調，在國家主導社會的地方，政治精英有能力給予社會民主權利，或者撤回這樣的權利。社會大眾經常只有在政治精英動員他們時，才有機會進入政治過程。社會動員與否是政治人物決定的，而非社會力量本身決定的。

　　在開發中國家，當權者要同時完成兩項必要的任務，即建立一個獨立的國家和發展經濟。建立一個有秩序的獨立國家，從最低層面來說，是要確立對特定領土的有效控制，從最高層面來說，是確立一個合法的、主權的、對人民的需求負責的國家機器；同樣，經濟發展，從最低層面來說，意味著要能夠推動經濟的發展，從最高層面來說，是協調發展與再分配之間的關係。這些不同的任務構成了不同的合法性基礎。一些政治人物側重於政治秩序和經濟發

展，而另一些則側重於建立一個更負責任的政府，能夠在發展和分配之間做到平衡。在這兩端之外，還有極端者。一些國家的政治精英完全依靠其所掌握的武力來統治國家，而另外一些則使國家處於無政府狀態。

概括地說，上面的簡單討論是想說明國家建設和民主化之間的複雜關係。一個社會如果要有民主的轉型，首先要存在著最低限度的國家制度、政治秩序和政府對領土和人民的有效控制。其次，這一國家必須具備最低限度的能力來發展經濟。沒有這兩者，民主化的發展將是不可能的，即使發展了，也會失去其實質上的意義。

國家建設和中國的民主化

無論是西方的經驗還是其他開發中國家的經驗，都不會在中國簡單地重演。中國正在走著自己的道路。另一方面，中國也不會是個例外。和其他開發中國家一樣，中國也無法避免產生經濟發展和民主化之間的矛盾。中國的「國家」在經濟和社會發展過程中的作用，和其他開發中社會的「國家」大同小異。也像一些國家和地區一樣，中國社會經濟的發展也產生有利於民主政治發生的因素。國家在推動經濟社會的發展，同時經濟社會的發展也在影響著「國家」的發展。問題在於，經濟社會的發展是否會推動國家的民主化轉型？現存制度是在消化社會經濟力量對它的消極影響而維持現狀，還是在做一些有利於民主政治發生的事情呢？如何利用經濟社會發展過程中出現的有利於民主化的因素來推進「國家」的民主化？對這些問題很難給出確定的回答。

再進一步來看，民主化是全球大趨勢，哪一個國家也逃不過

這一過程。民主政治也是中國國家建設的目標。但現實經驗所顯示的是，民主化很可能不是一個國家建設的過程，而是一個國家解體的過程。我們所要提出的問題是，在全面民主化發生之前，或者發生過程中，中國能夠進行怎樣的國家建設，從而可以在最低限度上避免多民族國家的解體，而在最大程度上，達到較爲理想的民主國家建設呢？

「國」源自「黨」：回到孫中山

在討論中國國家的民主化轉型時，最重要的就是認識現存國家。所以，首先要提出一個可能很多人都不願接受或者不願意聽的問題，那就是，中國是不是一個現代國家？沒有人會懷疑中國早已經是一個「國家」，但這個國家的「國家性」（stateness）到底有多強呢？這個問題卻很少有人提出，更不用說給出答案。從秦始皇統一國家開始，儘管中國也有分裂的時候，但大多數時間一直是統一而強大的國家。在很多方面，特別是在政治統治形式方面，中國的官僚體系是世界上最先進的。但是也沒有人會懷疑，中國傳統的「國家」形式，和我們這裏討論的起源於西歐的近現代「國家」截然不同。傳統國家是王朝體制，皇帝統而不治，人民對國家政治既無參與的管道，也沒有多大的興趣。在大多數場合下，人民是自生自滅的。簡單地說，社會和國家之間沒有任何制度上的關聯，這使得國家沒有有效的機制來動員社會資源。

傳統王朝式國家在歷史上具有其優勢，不管今天我們怎樣評論這種形式的政治統治，它畢竟統治中國數千年。只有當王朝國家遇到了產生於西方的現代國家時，其劣勢才立刻顯露出來。傳統王朝式國家在現代西方國家面前不堪一擊，很快解體。從清末開始，

所有中國政治精英面臨的主要任務是如何建立一個新國家。各種源自西方的思潮在中國都得到傳播，到「五四運動」時期達到頂峰。這個時期的「主義」都沒有為中國的國家建設提供行之有效的途徑，漸漸消失；只有孫中山的國民黨和中國共產黨初生的民族主義生存下來，為日後的國家建設提供了有效的武器。

如何建立一個現代國家？簡單地說，自孫中山以來，中國主流的政治精英都走著一條「以黨建國」的道路，但在不同階段，他們對政黨和國家、政黨和民主之間的關係有不同的看法。對孫中山來說，組織和黨就是重新建設中國民族國家最強而有力的武器。他曾明確表示，他「向來主張以黨治國」❶。但黨的概念在孫中山那裏有個很大的變化過程。在其革命生涯早期，孫中山相信，能夠在歐美多黨制度的基礎上建立一個共和國，讓人民參與國家政治，從而達到建設一個強盛的民主國家的目標。這裏的「以黨治國」思想學自歐美，指的是多黨競爭的政黨政治。袁世凱掌權以後，國民黨曾經想用政黨來制約袁世凱的專制主義。宋教仁的被刺身亡，以及一九一一年革命後所建立的共和政體的無效性，促使孫中山重新考量政黨問題。孫中山意識到，中國不可能依靠歐美式多黨制建立一個強盛國家，因為中國從社會到精英人物都沒有歐美那樣的民主政治素質。對於一盤散沙的中國人來說，沒有一個強而有力的組織，是不可能建立一個強而有力的國家的。

十月革命後，孫中山立即把注意力轉向蘇聯列寧主義式的政黨。蘇聯是第一個從資本主義體系中掙脫出來、建立不同於西方政體的新形式國家。蘇聯的成功使孫中山對列寧主義式政黨表現出非常的興趣。「以俄為師」成為孫中山晚年建黨的主導思想。此後，孫中山所做的兩件最有政治意義的事，就是改組國民黨和用政黨的力量去改造國家。接受列寧主義政黨學說以後，孫中山「以黨治

國」概念有了全新的內容。在孫中山看來，俄國革命之所以能夠成功，「即因其將黨放在國之上」，這「又爲我們模範，即俄國完全以黨治國，比英、法、美之政黨……更進一步」。孫中山進一步指出，（當時）中國以黨治國爲時太早，因爲國家還是太亂，社會還是退步。所以，「我們現在並無國可治，只可以說以黨建國。待國建好，再去治它」❶❻。以黨治國意味著黨在國之上，即黨在政府之上，直接掌握政權。以黨治國也並不是說「要黨員都要做官，然後中國才可以治；是要本黨的主義實行，全國人都遵守本黨的主義，中國然後才可以治。簡而言之，以黨治國不是用本黨的黨員治國，是用本黨的主義治國」❶❼。

　　毋庸置疑，無論是「以黨建國」還是「以黨治國」，中國國民黨和中國共產黨都承繼了孫中山先生的思想。那麼，爲什麼國民黨最終敗於共產黨呢？簡單地說，這是因爲共產黨的革命方法比國民黨的更徹底。在社會的基層，國民黨所依靠的是地方精英，即地方紳士，而共產黨則直接依靠農民，直接把共產黨的治國理念傳達給了人民。這樣，共產黨比國民黨更具有動員社會資源的能力。這一不同也直接表現在兩黨所建立的政權組織上。國民黨的政治權力從中央透過省和縣到達了鄉鎮一級，而共產黨更進一步，政權權力再從鄉鎮延伸到村一級❶❽。

　　美國學者弗蘭茲·舒曼精確地指出了黨的組織和意識形態在中華人民共和國這一國家形式形成過程中的作用。在二十世紀六〇年代末，他說：「中國共產黨透過革命性鬥爭登上權力地位，創造了今天的中華人民共和國。中國在過去的十幾年裏，無論偉大的人物還是平庸之輩，都在用組織化了的政治權力達到不同的目的，演出人類的戲劇。他們在重建一個偉大的國家，約束著他的人民，改善著人民的生活，打下了成長的基礎。共產黨中國猶如一棟由不同

69

磚石砌成的大樓,他被糅合在一起,站立著,而把她糅合在一起的
就是意識形態和組織。」❶

國家的強大性和脆弱性

　　自近代以來一個強大的政黨阻止了中國社會和政治的解體。
不管其內部組織如何,中國畢竟成為一個統一、獨立的主權國家,
或者說是一個滿足了最低限度條件的近代國家。一九四九年之後,
在共產黨的主導下,中國經歷了一波又一波的國家建設運動。在早
期,共產黨基本上接受了蘇聯國家模式,不僅在政治上完全接受了
列寧主義式的政治統治模式,還接受了計畫經濟的經濟管理模式。
不過,儘管毛澤東接受了馬克思列寧主義的意識形態,但他從來
就沒有對蘇聯式國家模式滿意過,無論是「大躍進」運動,還是持

中國共產黨透過土地革命贏得了最底層民眾的支持,最終取
得了革命的勝利。

續十年的「文化大革命」，都表達了毛澤東對蘇聯式國家模式的不滿，以及對一種新型國家模式的追求。這種追求並非這裏所能說清楚的，但是有一點很清楚，即毛澤東使用的主要方法是政治動員。共產黨政治動員的強大力量可說是史無前例的。從這個意義上，中國被西方學者視爲「極權主義」類型的國家。

從追求新的國家形式的角度來看，其實鄧小平所做的和毛澤東所追求的有個共同方向，但兩者所使用的方法很不相同。鄧小平所使用的主要是經濟的方法。我們可以看到，自二十世紀七〇年代末改革開放政策實施以來的二十年間，中國的經濟制度已經發生了翻天覆地的變化，黨和政府也已經確立了市場經濟爲中國經濟制度的最終目標。但在政治上則不然。雖然期間也有政治變化，但是總體政治的架構並沒有發生巨變。不能說鄧小平沒有做任何有關政治改革方面的努力：在八〇年代，鄧小平等領導人曾經把政治改革作爲一項最高的政治議程，也提出了一系列有關政治改革的意見。但是，國內外的現實情勢使得這些設想很難落實。

不管怎樣，經過長期的發展，現在中國的國家形式與舊時代相比已經是大相徑庭。但是，中國是否已經從傳統國家轉型成一個現代國家了呢？一些西方學者從中國還不是一個民主國家的觀點出發，認爲中國還不是一個現代民族國家。這種觀點失之偏頗，因爲不能光用民主的因素來衡量一個國家的現代性。但是我們也應當對西方學者的觀點進行一些反思。我們可能不喜歡他們的觀點，但這些觀點並非都是無稽之談。白魯恂在這方面具有代表性。他認爲中國充其量是個文明（civilization），或者一個文化國家（cultural state），而非現代民族國家❷。用現代西方國家來透視中國國家形式，就很難看清問題的實質。但是我們可以這樣說，中國國家的制度化是非常低的。中國無疑是個國家（country），但國家還沒有

高度的制度化。國家看似強大，但制度很脆弱。數千年來，中國的分分合合就說明了這一點。實際上，如王賡武所指出的，在過去的一千年間，漢族人真正統治自己國家的時間還不到兩百八十年。在絕大多數時間裏，中國這塊土地或者是由非漢族人統治，或者漢族人統治的只是某一部分㉑。中國的強大在於有一個統一的文化。如果沒有這種文化，中國是否還有這樣的統一國家就成了問題。

實際上，中國國家形式既強大又脆弱的現象，也是中國人自己所能感受得到的。說中國強大，是因為在過去二十多年裏中國的經濟改革取得了很大的成就。國家的綜合力量、人民的生活水準等各方面都有了很大的提高，中國在國際上地位的變化，人們更容易感受得到。很多人預測中國的經濟規模會很快超越美國，成為全球第一。一般認為，隨著經濟力量的增強，中國的軍事力量也會急遽提升。這就是自二十世紀九〇年代初以來，西方各國盛行所謂「中國威脅論」的主要根源。但奇怪的是，在感受到中國強大的同時，人們也日見中國的脆弱，即使在今天，國外的很多人還是認為中國仍然存在著分裂的可能性。毛澤東所建立的政治國家形式，無疑是有史以來中國最強大的國家形式。但是這種國家形式，實際上已經在鄧小平時代因分權改革而有了根本性改變。所以很長一段時間裏，西方學者熱中於談論中國國家的「易碎性」（fragmentation）。一些組織和學者甚至在研究，利用分權下產生的地方主義來分解中國的方法。臺灣李登輝的「七塊論」也是這種心態的反映㉒。可以說，這種觀點在歐洲、美國、日本和臺灣都有相當的市場㉓。這種既強大又脆弱的現象，被國外一些媒體稱之為「中國問題」㉔。在政治體制方面也是這樣。如上所說，在經過了改革年代的大規模分權運動以後，很多人還是感覺到政府的權力過於集中，所管的事還是太多，所以要求政府繼續縮小其權力範圍，

減少其所管的事情。但是另一方面，也有很多人感到政府太弱，政府管理的效能很低。很多人覺得孤立無助，希望政府把許多事情都管理起來，如提供基本的政治秩序、保障人民的基本生活水準和生命安全等等。

在很大程度上，對政府的不同看法都可以在實際政治生活中找到經驗根據。任何一個政府都不可能十全十美，滿足人民各方面的要求。但中國政治中存在著的這些怪現象，是和中國的國家建設中存在著的一些基本問題緊密相關的。沒有健全的市場規則，經濟活動就會顯現亂象；有了市場規則，但經濟活動者不去遵守這些規則，經濟活動同樣會亂象叢生。在政治生活中也是這樣。沒有健全的政治規則，政治活動就缺少了制度的依據，亂象便不可避免了。

國家建設和民主化

如何消除或者減少國家政治生活中的各種亂象？人們不約而同地想到了政治改革，很少有人會懷疑這個方向。但國家應當在這個進程中扮演什麼樣的角色呢？正如本文開頭所指出的，各種方法的確是圍繞著國家的政治權力進行的，要麼強調繼續弱化現存國家權力，要麼就是把現存國家形式轉型為民主形式。筆者在這裏所要強調的是，民主化和國家建設不是同一件事。民主化無須迴避，但國家建設必須提到議事日程上來，是當務之急。

不管中國的民主化會走一條怎樣的道路，在很長一段時間內，中國各方面的發展實際上會在國家主導下進行。不管我們的意願如何，客觀的現實要求和政治權力的本質決定了國家權力會一直存在於我們身邊。我們所面臨的問題並非要不要這樣一個國家政權，而是如何確立一個強大的能夠滿足各方面發展要求的國家，同

73

時又不是一個專制的國家，而是一個能夠容納民主政治因素，並且能夠推動民主政治的政權機構。

對國家建設的需求是多方面的。首先，中國目前最重要的議程還是發展經濟。經濟的發展不僅對人民生活的進一步改善或者提高至關重要，而且對於中國民主化的有效性也具有政治意義。本文前面討論過，西方民主是建立在經濟的發展和財富之上的。儘管民主化是否要等到經濟發展之後才可以發生和發展，是個見仁見智的問題，但不可否認，經濟發展和財富肯定是有利於民主的生存和發展的。而經濟持續發展的一個基本條件就是有一個基本的政治秩序。早先亞洲「四小龍」（即韓國、新加坡、臺灣、香港）的發展就說明了這一點。而自九〇年代後期以來，一些國家和地區因為不能保證這樣一個政治秩序，而出現經濟停滯不前，甚至走下坡的現象，也從反面說明了這一點。可以毫不誇張地說，今天亞洲國家正經歷著不僅是經濟轉型上的困難，而且還是民主政治的危機。

其次，中國是個多民族國家，不僅各民族之間存在著很大差異，而且各地區之間也存在著巨大差異。這種差異不僅是經濟發展方面的，也表現在其他諸如政治、社會和文化等方面。可以認為，所有這些差異會長期存在下去。儘管各民族、各地區在所有這些方面都會得到發展，但很難達到一個平均狀態。很顯然，要在這些差異中維持一個統一的政權，國家權力必須發揮很大的作用。從前蘇聯等一些國家的經驗來看，民主化很容易導致多民族國家的分裂。中國如果要避免這種情況，國家權力必須隨著民主的發生和發展而得到強化，而非弱化。

再次，我們現在正進入一個全球化時代，國家的各個方面正以加速度的方式和國際社會整合，在很多方面越來越依賴於外在世界。但是，我們還沒有一個穩定的國際社會，即一個我們能夠應

付自如的國際社會。相反的，國際環境變化無常，經常超出一個國家社會和政府所能應對的程度，更不用說社會個體了。在這種情況下，我們需要一個能夠對國際環境做出及時有效反應的政府。政府能否做到這一點，在很大程度上取決於國家權力的強弱。

第四，也是最重要的就是，國家建設也是政治民主化的需要。我們強調，民主化和國家建設是可以相對分離的兩件事情。民主化並不能保證國家建設。再者，民主制度的正常運作需要有一整套國家制度的支撐。就是說，在民主化之前，這樣一套制度就已經存在了，沒有這樣一套制度，民主就會失去其存在的基礎。不是國家制度的所有方面都能透過民主化得到實現的，一些制度建設和民主根本不相關。無論是民主國家還是非民主國家，只要是一個現代國家，就要具備這樣的制度。此外，一些制度和民主政治相關，但民主化不能保證這些制度的確立。還有一些制度，在民主化以後，就很難再建立起來了。

中國如何進行國家建設？現在中國經濟上不僅已經確立了市場經濟的目標，並且在如何實行市場經濟的問題上有了相當多的思考。但對如何處理經濟發展和政治方面國家建設的關係問題上，人們的思考剛剛開始。如何思考本身成了一個問題。我們認為，引導對這個問題的思考恐怕不是從哪一種「主義」出發，而是要從分析中國實際存在著的政治問題入手。自改革以來，中國已經在國家建設的很多方面進行了有意識或無意識的努力。這些努力在客觀上既是積極的國家制度建設，也是有利於民主政治發展的。但是，這些制度建設到底是哪些？它們和民主政治到底有怎樣的關聯？這些制度會隨著社會經濟的發展發生怎樣的變化？如何根據現實來引導這些制度的發展，促成中國最終的民主化？這些都需要加以考量。

實際上，當一些學者還在為「主義」爭論不休的時候，另外

一些學者已經開始拋開意識形態，從中國實際存在的問題入手來討論中國的國家建設。這在經濟領域較為清楚。人們的眼光已經轉移到計畫經濟解體以後，如何建立國家統一的金融制度、稅收制度、中央銀行制度和勞動市場制度，等等。政治問題上的討論較少，但也有一些學者開始有這方面的思考。例如，自二十世紀九〇年代初以來，王紹光和胡鞍鋼提出了經濟發展過程中的「國家能力」問題，並在這方面做了很深入的研究。吳國光和我從另外一個角度討論中國中央和地方的關係問題㉕。儘管很難得出一致的結論，但這些討論都和國家建設有關，並把國家建設和民主化聯繫起來，也就是如何進行民主的國家建設。

在國家建設問題上，中國並沒有什麼模式可以仿效和追求。其他開發中國家所經歷過的不可能在中國重複。國家建設的各方面，我們也不可能把它們一一窮盡。但不管怎樣，最重要的不是從任何主義出發，來做些無結果的理想實踐，而是要從中國實際政治情形出發，對現行制度進行漸進式的重建。透過這裏的討論，我們想提出的最重要一個問題就是：中國是否具備了一個民主政權所需要的最低制度條件。如上所述，從現實的經驗來說，民主化經常導致國家的解體。國家建設的最低層面就是國家的生存，在這個基礎上，再從現存制度轉型成民主政治。但是，中國是否已經具備了保證這種最低要求的制度呢？這是個我們必須要考量的問題。只有對這樣一個問題有了基本共識以後，我們才能進行國家如何民主化方面的思考，才有可能在政治民主化的實踐層面避免國家解體，最終實現建立一個強大民主國家的理想。

（本文最初發表於《戰略與管理》2001年第2期）

註釋

❶ 參見汝信、陸學藝等主編：《2001年：中國社會形勢分析與預測》，社會科學文獻出版社2001年版，第47頁。

❷ 這種區分法是王紹光教授總結的。

❸ 這裏所說的「國家」（state）不是我們一般意義上理解的國家。通常，在談論國家時，人們指的是country。這裏的state可以翻譯爲「國家制度」或者「國家機器」，但爲方便起見，仍使用「國家」一詞。

❹ 實際上，即使研究革命也離不開考量國家的角色，例如列寧的著名文章〈國家與革命〉。當代學者特別是馬克思主義學派，或者受馬克思主義影響的學者，仍然把重點放在國家對革命發生和發展的作用上。

❺ Samuel P. Huntington, *The Third Wave: Democratization in the Late Twentieth Century* (Norman: University of Oklahoma Press, 1991).

❻ 在前蘇聯解體和東歐政權瓦解後，越來越多的學者開始研究國家建設問題。例如：Deadalus, "Reconstructing Nations and States", *Special Issue*, vol. 122, no. 3 (Summer 1993); Gordon B. Smith ed., *State-Building in Russia: The Yeltsin Legacy and the Challenge of the Future* (Armonk, NY: M. E. Sharpe, 1999); Taras Kuzio, *Ukraine: State and Nation Building* (New York: Rutledge, 1998); Taras Kuzio, Robert S. Kravchuk and Paul D'Anieri eds., *State and Institutional Building in Ukraine* (New York: St. Martin's Press, 1999); Jill A. Irvine, "Ultranationalist Ideology and State

Building in Croatia, 1990-1996", *Problems of Post-Communism*, vol. 44, no. 4 (July/August 1997).

❼ Max Weber, *The Theory of Social and Economic Organization* (ed. by Talcott Parsons) (New York: Free Press, 1964), p. 156.

❽ Robert Dahl, *Democracy and Its Critics* (New Haven: Yale University Press, 1989), pp. 221-223.

❾ Bertrand Badie, *The Imported State: The Westernization of the Political Order* (trans. by Claudia Royal) (Stanford, CA: Stanford University Press, 2000).

❿ Gianfranco Poggi, *The Development of the Modern State* (Stanford, CA: Stanford University Press, 1978), pp. 60-61.

⓫ Charles Tilly ed., *The Formation of National States in Western Europe* (Princeton, NJ: Princeton University Press, 1975).

⓬ Charles Lindbloom, *Politics and Markets: The World's Political-Economic System* (New York: Basic Books, 1977); Samuel P. Huntington, "Will More Countries Become Democratic?" *Political Science Quarterly*, vol. 99, no. 2 (Summer 1984); Barrington Moore, Jr., *Social Origins of Dictatorship and Democracy: Lord and Peasant in the Making of the Modern World* (Boston, MA: Beacon Press, 1966).

⓭ 持這一觀點的學者主要受韋伯的影響，主要參見：Felix Gilbert ed., *The Historical Essays of Otto Hintze* (New York: Oxford University Press, 1975); Reinhard Bendix, *Kings or People: Power and the Mandate to Rule* (Berkeley, CA: University of California Press, 1978).

⓮ Samuel P. Huntington, *Political Order in Changing Societies* (New

Haven, Conn: Yale University Press, 1968).

⑮《孫中山全集》第8卷，中華書局1986年版，第281頁。

⑯《孫中山全集》第9卷，中華書局1986年版，第103-104頁。

⑰《孫中山全集》第8卷，中華書局1986年版，第282頁。

⑱ 這一節是根據作者先前的研究概括而成，詳細的內容請參見鄭永年：《中國民族主義的復興：民族國家向何處去？》，香港：三聯書店1997年版，第五章。

⑲ Franz Schurmann, *Ideology and Organization in Communist China* (Berkeley, CA: University of California Press, 1968), p. 1.

⑳ 白魯恂在很多研究中論述過類似的觀點，請參見：Lucian Pye, *The Dynamics of Chinese Politics* (Cambridge, MA: Oelgeschlager, Gunn and Hain, 1981); *The Mandarin and the Cadre: China's Political Culture* (Ann Arbor, Michigan: The Center for Chinese Studies, The University of Michigan, 1988); *The Spirit of Chinese Politics: A Psychocultural Study of the Authority Crisis in Political Development* (Cambridge, MA: MIT Press, 1968); "China: Erratic State, Frustrated Society", *Foreign Affairs*, vol. 69, no. 4 (Fall 1990); "How China's Nationalism Was Shanghaied", in Jonathan Unger ed., *Chinese Nationalism* (Armonk, NY: M. E. Sharpe, 1996), pp. 86-112.

㉑ Wang Gungwu, *Joining the Modern World: Inside and Outside China* (London and Singapore: Singapore University Press and World Scientific, 2000).

㉒ 李登輝：《臺灣的主張》，臺北：遠流出版公司1999年版。

㉓ 對這些觀點的綜合性討論，請參見鄭永年：《中國民族主義的復興》，第一章。

❷❹ 參見鄭永年的綜述:〈什麼是「中國(人)問題」?〉,香港:《信報》1999年11月9日。

❷❺ 王紹光、胡鞍鋼:《中國國家能力報告》,香港:牛津大學出版社1994年版;吳國光、鄭永年:《論中央地方關係》,香港:牛津大學出版社1995年版。

第四講　人本社會主義、政黨的轉型和 中國模式

◆ 在二十多年的改革中，中國共產黨已經發生了巨大變化，不僅 表現在黨的內部組織和意識形態方面，也表現在黨和國家政治 生活的關係方面。

◆ 中國九〇年代在經濟改革上的成就很大程度上是技術官僚制度 的功勞。但從長遠來看，技術官僚制度本身也只是一種過渡型 的統治制度，因為經濟發展正在導致中國社會的急遽分化，各 種利益間的衝突並不是透過技術官僚制度所能解決的，而需要 一種更為民主的統治方式。

◆ 當意識型態與現實不相吻合時，需要修正的是意識型態，而非 犧牲現實。

◆ 在二十世紀八〇年代，「以人為本」被視為是資產階級自由化 思潮的主要內容而遭到批判。現在，它成了指導中國社會發展 的基調，這是政治上的一大進步。

引言

　　研究中國模式，核心就是要研究中國共產黨。中國共產黨是唯一的執政黨，是中國社會經濟整體轉型的媒介（agency），是中國模式的塑造者。中國社會經濟的轉型和黨本身的轉型，是中國模式緊密相關的兩個方面。儘管在談論中國模式時，人們往往強調社會經濟發展面，但實際上很難離開黨本身的轉型來談論中國模式。這是因為，一方面，黨要推動社會經濟的轉型，黨所確定的任何發展政策都必須透過黨本身來推動；另一方面，黨自身也必須加以改革來適應這種新的發展方向，就是說必須不斷改變自己來適應這種轉型。只有這樣，才能在新的形勢下繼續領導國家建設。或者說，黨必須透過自身的轉型來保持自己作為改革主體的地位。

　　黨的轉型包括兩個大的方面，即轉型的方向及其如何轉型。黨的轉型問題並非一個新課題。從鄧小平實行改革開放政策以來，這一直是個主題。我認為，在二十多年的改革中，中國共產黨已經發生了巨大變化，不僅表現在黨的內部組織和意識型態方面，也表現在黨和國家政治生活的關係方面。概括地說，在鄧小平和江澤民時代，中國共產黨已經從一個革命黨轉型到執政黨。這是共產黨的第一次轉型，這次轉型，使得共產黨從改革前用革命方法治理國家的政黨，轉變成一個用行政方法治理國家的政黨。這一轉型產生了一系列積極正面的效應，但也存在著很大的不足。進入二十一世紀以來，黨的領導階層確定把共產黨的執政能力問題定為議題。如何提高執政能力的問題實際上是黨的第二次轉型問題，即如何從一個側重於行政管理的政黨轉型成一個用政治方法執政的政黨。這種轉

型不僅關係到黨本身的發展，也關係到國家人本社會主義的總體發展方向。

政黨、國家建設和民主

　　討論黨的轉型，首先就面臨一個問題，即中國共產黨的特殊性問題。儘管我們也稱呼「黨」，但這個概念和西方政治學的「政黨」概念不同。我們有必要討論中西方政黨的不同。「政黨」這一概念本身是在十九世紀才開始被使用的，是歐美代議制度和普選制度發展的產物。政黨最初是指透過參與選舉而獲得公共職位的組織，之後用來指稱那些並非以參與選舉為目標的政治組織，甚至那些意在消滅選舉制度的政治組織。可以說，近代政治就是政黨政治。討論政治免不了要討論政黨，討論民主政治尤其如此，政黨政治和民主政治幾乎是一對孿生兄弟。摩爾曾經把西方民主的發展過程概括成一句話，就是「沒有資產階級就沒有民主」。然而，資產階級是透過政黨政治與君主貴族等分享政權的。同樣，工人階級崛起後，也是透過政黨政治的途徑進入政治領域的。政黨在民主政治中的重要性，使得我們在討論中國的政治民主化時，言必稱政黨。在中外學者當中，很多人都會把民主化和開放黨禁、實行多黨制和政黨競爭等聯繫起來。無疑，這樣的觀點是透過比較中國政治制度和西方民主制度的不同運作方式後得出的。不管怎樣，因為這些研究只是從民主政治運作的內容出發來考量政黨，政黨也因此只是被狹義地規定為一種整合和表達各社會群體利益的機制。

　　的確，光就民主政治運作的方式來說，這種說法甚為確切。但是，它的主要缺陷是沒有站在歷史的角度把政黨放在國家建設

的內容中來考量。現代政黨起源於西方,然後再逐漸傳播到其他國家。政黨在西方社會國家建設中所扮演的角色,顯然不同於其在後開發中國家(尤其是第三世界國家)所扮演的角色。這裏有必要簡單討論一下政黨在不同國家所發揮的作用。

我們會看到,在後開發中國家,政黨往往是國家的締造者。但在很多已開發國家,特別是西歐,情況則有很大的不同,政黨並非國家的創始者,政黨只是促進了國家從非民主型態向民主型態的轉型。在近代政黨產生之前,西方經歷了一段很長時期的專制政權,在那個時期,一個強有力的國家政權已經存在了。現代形式的國家起源於西歐。從十二至十四世紀近代國家發始,到十九世紀現代國家成熟,國家的成長和轉型經歷了很多個歷史階段。儘管有各式各樣的轉型,但近代國家保持了相當的連續性和邏輯性。西方政黨產生於專制政權之下,順應社會經濟發展的需求,逐漸地改造了國家的政權形式。總而言之,西方政黨和近代國家的起源並沒有多大關聯,但卻與近代國家的轉型密不可分。

西方政黨

可以說,政黨的起源既和原先不合理的國家政權形式相關,也和民主政治的發生和發展密不可分。西方的民主並不是從一開始就是像現在這樣的大眾民主。民主政治從君主政體那裏發端到大眾民主,經歷了很長一個歷史發展階段。同樣,政黨也不是從一開始就是現在這樣鬆散的大眾政黨。簡單地說,近現代意義上的政黨的出現是由一系列的因素所致❶。

政黨總是和議會政治聯繫在一起,而議會政治是西方民主的本質。韋伯曾經把政黨的發展分成三個階段,即貴族團體時期、精

在現存民主國家，政黨是政治活動的主體，是民眾與政府的仲介。

英顯貴時期和大眾民主時期。早先的政黨儘管也以分享政權和參與政權爲目標，但在很大程度上，只是一部分人才能參與的俱樂部，在歐洲，這些具有政黨性質的俱樂部最早的成員就是不同類型的貴族。當時的民主也只是他們之間的權力分享，而和大多數社會群體沒有什麼緊密關聯。隨後政黨面臨外界參與政治的壓力，逐漸擴大了這些參政團體的範圍，容許社會上各種團體的代表人物，也就是社會顯貴和精英人物來參與和分享政權。就是說，這個俱樂部的基礎擴大了。儘管這個時候政黨還沒有體現爲全民性，但已經呈現開放的姿態，開始體現平等性，即包容了來自不同社會團體的精英人物。如果說在貴族和精英團體的階段，政黨已經具備了現代政黨所具有的開放因素，那麼只有到了大眾民主的階段，現代政黨才發育成熟❷。所以，政治學者莫里斯·多佛吉把政黨的出現和選舉政治

聯繫起來，認爲正是選舉政治才驅動了政黨的發展及其民主性❸。選舉政治的特點就是政治的全民性。這裏的全民性並不是說社會上所有人民都享有選舉權，而是說那些具有選舉權的人民，都有平等機會來分享政權。

政黨和民主政治之間的歷史邏輯，可以從主要西方民主政治的發展史中得到證實。研究者發現，在英國，現代政黨產生於一八三二年的改革❹；在法國，具有政黨特色的大眾組織出現在一八四八年革命期間；在美國，政黨直到一八三〇年代才出現❺；在日本，政黨出現在一八六七年明治維新之後，甚至是在第一次世界大戰期間❻。這裏必須指出的一點就是，在所有這些已開發國家中，政黨的確推動了國家政治的轉型，即從非民主或者部分民主到民主的轉型，但是政黨較現代民族國家的產生爲晚。在政黨產生之前，現代類型的國家已經在那裏運作了。概括地說，這些政黨都是在現存國家制度架構內誕生和活動的。政黨在國家轉型過程中發揮了巨大作用，並不是說它們建立了近現代國家形式。

就政黨和民主的關係來說，在現存民主國家，民主政治就是黨派政治。民主政治是透過選舉制度來實現的，而選舉則是由政黨來組織的。約瑟夫·熊彼得把民主界定爲政治精英透過選舉而競爭政治權力的一種政治過程。在他看來，政黨制度就隱含在選舉制度中。要進行有效的選舉，就要有選舉的組織和論壇，而政黨就發揮了組織和論壇的作用。組織和意識型態也就成了政黨賴以生存的依據❼。

爲什麼說政黨在國家轉型過程中扮演了一個極其重要的角色呢？一個很重要的方面，就是政黨的出現幫助國家化解了深刻而嚴重的政治危機。學者們發現，在政治發展過程中，經常會出現各種政治危機。與政黨政治的起源和發展相關的危機主要有三種，即合

法性危機、整合危機和參與危機。這三種危機的存在為政黨的出現提供了客觀條件，就是說，政黨充當了解決、至少是緩解這三種危機最有效的組織手段❽。

在解決這些危機過程中，政黨實際上充當了現代化和國家制度之間的調適者。從經濟上說，現代國家和前現代國家的不同之處，在於前現代國家主要是從社會攫取經濟資源，而不去過問如何增加社會的經濟資源。就是說，前現代國家是消費型的，而不是生產型的。與此不同，現代國家在向社會吸取經濟資源的同時，也努力直接或間接地創造經濟資源。現代國家經濟生活並非僅僅面向掌權者本身，也面向人民大眾。但國家在推動經濟發展的同時，也會面臨由經濟發展而產生的政治危機，如國家政權的合法性和社會基礎的變化、人民參與意識的產生和提高、利益的分化，等等。從歷史的角度來看，政黨是化解這些危機過程中最有效的政治工具。上述韋伯根據參與政黨人員所概括的政黨不同發展階段，實際上也反映了不同時期政黨的合法性和社會基礎。原因很簡單，社會經濟的發展往往導致各種各樣的分化，產生多元利益，不同利益進而需要有不同的政黨來代表和表達。這也是很多人認為政黨主要是一種利益聚集和表達機制的原因。

到了二十一世紀，無論在什麼樣的社會中，不管是民主還是非民主政體，政黨都是現代政治的中心。作為現代政治中最重要的組織，政黨一方面組織民意，把人民的要求傳達給政府權力和決策中心，另一方面，把黨的意見傳達給其成員和一般人民。再者，現代政治之所以需要政黨，也是因為現代政治的複雜性。複雜的政治需要較為複雜的組織來應付，政黨就滿足了這一要求。不管怎麼說，在現代社會，權力政治的最終依據就是政黨。

開發中國家的政黨

在考察開發中國家的政黨時，我們就需要超越適用於西方社會的「政黨就是選舉機器」這樣一個比較簡單的判斷了。在後開發中國家，我們不僅要研究政黨對民主政治的功能，還要研究政黨在國家建設方面和參與管理社會變遷方面的功能。可以這麼說，在後開發中國家，民主政治仍然缺少不了政黨，但政黨的存在並不僅僅是為了民主政治。

政黨在後開發中國家往往充當新國家的締造者。如果說，在先進的西方國家，政黨的主要功能是充當政治參與的工具，政治家的目標是分享政治權力的話，那麼，在後開發中國家政治家面臨著更為艱巨的任務，那就是國家建設、經濟發展和社會轉型❾。在西方已開發國家，政黨和國家是兩碼事。但在後開發中國家，兩者的關係並不很明確，甚至不能分離開來。這不僅是因為國家的生存在很大程度上依賴政黨的生存，而且，社會經濟的發展也更多依賴政黨的決斷。

概括地說，後開發中國家的政黨擔負著和西方政黨全然不同的歷史使命。我們可以從如下幾個方面來理解：

首先，政黨具有推進或者限制政治參與的功能。推進政治參與的功能，表現在政黨發揮著動員人民進入國家政治過程的作用；或者說，政黨是人民參與國家政治的工具。但是，光看政黨的動員功能是片面的，政黨也有限制人民政治參與的功能。在一些國家，特別是一黨獨大的國家，政黨被用來控制人民的政治參與。政治精英往往透過政黨的控制，不讓人民全面參與政治，而是根據政治的需要，把人民有限地整合進政治過程。在亞洲國家，馬來西亞和蘇

哈托垮臺以前的印尼都是屬於這種類型。在這裏，政黨不再是鼓勵政治參與的工具，而是相反。這樣做在一定歷史時期是有很大政治理性的，有限的和漸進的參與既保證了政治參與的需要，也照顧了社會穩定的需要。高度的政治動員和全面政治參與，往往導致社會的不穩定。在亞洲，這方面已經有了很多的經驗教訓。

其次，政黨具有創造政治合法性的功能。在現代社會，合法性來自政府和人民之間的關係，就是人們經常討論的國家和社會之間的關係。政府是否具有合法性，在很大程度上取決於人民是否認同政府。再者，這種認同主要是透過選舉或者其他形式的政治參與途徑來得到確認。政黨既是選舉工具，也是最重要的政治參與工具，就有創造政府合法性的功能。此外，政黨實際上是聯繫政府和人民的紐帶，政府的形象在很大程度上是由政黨（特別是執政黨）塑造的。這在一黨制或者一黨獨大的國家尤其如此，因為在黨政兩者之間很難加以明確區分，政府的合法性根本就是完全取決於執政黨的合法性。

政黨和政府之間的緊密關係，使得政黨在政府合法性方面也可以發揮著相反作用。政黨內部的問題很容易轉化成政府的問題。這種現象可以用「黨亡政息」來形容。如印尼，在蘇哈托時代，政府完全依賴執政黨而生存，所有政府重要的政策決策者都是執政黨，因此，一旦執政黨垮臺，整個政府就會停止運作，國家便處於癱瘓狀態。

再次，政黨具有整合國家的功能。政黨在整合國家方面的功能表現在政黨的精英政治功能上。在政黨政治比較發達的地方，往往能夠把社會各階層的精英吸納入政黨，從而在黨內協調社會各階層的利益，減少社會利益的衝突公開化，使得國家變得更加整合。這在新加坡比較明顯。新加坡儘管小，但也是典型的多民族國家，

執政黨（人民行動黨）從來就沒有讓有關種族的問題成為公共政策的一部分。問題的解決依賴黨內部來自各種族精英間的協商。

第四，政黨還具有政治社會化的功能。政黨是政府和社會之間的橋梁：一方面把社會的要求傳達給政府，另一方面又替政府落實政策，把政府的意圖傳達給人民。人民是透過參與政黨或者政黨所組織的活動來參與國家政治。從這個意義上來說，政黨履行著政治社會化的功能。

中國共產黨除了要履行上面所說的一些功能外，還有其特殊的地方。這種差異主要表現在外國政黨傾向於主要履行間接統治，即透過組織政府而達到統治的功能，而中國共產黨則是發揮著直接統治的功能。這種特殊性根源於中國政黨政治的歷史軌跡。簡單地說，現在我們所面臨的傳統遺產就是「以黨建國」、「以黨治國」和「黨國合一」。首先是「以黨建國」，然後是「以黨治國」，最終形成了「黨國合一」的政權體制。這一歷史軌跡並不是源於中國共產黨。從孫中山開始的中國政治精英們，並沒有多大的選擇來接受這樣一個軌跡。無論是「以黨建國」還是「以黨治國」，中國國民黨和中國共產黨都承繼了孫中山先生的思想。同樣重要的是，無論是國民黨還是共產黨，都宣稱自身是革命黨。革命就是要推翻現存政府，建立一個全新的政府。所有這些使得近代以來的中國政黨極具革命性。政黨的革命性也深刻地影響了政黨所進行的社會經濟建設。在一九四九年以後，毛澤東堅持「繼續革命」的思想，以革命的方式發動了一波又一波的社會政治運動，來建設其理想中的國家。黨要建設自己的國家，它就不能讓政府獨立存在；相反的，政府或者整個官僚機構要隨著政黨的意志才得以重建。

中國共產黨的第一次轉型

自改革開放以來，中國共產黨已經從一個用革命方法治理國家的政黨，轉型成一個以行政方式治理國家的政黨，而現在正開始從行政政黨向用政治方法進行治理的政黨轉型。

三種治理方式

什麼是革命式的治理方法？顧名思義，所謂革命，就是要對現存統治制度做一激進的變革。這一目標也就決定了黨的社會關係和黨內關係的特殊性。從社會關係方面來說，所謂革命就是階級鬥爭，就是一些階級對另外一些階級的革命。在爭取到政權以前，就是工人、農民階級對占有統治地位的資本家、地主等階級的革命；在掌權以後，就是對人為規定的敵對階級的革命。因為是階級對階級的革命，政治動員即不可避免。為了政治動員，共產黨就必須依賴於一些階級。表現在黨內運作方式上，革命及其政治動員也在客觀上要求一個高度集權的政治權力結構。政治權力首先是從各社會政治團體向共產黨集中，再從黨的下級向上級集中，而最終的權力源就是黨的最高領導人。

如果說革命方法的目標是變革現存體制，那麼行政方法的重點是在維持現存體制的前提下來改造現存體制。從共產黨的社會關係層面來看，大規模的政治動員不再出現。在革命方式下，黨（特別是黨的領導人）透過政治動員，把自身和社會的支持力量結合在

一起;而在行政方式下,黨及其領導人相對地把自身和社會力量分離開來,以相對獨立自治的方式,對社會這一「物體」加以管理。黨的權力基礎也和採用革命方法時期不同:革命方法要求黨直接基於社會的支持力量;但在行政方法下,黨的依靠力量直接來自黨內精英階層。從黨內的權力結構來看,集中化仍然是其主要特徵。黨的優先目標是經濟發展,或者說透過經濟發展而執政,黨強調的是統治效率。這就要求黨的權力仍然是相當集中的。在革命方法下,權力集中是爲了政治動員;但在行政方法下,這樣做是爲了決策的有效性。權力集中並不是說專制。技術官僚領導階層一般能夠在他們中間達成一種共識作爲決策的基礎,這種共識使得一定程度上的集體領導成爲可能,不過,整個權力等級結構並沒有發生根本性的變遷。

第三種治理方式,也就是政治治理方式剛剛開始,還很難對其特徵做出概括,但是從現在發展的趨勢來看,可以看出幾點。首先,政治方法不是一些階級統治另外一些階級,而是階級的和解和利益的協調;它也不是現存專業階層和技術官僚的統治,而是各個階層進行政治參與的統治。其次,政治方法下的政黨對社會來說是一種有限政治,即黨的權力會有所緊縮,讓出一些空間給社會自治團體。再次,黨與政府的關係逐漸從直接政府轉型成間接政府,即黨透過參與政府事務而影響政府,而非直接主導政府。從黨的內部權力結構來說,因爲容納了不同階級或者階層的利益,黨就需要發展黨內的民主機制,來表達、代表和協調不同階級或階層的利益。權力的集中程度因此會大大減低,很多問題也因此會訴諸政治討論而非等級權力來解決,而協調、調和與政治討論等也構成了政治方法的主要內容。

從革命黨到行政黨的轉型

鄧小平所發動的改革不僅導致了中國經濟制度的轉型，也導致了中國共產黨本身的轉型，而這後一點是經常被人們所忽視的。從總體來看，黨的制度體系依然存在，整個統治制度仍然依賴於這一制度體系；但不可否認，現在黨的行為和二十年前已經大相徑庭了。黨的這種轉型是從革命方法向行政方法的轉型，即我們所說的第一次大轉型。這種轉型是透過諸多方面的努力而達成的，包括組織、意識型態、領導人更替方式的制度化，等等。

第一次轉型的最主要特徵，就是技術官僚制度或者專家治國制度的出現。技術官僚制度作為一種治理制度，其特點主要表現在國家的管理者並非透過人民的選舉自下而上地產生，而是中國共產黨根據幹部的學歷背景、工作經歷等標準，透過任命制度自上而下地產生，即所謂的專家治國❿。和老一代的革命家相比，技術官僚具有明顯的優勢。老革命家在觀察問題、解決問題時，往往以意識型態為起點和標準，經常把一些原來並非屬於政治問題的事情政治化，從而加深解決問題的難度，而且他們對自己親手建立的政治體制具有一種強烈情感上的依賴感，這使得他們不可能對舊體制進行徹底的改革。

而新崛起的技術官僚則有不同的行為方式，他們的主要特點就是少有意識型態的傾向。在觀察問題、解決問題時，他們不太受意識型態的制約，更不會從意識型態出發，而是從專業知識的角度出發，實事求是，透過改革體制求得問題的解決。這就是為什麼第三代領導更多地注重於機構的理性化，即從制度的操作層面入手，來推進國家政治體制方面的調整。這種做法決定了中國政治的漸進

性和穩定性。當然,我們也可以說,技術官僚產生不了較為激進的政治改革的思想,因為他們大都從專業知識背景出發來診斷和解決問題,而不會像老一代革命家那樣,對舊制度進行革命性的改革,甚至推翻舊制度。

正是由於這些特點,技術官僚制度的崛起對中國的政治經濟產生了巨大的影響。我們可以從幾方面來看:

第一,就經濟來說,技術官僚制度為經濟的發展提供了穩定的環境。技術官僚面對問題,強調制度的漸進性和政策的連續性,再在這個前提下求得解決問題的方法,這樣做非常有利於政治的穩定。儘管從民主的角度來看,技術官僚顯得保守,且少進取精神,但無疑,他們在某種程度上保證了經濟發展所需要的政治穩定。

第二,在長達二十幾年的技術官僚運動中,中國共產黨基本上完成了從一個激進的革命黨轉型成一個行政黨,或者管理黨的過程。革命家類型的精英基本上已經退出了中國政治的舞臺。儘管鄧小平本人把中國的改革稱之為「第二次革命」,但參加這次革命的主體不是革命家,而是技術官僚。學者們經常用開發型國家來形容那些致力於推動經濟發展的政府,實際上,我們完全可以把現在的中國共產黨稱之為開發型政黨,至少從經濟意義上來說如此。

第三,在一定程度和一定時間內,技術官僚在很大程度上不失為一種較好的大眾民主的替代方法。在民主國家,精英的錄用大都透過民主選舉實現。在那裏,民主不僅是一種選舉,也是一種聯繫政治精英和市場的機制。政治精英必須對市場保持敏感,也就是對人民的需求保持敏感,才能贏得更多的選票,成為正式的精英。當然,民主國家的政治精英不一定能夠推動經濟的發展,滿足人民的要求。很多國家有相當發達的民主制度,但經濟仍然很落後,就說明了這一點。因為不存在民主制度,並且也沒有計畫在短時期內

發展民主制度，中國共產黨就要尋找其他的替代制度，來行使一定程度的民主功能，那就是技術官僚制度。技術官僚較之革命家，對國家存在的問題保持著較高的敏感性，能用較為科學的態度蒐集來自社會的資訊，找出對策，從而及時地滿足人民的需要。就是說，較之革命家，技術官僚能充當國家和人民之間一個較好的橋梁。

　　較之傳統，技術官僚制度是一個很大的政治進步。因為黨現在的重點仍在經濟發展，這就需要一大批懂經濟的技術官僚人才，並且因為中國共產黨的制度正處於一個轉型期，需要從制度層面對舊制度進行改革。中國二十世紀九〇年代在經濟改革上的成就，很大程度上是技術官僚制度的功勞。但從長遠來看，技術官僚制度本身也只是一種過渡型的統治制度，因為經濟發展正在導致中國社會的急遽分化，各種利益間的衝突並不是透過技術官僚制度所能解決的，而需要一種更為民主的統治方式。並不是所有政治問題都能簡約為技術問題，很多重大的社會問題只能由政治方法來解決。在六、七〇年代，前蘇聯曾經發展出讓西方學者嚮往的技術官僚制度，無論從哪個方面來說，前蘇聯技術官僚制度的發展程度要比中國現在的高得多，但即使如此，也沒有解決前蘇聯面臨的政治問題。技術官僚制度有能力推動經濟發展，並且根據經濟發展的需要進行一些制度調整，使得中國的制度對民主因素更具包容性。另一方面，經濟的發展正產生越來越多並非技術官僚所能解決的政治問題。所以在很大程度上，技術官僚制度正在構築著中國未來民主政治制度上和物質上的基礎。

　　第一次轉型的第二個特點就是意識型態的重建。中國共產黨有兩大支柱：一是組織，二是意識型態。我們可以把組織形容為黨的硬力量（hard power），而把意識型態形容為軟力量（soft power）。這兩方面相輔相成，不僅支撐著黨，也支撐著整個國家

的政治制度。用美國學者舒曼的話來說，就是組織和意識型態是中國國家制度的根基❶。

在毛澤東時代，中國所有的一切都被過分政治化和意識型態化。不管毛澤東的做法包含了多大的合理性，在他統治期間，中國共產黨發動的一波又一波政治運動，特別是「反右運動」、「大躍進」和「文化大革命」，給整個國家帶來了巨大災難。在二十世紀七〇年代末期，中國共產黨正式宣布結束「文化大革命」後，實事求是精神成爲中國共產黨領導人主導改革的意識型態。意識型態開始從「進攻型」向「防守型」轉變。意識型態要引導政黨甚至社會的發展方向。顯然，八〇年代中國共產黨的意識型態已經不太具有這個功能。意識型態已經從指導政策的功能轉變爲論證政策的功能。從前，中國共產黨領導人用意識型態來指導現實政策，如果現實政策和意識型態不相吻合，就要改變現實政策，迎合意識型態的純潔性。現在的做法剛好相反。意識型態是爲現實服務的，用來解釋現實的合理性和論證現實政策的合理性。當意識型態與現實不相吻合時，需要修正的是意識型態，而非犧牲現實。

九〇年代初所發生的一系列事件，加速了中國共產黨意識型態的變化。首先是一九八九年「六四事件」和蘇聯的解體及東歐國家的崩潰。中國共產黨領導人認識到，蘇聯解體及東歐國家崩潰的根本原因在於其經濟改革的失敗。經濟的失敗使得那裏的共產主義政權失去了基本的統治合法性基礎，人們對黨和政府失去了信任。而激進的政治改革又爲對社會充滿不滿力量的反對黨和政府提供了機會。所以，如果中國共產黨要避免蘇聯、東歐共產黨的命運，就必須進行激進的經濟改革，推動經濟發展，從而提高政府的能力，爲人民提供持續的經濟利益。就是說，用經濟的方法來提高和鞏固中國共產黨的統治合法性。

　　從毛澤東時代的過度意識型態到非意識型態，在很大程度上，不僅反映了社會大眾的心理需要，也反映了經濟發展的需要。實踐也表明，非意識型態對中國的發展具有正面作用。但消極的後果也隨之而來，主要包括幾個方面：

　　第一，意識型態作為一種「軟」力量，發揮著論證中國共產黨合法性的功能，隨著傳統意識型態的衰落，這種論證合法性的功能也就減小。因為「軟」力量的衰落，「硬」的方面就凸顯出來。以往，黨政官員的行為受意識型態控制，在很大程度上無須制度層面的控制，就能「自覺」地服從中國共產黨的領導。現在意識型態不再能控制和調節他們的行為，結果，黨對其幹部和官員的控制只能依靠制度方面的因素，所以，控制的效能和效率大大減低。

　　第二，意識型態的衰落使得一些黨政幹部官員失去了政黨認同感和忠誠感。黨的指導作用主要是透過其意識型態來實現的。意識型態的衰落使得黨在黨政官員心目中的位置模糊起來，他們不知道黨在幹什麼，黨要求他們幹什麼，很多人因此迷失了方向。

　　第三，意識型態衰落最嚴重的結果，就是黨內大規模的腐敗。腐敗的因素是多方面的，但意識型態的衰落無疑是其中一個主要因素。其一，意識型態衰落後，黨不再能引導他們的行為。其次，黨控制他們行為的能力降低。再次，黨政官員失去了行動的準則和方向，個人利益成為最高的行為指針。黨的腐敗已經發展到黨的很多領導人所言要「亡黨亡國」的程度。

　　第四，黨的意識型態衰落對社會行為也產生了非常消極的影響。中國共產黨是中國唯一的執政黨，而且人民對意識型態並沒有多大的選擇餘地，所以其意識型態也有為人民提供一定精神能源的功能。意識型態的衰落自然使得黨失去了提供精神食糧的作用。任何一個社會都不可能沒有精神需求，意識型態的衰落因此就導致了

各種非官方準意識型態的崛起，包括極端民族主義、各種宗教甚至邪教、形式不同的具有意識型態功能的思想潮流。

第一次轉型的第三個特點，就是領導階層接班程序的相對制度化。中國共產黨的特殊性，還在於其承擔了解決接班人問題的責任。接班人問題至少可從兩方面來考察：一方面，是高層政治人物的「政治退出」（political exit）問題，亦即現存領袖如何退出政治舞臺的問題；另一方面，是如何培養或者選拔接班人的問題，把政治權力從老一代政治人物手中轉移到新一代。接班人問題是中國政治中最重要也是最困難的問題，但黨高層也開始對這個問題加以管理式的解決。

首先是政治退出機制建設。沒有政治退出就沒有所謂的接班人問題。現存領袖退出政治，由新的領袖來繼任，這才是權力繼承。如果沒有政治退出，就必然造成領導階層的老年化。中國共產黨在這方面有很多經驗。在鄧小平之前，共產黨領導階層實行的是領導人終身制，給黨和政府帶來了嚴重的惡果。鑑於這種情況，鄧小平致力於制度建設，於一九八〇年廢除了領導幹部的終身制。但是，鄧小平親自指定的前兩位接班人胡耀邦和趙紫陽，同樣未能正常地退出政治舞臺。所以我們說，鄧小平在領導幹部年輕化方面取得了很大進步，但在高層領導人的退出政壇方面並不很成功。

隨著老一輩革命家的過世，中共新一代領導人就不可避免地遇到這個問題。為了解決這一問題，他們必須在制度創新和遊戲規則的制訂上努力。在這個問題上，第三代領導人有較高的共識，努力培養下一代領導核心，不斷地為未來的領袖提供各種各樣的政治舞臺，鍛鍊領袖素質。此外，高層在「政治退出」及其程序的制度化方面也有進步，最重要的進步表現在中共十七大，因為黨開始引入具有實質性意義的黨內民主機制來解決接班人問題。

為什麼要提黨的「第二次轉型」？

黨用行政方法治理國家也導致了一系列嚴重的政治問題，我們可以從如下幾個方面來加以討論。

行政治理面臨的挑戰

意識型態的衰落，導致黨的發展方向不甚明確。孫中山先生曾說過，黨要以「主義」治國。而自改革開放以來一直到九○年代末，黨的各領導階層埋頭於具體的經濟行政事務，對意識型態方面的發展關注較少，沒有好好思考黨的未來發展方向。

用行政方法來治理國家，對政府的行政能力也產生了一些非常消極的影響。行政事務本來屬於政府行為，但現在往往是黨代替政府來行使和管理。黨實際上成了一級政府，而政府則完完全全從屬於黨，是二級政府。在這種情況下，政府的行政能力不僅得不到發展和強化，反而大大減弱了。越來越多的現象表明，中國政府的行政管理能力並沒有得到很大的提升，這是和黨取代政府行使行政功能分不開的。黨政部門之間的政治摩擦更是惡化了這種情況。隨著經濟社會的迅速發展，中國社會正變得越來越複雜，也越來越難以治理。這種情況要求政府部門的行政能力必須有很大的提升和強化，以黨代政的問題不解決，政府的行政能力就很難得到提升。

從黨內的權力結構來看，上面已經討論了諸多積極方面的變化，但總體上說，鄧小平在一九八二年指出的現象還是存在。鄧小平當時指出：「權力過分集中的現象，就是在加強黨的一元化領導的口號下，不適當地、不加分析地把一切權力集中於黨委，黨委的權力又往往集中於幾個書記，特別是集中於第一書記，什麼事都要

第一書記掛帥、拍板。黨的一元化領導，往往因此而變成了個人領導。」⑫黨內集體領導和黨內民主儘管有所發展，但還遠遠沒有達到制度化的水準，或者制度化水準很低，往往因人而異。這樣的權力結構又導致一系列的消極後果，最令人擔憂的情況就是，出現「人存黨旺、人亡黨息」的局面。

為什麼會這樣？首先，在這種結構下，黨經常成為個別領導人的「私器」（個人工具），成為其追求權力和個人利益，甚至親朋好友利益的工具。黨中央再三要求黨要為人民服務，而在很多地方，黨根本沒有任何制度性機制來保證地方黨的領導人這樣做。其次，這種體制很難使得政黨高度制度化。要避免「人亡黨息」，就要進行黨的制度化。領導人來來往往，只有制度才是持久的。但正因為黨成了部分領導人的「私器」，制度化成為不可能。因為是「私器」，黨也容易隨人而去，這樣的情況在前蘇聯和印尼都發生過。中國共產黨迄今為止避免了這種情況的發生，但黨是否已經找到了防止此類事情發生的制度機制，則是可以加以質疑的。再次，這一體制使得黨經常高高在上，黨的高層與下層，特別是與基層黨員之間，很難有緊密的聯繫。黨的政策和命令很難有來自下面的「投入」，經常是領導人憑自己的意志，自上而下地加給下級和基層黨員，黨中央政策的實施和執行因此大打折扣。

黨的集權體制和以行政方法治國，容易使黨本身成為一個追求本身利益最大化的利益團體。黨本來就是人民的一部分，一個有機的部分，來自人民，服務的對象也是人民。黨是個組織，有其組織的利益，但黨的本意是代表人民的利益，是為人民追求最大利益的組織。如果黨成了追求其本身利益的組織，黨就不再是原來意義上的黨了，不再能夠代表人民的利益，黨也就很難領導社會了。專家治國和技術官僚制度的確把社會上的專業階層納入黨內，並掌

握了領導權，但在很多情況下，社會各階層只是被管理和行政的對象，而不是參與國家政治的主體。

以行政方法治國也因此在黨和社會之間製造了距離。把社會作爲一個被管理的對象很容易使黨故步自封，很難吸收到社會上好的新鮮血液。黨的基層和社會對黨的政策不能有所投入，社會對黨的興趣也隨之降低，也很難對黨抱有親近感和認同感，爲黨服務的自覺性就無從談起。

向政治方法轉型

所有這些情況要求黨的統治方式的第二次大轉型，即從行政治理向政治治理轉型。對行政治理方法所產生的所有問題，中國共產黨領導階層是有認識的。實際上，一些方面的轉型從二十世紀九〇年代中期已經開始。「三個代表」理論的提出，無疑給這樣一種大轉型提供了動力。正如從革命方法到行政方法的轉型是全面的一樣，從行政方法到政治方法的轉型也涉及黨的各層面。

首先，要確立新的「主義」和意識型態。必須要確立一種「主義」，一種不僅爲黨員，也爲大多數人民所認同的「主義」。沒有這樣一種「主義」，也就沒有轉型，因爲「主義」代表了黨的發展方向。誠如孫中山先生所說的，執政黨並非是要用黨員治國，管理國家，而是要用黨的主義治國。意識型態代表的是整個國家的發展方向，以及黨如何帶領人民達到這種發展目標的藍圖。如果黨不能重建一種新的意識型態，政黨的統治能力還會因爲經濟的持續發展而加速下降。但是，重建黨的意識型態並不是說要重新恢復從前意識型態的控制功能。這種重建的目標在於避免黨和中國現實的發展變得不相關，而要使得黨和中國社會的發展變得密切相關。一種新的意識型態要適應並引導社會發展的現實，必須容納諸多現代

社會的價值觀，並超越它們，明確向人民表明黨領導國家發展的中長期目標，以及實現這些目標的途徑。只有這樣，政黨認同感才能再生，黨也才能再次強化其領導能力。

從重建「主義」的角度來說，「三個代表」可以成為一個起點。儘管第二代領導人放棄了階級鬥爭，但並沒有從理論上解決黨的階級基礎問題。中國共產黨是中國唯一的執政黨，那麼黨能否把自己建立在一些階級之上，而把另一些階級排除在外呢？從理論上說，任何階級都需要有其政治上的代表，工人、農民階級如此，其他階級也是這樣。在改革開放前，中國的階級單一，利益代表的問題可以說不存在或者說不嚴重。但經過了二十多年以市場經濟為目標的改革後，階級或者階層問題已複雜化。在這樣的情況下，就要

社會轉型要求意識型態的創新。（圖／新華社）

重新考量黨的階級基礎問題。有些階級如果不能成爲共產黨代表，最終就會「自救」，或者成立自己的組織，或者尋找自己的代理人。這個現實要求黨把各種主要的社會經濟政治利益納入黨內。顯然，如果共產黨不能代表他們的利益，或者他們被排除在黨的政治過程之外，不可避免地他們就會形成自己的力量，透過各種方式來參與政治。如果這樣的話，他們最終就會站在黨的對立面。進一步言，作爲唯一的執政黨，黨還必須在一定程度上超然於各個階級的具體利益之上，黨不僅是這些階級的利益代表者，而且更應當是他們利益之間互相衝突的協調者。中國共產黨要鞏固和強化其執政黨地位，勢必是個發展方向。

其次，執政黨要隨社會經濟的發展擴展自身的階級基礎。這一方面的發展也是相當明確的，最重要的表現在容許私營企業家入黨上。這樣做是擴大黨的社會基礎所需。以前中國的最大階級是工人農民等傳統階級，但經過二十幾年的改革，階級構成已經發生了很大變化，包括私營企業在內的非國有部分已經占了很大一部分，新興企業家實際上已經占了舉足輕重的地位。如果黨不能把這部分新興力量納入黨內，黨的壯大和發展甚至生存就會沒有足夠的社會基礎。

黨需要盡可能廣的社會基礎，但這並不是說黨要直接干預社會力量。相反的，黨要提高其統治效率，就需要調整和其他社會力量之間的關係。因爲是政治統治，黨就不能像從前那樣對各種社會力量進行直接的控制，或者說把各種社會力量納入自己的統治範圍。政治統治應當是有選擇性的，在黨強化對政治色彩較重的社會力量的領導的同時，也要從一些政治色彩較爲淡薄的社會空間裏撤出，讓社會力量自主地進行自治式統治。

第三，重新界定黨和行政的關係。政治治理意味著黨要逐漸

撤出行政領域，在強化本身政治功能的同時，強化政府的行政功能。一方面，如果繼續履行行政功能，黨的衰落就很難得到阻止；另一方面，經濟的發展使得中國社會變得越來越複雜，要求政府的行政能力不斷增強，黨的復興和政府強化行政功能的需要，要求黨撤出行政領域；再者，如果黨繼續履行行政功能，中國的民主化也很難發生，即使發生了也會導致亂象。民主化一旦來臨，行政權力就會急遽下降。撤出行政領域並不是說不要黨的統治，而是說黨改變現在的直接行政方式，採用參與政治方式來進行間接治理。

在這方面，中國共產黨有過很多教訓。在八○年代，「黨政分工」或者「黨政分開」成爲政治改革的目標。如果能夠成功，中國政治的大變革是可以期望的。但是，這種設想過於理想，無論是「黨國」的歷史，還是黨和政府之間現實的政治關係，都不容許這樣做。或者說，無論是「分工」還是「分開」，都沒有制度上的可能性。一種現實而有效的方式，就是「黨透過參與政治而影響政治」。自二十世紀九○年代以來，在黨的參政方面，實際上已經顯露出一些制度發展勢頭，主要有兩方面， 即國家主席制度和地方黨委書記兼任人大主任制度的發展。

先來討論第一方面，即國家主席制度的實質化。國家主席職位的權力及其在中國政治生活中的作用，在第三代領導人時期發生了巨大變化。從政治統治的角度來看，國家主席這一職位的變化，其意義是多方面的。它有可能解決高層黨政之間的關係問題，首先是黨的總書記和國家主席之間的關係。每個國家必須有元首或者首腦，如總統、首相等。在中國，國家主席是元首，但實際權力在黨的總書記，一般認爲黨的總書記是實際上的國家元首。然而許多功能，特別是國際功能，是黨的總書記所不能履行的。中國現在實行的是黨的總書記和國家主席合一的制度，這種制度爲黨參與政府

提供了一種極其有效的途徑。如果這一政治實踐能夠加以制度化，就可以爲黨找到一條有效參與政權的途徑，黨不必直接干預政府事務，而是可以透過參與政府而行使政治權力。

黨透過參與政治來影響政府的第二方面，就是地方黨委書記兼任人大主任。兼任制度儘管還在發展，其前景不很明朗，但這一制度非常有利於黨從行政治理轉型成政治治理，同時也有助於建立一種較爲民主的黨和政府關係。這是因爲，首先，它有利於人大角色的強化。黨委書記兼任人大主任有兩個相互強化的功能：既能強化黨對人大的領導，也能強化人大本身的權力和功能。人大一直被外界稱爲「橡皮圖章」，一個重要原因，就是人大要員往往由一些社會名人而非政治實權人物來擔任，這些人儘管有名，但對中國政治的實際運作過程並不瞭解。較之社會名流或者退休的黨政官員，現任黨委書記任職於人大更能影響政府的決策。不管怎樣，人大的一個主要功能就是影響和監督政府的政策。其次，這一舉措有助於在黨和民意代表之間建立一個較爲制度化的橋梁。人大是個民意機構，但在以往，人大的民意很難對政府政策有所影響。因爲沒有正式的制度化管道和民意溝通，對人民利益的理解也只停留在單面的理解上，即人民的利益往往是由官方來理解甚至規定的。如果黨的要員親自參與人大，他們至少必須傾聽人大代表的意見，從而在某種程度上，在決策時反映人大代表的意願。更爲重要的是，它可以爲理順黨政關係走出重要的一步。上面討論過，行政方法意味著黨直接行使政權，而政治方法則意味著黨透過組建政府來間接行使政權。在目前的情況下，黨用的是行政方法，政府只是黨的一個派出機構，所以黨對政府的直接干預變得不可避免。黨委書記兼任人大主任後，領導方式就會發生變化。這樣做，實際上爲黨提供了一個合理的制度化管道來參與政府事務，從而使得黨對政府有可能從直

接干預轉變為透過人大的間接參與。只有這樣，才能漸漸使黨從行政事務中分離出來，轉變成一個名副其實的執政黨。

第四，是要建立黨內民主代表機制。就黨內各種關係來說，最主要的是要確立黨內民主代表機制。民主機制要解決的主要問題，不僅僅是要防止上面所說的權力過分集中的問題，更重要的是要解決以下兩個問題：

首先是如何防止黨本身成為利益集團的問題。作為唯一的執政黨，共產黨不應當有自己特殊的利益，而應當反映和代表最廣大人民的利益和需要。但一個危險的信號是，因為黨掌控了所有重要的政治資源，黨的幹部官員在行使政治權力的過程中可以獲取經濟利益，如果不加注意，黨本身很容易變成一個利益集團。上面說過，這種情況無論是在前蘇聯、東歐國家，還是在一黨獨大的亞洲後開發中國家，如印尼等，都曾發生過。從毛澤東到今天的領導人對這個問題是有認識的，但要從制度上防止它發生，則是一件非常困難的事。其中黨內民主顯得極其重要，只有建立民主制度，各種利益才能得到代表。如「三個代表」理論所顯示的，中國共產黨已經表明要代表大多數人的利益，但如何代表則是另外一回事。沒有可以代表不同利益的健全制度，「代表」很難得到實現。「如何代表」的問題並非只是讓各階級、階層的人物進入政治過程那樣簡單。進入了黨，他們就要求黨的政策體現他們的聲音，為他們的利益服務。如何建立代表不同利益的機制，是一件很不容易的事情。但不管怎麼說，只有建立民主的代表機制，黨才能避免犧牲一些弱小階級的利益。

其次是如何協調各階級利益的問題。任何階級都會是自私自利的，他們在黨內都會追求自身的最大利益。儘管這些階級的利益有一致的地方，但在很大程度上，利益是互相衝突的。如果黨不能

不同的利益都應該有揚聲的管道。（圖／getty）

協調他們之間的利益，或者黨實際上只代表某一階級的利益，或者
黨的不同領導人代表不同階級的利益，那麼黨的分裂就可能不可避
免。要維持一個統一強大的執政黨，就必須要協調黨所代表的不同
利益。

　　無論是避免黨成為利益集團，還是建立代表機制和利益協調
機制，都涉及一個民主政治的問題。要避免黨的利益集團化，就
要讓所有的階級、階層都有發言權和決策權，而代表不同利益的最
有效機制莫過於民主制度；同樣，如果黨要超然於各種集團利益之
上，就要求助於民主，只有民主才能避免黨代表部分利益。

以人為本的社會主義與黨的第二次轉型

　　本世紀初以來，黨的第四代領導集體至少在理論上已經為黨

的第二次轉型做了一些準備，為轉型指出了一個方向。我把這個方向稱為社會主義的一種新潮。這種新潮目前至少已經反映在三個主要方面：

首先，體現在發展方向上。最主要的是提出了「以人為本」的基調思想。「以人為本」本來就是歐洲社會主義思想運動的內涵，意在修正資本主義制度所帶來的諸多弊端。但在很長一段時間裏，社會主義在中國的實踐表現為與「以人為本」思想的對立。在二十世紀八〇年代，「以人為本」被視為是資產階級自由化思潮的主要內容而遭到批判。現在，它成了指導中國社會發展的基調，這是政治上的一大進步。

其次，反映在政策層面。一個重要特點就是把「以人為本」的重心放在社會的大多數，在以法律手段保護新興社會力量的同時，重新認定占社會大多數的工人、農民的利益。新領導階層提出的「新三民主義」等概念，是「以人為本」理念的表現。在具體政策方面，新領導階層也開始把更多的注意力放在追求社會公平方面。近年來建立的社會低保制度就是其中的政策之一。

再次，但可能是更為重要的是反映在領導人的行為方面。在任何國家，最高領導階層的行為都是非常重要的，在中國更是如此。在法治建設還不很完善的情況下，領導人的表率作用具有相當大的政治影響力，比一些具體的政策更能影響下層官員的行為。新領導階層中所形成的親民風氣和高層的個人行為緊密相關。

社會主義新潮可說是對中國社會主義的重新建構。簡單地說，社會主義在中國已經歷了三個歷史階段。

第一個階段就是毛澤東所領導的革命和建設。社會主義在傳入中國時並不是主流。在當時流行的各種主義如自由主義、民主主義、資本主義、民族主義和無政府主義等中間，毛澤東等第一代領

導人選擇了社會主義。但當時的主要目標是爲了建立一個獨立的主權國家，而不是像作爲社會主義起源地的歐洲那樣強調社會福利。所以，中國的社會主義和民族主義是結合在一起的。在新中國建立以後，這種社會主義的內容並沒有多大的改變。不管人們對它的評價如何，計畫經濟在當時也被作爲一種建立獨立主權國家的手段。它的重點並非個人，而是國家力量，加上冷戰因素，領導階層過分強調公有制，人爲地和資本主義區分開來。

第二階段是鄧小平等第二代領導人對社會主義的反思。毛澤東極端形式的社會主義造就了一個強主權、窮人民的國家。鄧小平提出了「貧窮不是社會主義」的口號，並實施「讓一部分人先富裕起來」的政策。在蘇聯東歐政權解體以後，更是全方位引入市場經濟乃至資本主義經濟運作方式。這樣做，一方面是爲了搞經濟建設，脫離貧窮社會主義，另一方面也是想利用資本主義經濟方式，來衝擊僵硬的政治體制對經濟改革的束縛。這個時期在市場經濟發展方面非常成功，也促使中國社會開始做全方位的轉型。舊的體制被衝垮，但新體制的確立相當緩慢。儘管高層從來就沒有宣布放棄社會主義，但很多人認爲，市場經濟乃至資本主義經濟運作方式的全方位引入，表明了社會主義在中國的衰落。中國各界除了拚命追求經濟利益外，表現出前所未有的亂象，因爲人們不知道社會在往什麼方向發展。

現在開始進入第三階段，即社會主義的新潮。說它是新潮，是因爲它不是對傳統社會主義的回歸，而是一種新的綜合創造。它繼承了傳統社會主義的很多合理理念，如社會公正、以人爲本和協調發展等，但使用完全不同的方法來實現這些理念。從很多方面來看，社會主義的新潮完全放棄了冷戰時期蘇聯和東歐版本的社會主義，而類似於歐洲版本的社會主義。

109

社會主義新潮的根據是中國的社會現實。歐洲意義上的工業化在中國剛剛開始不久，加上全球化、社會流動、農民問題和階級分化等因素，中國似乎顯得更具社會主義的基礎。一句話，如果不能解決占社會大多數的工人和農民的問題，任何主義在中國都難以生存。社會公正、「以人爲本」等社會主義概念，使得社會主義再次煥發出活力。實際上，現在中國社會存在著的各派思潮，如自由主義和新左派，儘管有不同的理念，但沒有一個思潮否認社會主義的核心概念。各派產生分歧的並不是這些社會理念，而是實現這些社會理念的手段。

「以人爲本」等新概念的提出及其新的發展手段的引入，使得中國社會主義再次具有了非常強大的活力。這是一個新的政治經濟體系，方向逐漸明確，但是如何建立社會主義的民主，既是一個理論問題也是一個實踐問題。社會主義是一種透過人民參與政治過程來達到社會公正，實現「以人爲本」價值的制度。當中國的多種所有制經濟已經明瞭之後，人們更爲關注的，就是政治上的民主化和社會民主制度在中國的確立，這才是中國面臨的挑戰。

以人爲本關鍵在於民主

如果留意歷代中共領導階層的主要談話就會發現，中國的民主觀，或者說中共所認同的中國政治發展方向已經躍然紙上，那就是中國不走激進民主化的道路。什麼是領導人心目中的中國式民主呢？中國式民主從前主要有兩條：一是不搞多黨制，二是不搞三權分立。現在又加上了第三條，那就是中國不走俄國、東歐式的激進民主化道路。

不走西方式民主道路並不等於不要政治改革。現在，中共高

層領導已把執政黨的改革列入最重要的議事日程，這具有重要的歷史意義，它表明高層對執政黨改革的迫切性已經有很高的認識。不改革，就要發生執政危機。從蘇聯、東歐國家的變革中，中共學到了足夠的教訓。鄧小平在蘇聯東歐政權解體後，就認為解體的主要原因，在於那裏的政權沒有能力發展經濟，為人民提供足夠的經濟福利。鄧小平於是提出了「發展是硬道理」的原則。現在，執政黨又從其他一些政黨的興衰史中學到了另外一個教訓，那就是執政黨不僅要有能力推動經濟的發展，還要學會如何治理一個日益複雜的社會。

執政能力的衰退無非有內外兩個原因。外在的原因在於社會經濟迅速變遷，從而對執政黨構成了挑戰。從毛澤東時代的計畫經濟到今天的市場經濟和全球化，中國的社會經濟生活已經發生了翻天覆地的變化。執政黨和人民的關係儘管也發生了一些量上的變化，但並沒有實質性的變革。內在的原因在於執政黨內部的組織和意識型態方面出現了問題，不能調節幹部黨員的行為，產生了嚴重的腐敗，從而促使其執政能力衰退。執政黨內部不是沒有改革，而是缺少有效的改革，反腐敗就是一個例子。高層迄今已經發動了無數次反腐敗政治運動，但腐敗越來越嚴重。

如何提高執政能力呢？這裏必須尋找執政黨和「人民」之間的結合點。這是人本社會主義的一個重要內容，這個方向應當說是合理的。任何政黨本來就應當是人民的有機部分，一旦政黨和人民失去了聯繫，執政黨的能力就會不可避免地衰落。如何和「人民」建立緊密的聯繫，就成了如何提升執政能力的關鍵。在西方發達國家，「人民」和執政者之間的關係透過選舉得以建立。既然中共否定了西方式民主，那麼就要尋找其他的改革途徑。

可以把中共所認同的政治改革優先次序做一個排列。第一就

是透過黨內民主來進行執政黨的自身建設。這個途徑是首位的。在一些地區和國家，執政黨因爲自身改革的缺失而無法應對社會危機，導致黨的最終解體。中共要透過黨內民主來強化自身。第二是憲政民主，就是強化全國人大系統對政府的監督功能，讓人大逐漸成爲人民參與政治的間接管道。同時，全國人大也可以成爲執政黨從直接主政轉型到透過參與組織政府間接主政的途徑。第三就是社會民主，也就是人們時常說的自下而上的社會政治參與。

從理論上看，這個次序並沒有什麼不好。執政黨自身能力得到增強後，就可以推動憲政改革，讓全國人大來監督執政黨組成的政府。同時，執政黨能力的增強也有利於執政黨及其政府的開放，讓更多的社會成員來參與政治。如果順利，這會是一條穩健的民主化道路。

但在實際層面，這個優先次序中存在著巨大的，甚至難以克服的困難。隨著執政黨能力的強化，全國人大的功能不僅得不到強化，反而會有削弱的可能。黨政之間只存在著高度制度化的政治關係，即黨領導政府。兩者之間的法律關係——即黨本身也要服從法律——仍然極其微弱，在很多場合甚至並不存在。執政黨自上而下地產生政府。在人民沒有有效的機制來產生政府的情況下，全國人大要怎麼來履行監督政府的功能？執政黨又要如何能夠自覺地服從法律？

在已經民主化了的國家，自下而上的政治參與是政治民主化的主要動力。人民參與政治，選舉自己的領導人，影響政府的決策。正是人民的參與才造就了執政黨和人民之間的緊密聯繫，才構成了對政府的外在制約與壓力，使得執政黨必須向人民負責，政府向人民負責。而在中國，這一切似乎要倒轉過來。這種自上而下的動力機制能否達成執政黨的既定目標，能否推動中國的民主化，還

得拭目以待。

　　我們在討論執政黨能力問題時，並不是爲了執政而討論執政，執政的意義在於黨的這個方向。沒有方向，討論執政能力毫無意義。沒有方向，就不會從根本上解決執政黨所面臨的問題。但是要把新的「主義」外化到新的制度，則是一個很不容易的過程。今天講執政黨能力問題的意義，就在於如何實現能夠體現這種新主義的制度。

（本文最初發表於2004年10月31日在海南舉辦的「中國改革論壇」第五十次國際論壇專家會議。其中的一些內容也曾發表在《社會科學研究參考資料》2002年第10、11期）

註釋

❶ 參見 Joseph LaPalombara and Myron Weiner eds., *Political Parties and Political Development* (Princeton, NJ: Princeton University Press, 1966), chapter 1.

❷ Max Weber, "Politics as a Vocation", in Hans Gerth and C. Wright Mills eds., *From Max Weber: Essays in Sociology* (New York: Oxford University Press, 1946), pp. 102-107.

❸ Maurice Duverger, *Political Parties* (New York: John Wiley and Sons, Inc., 1955).

❹ Samuel H. Beer, "Great Britain: From Governing Elite to Organized Mass Parties", in Sigmund Neumann ed., *Modern Political Parties* (Chicago: University of Chicago Press, 1956); and R. T. McKenzie, *British Political Parties* (New York: St. Martin's Press, 1955).

❺ V. O. Key, *Politics, Parties and Pressure Groups* (New York: Crowell Publishers, 1958); William N. Chambers, *Political Parties in a New Nation: The American Experience, 1776-1809* (New York: Oxford University Press, 1963).

❻ Robert Scalapino, *Democracy and the Party Movement in Prewar Japan: The Failure of the First Attempt* (Berkeley and Los Angeles: University of California Press, 1953).

❼ Joseph A. Schumpeter, *Capitalism, Socialism and Democracy* (New York: Harper Torchbooks, 1975).

❽ 這裏不能對政黨如何處理這些危機做詳細的討論，請參

見Leonard Binder et al., *Crises and Sequences in Political Development* (Princeton, NJ: Princeton University Press, 1971).

❾ Henry Bienen, *Tanzania: Party Transformation and Economic Development* (Princeton, NJ: Princeton University Press, 1967).

❿ 例如Jean Meynaud, *Technocracy* (New York: Free Press, 1969).

⓫ Franz Schurmann, *Ideology and Organization in Communist China* (Berkeley, CA: University of California Press, 1968).

⓬ 鄧小平：〈黨和國家領導制度的改革〉，《鄧小平文選》第2卷，人民出版社1994年版，第328-329頁。

第五講　民主化的中國模式

◆ 考察民主要從經驗面出發，而不能把民主作為一種純價值。

◆ 民主政治的本質是競爭、透明、參與和政治責任。民主政治是
人類的共同價值正是從這個意義上闡述的。

◆ 如果結合黨內民主、人民民主和憲政民主的概念和實踐來考
量，中國的民主發展模式已經躍然紙上。

◆ 中國既不想走西方式的多黨政治道路，又要消化多元的社會政
治利益，其方法是多元社會經濟利益的「內部化」，即把外在
的多元利益容納於執政黨之內，在體制內實現利益表達、利益
代表和利益協調，而這是黨內民主最直接的根源。

民主的普世性和特殊性

最近幾年，在有關民主化方面，中國國內知識界有很大的爭論。兩年前，中共十七大報告把民主政治提高到重要的議事日程，並且至少在理論上確立了中國民主化的路線圖，那就是要用黨內民主來推動社會民主（或者人民民主）的發展。但在社會層面，中國的知識界則開始反思西方民主制度。這裏先來談談我對這個問題的看法。

這場爭論出現了兩種傾向：一些人強調，民主具有普世價值，民主是一種值得追求的政治價值；另一些人則認為，民主不具有普世性。很多爭論把民主視為西方的產物，相信西方要透過向非西方國家擴展民主，來制約其他國家各方面的發展。這種傾向顯然表現在最近幾年由美國主導的「顏色革命」運動中。因此，西方向中國推銷民主也是為了制約中國，永遠弱化中國。一些人把很多亞非拉開發中國家所面臨的民主危機，等同於民主本身的危機，開始懷疑民主政治本身的價值。不難看出，這一波對西方民主的反思，實質上是反對中國政治本身的民主化。既然民主屬於西方，那麼民主化就是西方化；既然民主是西方掌控和弱化非西方國家的有效手段，那麼反民主化就有合理的根據了。

我覺得，反思民主的起點還是應當回到上世紀八○年代初，鄧小平發動第一波思想解放運動時所秉持的原則，那就是實踐是檢驗真理的標準。考察民主要從經驗面出發，而不能把民主作為一種純價值。從經驗上看，民主政治既有積極的一面，也有消極的一面。民主政治在不同國家和地區有不同的效果。很容易看到，民主

的國家和地區，其經濟社會也比較發達。或者說，在民主社會，經濟社會已經發展到一定的程度，並且經濟發展比較平穩和持續。這尤其表現在北美和歐洲、亞洲的日本和韓國等。

在實行民主的國家和地區，政治也比較穩定。民主政治的架構往往透過各種利益的妥協和協調而得到建立。一旦制度結構形成，不管發生怎樣的社會和政治糾紛，總體政治制度不會被動搖。就是說，民主政治具有比較強的消化社會經濟矛盾的能力。同時，儘管在民主政治下也會發生腐敗，但一般來說，在民主政治發達的國家較之非民主政治要清廉，少腐敗。

但同時，也有很多經驗表明，民主也往往和一個國家的積弱有關。不好的民主可能是一種最壞的政體。在亞非拉的很多開發中國家，民主往往與內部長期的政治和社會衝突共存。政治人物專注於政治鬥爭，腐敗毫無休止，社會經濟的發展水準長期低下，人民生活水準得不到提高。在那些地方，民主在一定程度上是社會無序的代名詞，變成了人民的一個沉重政治包袱。亞洲民主近年來的危機也說明了這個問題。

民主在發達國家具有巨大的政治優勢，但在不發達國家往往表現為政治劣勢。這兩種情況的共存說明了什麼？它首先說明了民主在從西方向非西方國家發展過程中出現了問題。但是人們不應當把民主在擴展過程中所出現的問題，等同於民主政治本身的問題。然而較之所有其他形式的政治制度，民主政治本身仍然具有強大的生命力。

民主政治本身是一個開放的政體，受制於外在環境的變化。冷戰結束以後，隨著傳統政黨和意識形態的衰落，西方民主政治正經受著各種挑戰。從各方面來看，即使西方民主制度本身也在與時俱進，在不斷改變自身。例如，當很多年輕選民不再對傳統的政黨

感興趣，各種非政府組織就應運而生。從組織到意識形態，從選區劃分到選舉方式，西方民主也在不斷調整自身。這裏要強調的是，民主是從西方向非西方國家發展的，這並不是說民主只屬於西方。就好像工業化，最先發生在西方，但不能說工業化只屬於西方。

在很多開發中國家，民主政治出現了問題，主要是那裏的激進民主化所致。民主政治的良好運作需要各種制度方面的基礎設施，也需要一定程度的社會經濟發展水準。民主出現了問題，是因為那裏的民主要不就是由外力促成，如透過西方殖民主義或者其他輸出形式，要不就是這些國家和地區的政治精英不管本地的社會經濟和制度條件，盲目地引進民主制度。

就是說，民主政治在一個國家或者地區產生負面效果或者失敗，並不是因為民主政治本身，而是因為民主政治產生和發展的路徑和支持條件。從另一個側面來說，民主儘管產生在西方，並從西方擴展到世界上其他國家和地區，但民主並不是西方的特殊品。即使人們今天所看到的西方民主，也不是同時發生的。在西方，民主也有先開發和後開發國家之分。但在西方，人們從來就沒有所謂「法國化」、「英國化」、「德國化」，或者「美國化」之說。即使民主在擴展到前蘇聯、東歐國家的過程中，也沒有「西方化」的說法。同時，在民主發展得好的國家，人們也沒有熱中於討論模式問題。問題很簡單，民主成功的國家都是把民主建立在自己的社會經濟發展水準、政治制度和文化條件之上的。正因為這樣，民主政治可以說是一國一模式。或者說，民主沒有原版，任何一個國家都可以根據自己的文化和經濟社會條件來發展民主政治。但民主政治有「山寨版」，指的是那些受美國影響過大而忽視本身條件的民主，多為開發中國家。

民主在亞洲的傳播和發展，從一開始就充滿著價值的衝突。

近代亞洲思想史上最大的一個誤區，就是把近代化、現代化和民主化這些從西方開始繼而擴展到亞洲的發展過程等同於「西化」。儘管這種等式在日本和中國都非常盛行，但在中國，「西化」更被賦予了政治道德含義。因為中西方文化傳統的不同，產生這種等式並不難理解。但這種等式在中國成了各方面進步的一大障礙。

民主政治之所以能夠一波接著一波得到傳播，主要原因並不是因為西方的強力推行。如上所說，透過強力推行的民主很少有成功的例子。民主在不同國家和地區產生和發展，主要是為這些國家和地區的社會經濟發展和政治進步所需要。任何一個國家的社會經濟發展到一定的水準，就會產生政治變革的要求，尤其是民主政治的要求。凡是在具有一定社會經濟條件的國家和地區，民主政治就會有很大的成功機會。不難觀察到，市場經濟、民主和法治這些制度體系都是聯繫在一起的。在這種情況下，沒有任何有說服力的理由把市場經濟、民主和法治等和「西方化」等同起來。說得更明確一些，民主是任何一個國家本身社會經濟發展的產物，而非「西化」的產物。

把民主化等同於「西化」的另一個惡果，就是誤導人們對民主的理解。在中國等開發中國家尤其如此。很多人看不到民主政治的本質，而只是簡單和機械地聚焦於西方的一些制度表現形式，如多黨制和三權分立等。民主政治具有不同的制度表現形式，幾乎是一國一種制度。制度表現形式很重要，但不是本質性的東西。民主政治的本質是競爭、透明、參與和政治責任。正是從這個意義上說，民主政治是人類的共同價值。因為這些本質上的東西最合乎人性，能夠體現這些本質的政治制度也因此為人們所嚮往。

國家制度建設在先，民主化在後

民主是一個國家經濟社會發展的產物。在這個意義上說，民主是普世的。但民主又必須落實到具體的文化背景中，在這個意義上說，民主又是特殊的。要在特殊的文化背景下建設民主政治，最重要的就是要為民主政治建設一整套基礎國家制度。

在海內外，人們一般簡單地把民主政治理解為自上而下的選舉和多黨制。這只是對西方民主政治的一種簡單概括，是對發展結果的概括，而不是對民主發展過程的總結，更不能說明民主發展的多種途徑和民主政治多樣性的可能性。自上而下的選舉是社會民主的重要部分，但不是民主政治的全部。這裏要強調的是，民主的本質不是政黨的數量。兩黨制的民主和三黨、四黨，甚至更多黨派的民主，有著本質上的區別。同樣，一黨制或者一黨獨大（如日本和新加坡）之內也可發生競爭。競爭的品質取決於有助於民主運作的國家制度。

從世界範圍來看，任何有效的民主政治必須建立在有效的現代國家制度之上。我曾經論述過，以民主政治為界，現代國家制度的建設可以分為三類。第一類制度必須在民主化發生之前建立，一旦民主政治發生，這類制度就很難建立，或者根本沒有機會建立。第二類制度在民主政治發生前建立，但在民主化之後會發生變化。第三類制度則必須發生在民主化之後。第一類制度是現代國家的基本制度，任何國家如果沒有這些制度，就不能稱之為現代國家，包括國防、外交、法律、稅收、財政、金融、中央地方關係、醫療保險、社會福利、教育等等。在民主發達國家，這些基本制度都是在

民主制度發生之前建立的，其中有些制度在民主化之後發生了很大的變化。在後開發中國家，要建立有效的制度並不容易。一些國家民主化已經發展多年，但這些基本現代國家制度仍未建立。一個國家可以是民主的，但未必能夠強大起來。如果有了這些基本國家制度，民主經常是個整合因素，但如果沒有這些制度，民主經常成爲分化力量。而第三類制度，如民主選舉等，必須在民主化發生之後才會有很大的發展。但即使是這類制度，如果民主化之前並不存在一定的制度和規則，民主化也很可能就是一個混亂的過程。

從這個角度來看，我一直主張，中國要國家制度建設在先，民主政治在後，國家制度要透過各種改革來得到建設。我把中國的總體改革分爲經濟改革、社會改革和政治改革三個方面，並不是說這三者是可以分開獨立的。在中國政治環境中，很難把這些方面完全分開來。但是在不同的階段，只有一種改革才能成爲主體改革。

從改革開放到本世紀初，是以經濟改革爲主，政治改革和社會改革爲輔。九○年代政府的重點在經濟改革。中國取得了很大的經濟發展和經濟制度建設成就，基本市場制度已經確立。但代價也是很大的，包括環境惡化、收入差異過大、社會道德衰落和官員腐敗，等等。這樣的情況如果不能得到根本性改變，那麼不僅中國的經濟發展會變得不可持續，社會穩定也會成爲很大的問題。當然，這些也導致國際社會對中國發展的「不確定性」表現出很大的擔憂，因而中國也面臨著巨大的國際壓力。從這個角度來看，十七大就有分水嶺的意義。分水嶺並不是說十七大所提倡的改革和以往沒有任何關係，而是說十七大確定了新的改革模式，這個模式和以往的模式不同，但目標是一樣的。中共十六大正式提出建設小康社會，十七大提建設全面小康社會，這是個繼續。但是十七大還提和諧社會，這是個轉變點。小康社會必須透過持續的經濟改革來取

得,沒有持續的發展,總體社會發展就會停滯不前,說不定還會退回到貧窮社會主義。所以十七大提發展還是第一要務。

十七大儘管強調發展仍然是第一要務,但和諧社會概念的確立,象徵著社會改革正式成為頭等議程。社會改革一方面要糾正從前的經濟發展模式,使得經濟發展變得更具有可持續性,因此是深化經濟改革;另一方面,社會改革也要為將來的主體政治改革創造條件。任何一個有效的民主政治必須具備有效的社會政治基礎設施,包括社會保障、醫療保險、教育和環保等方面。這個設施是透過社會改革來實現的。

如果說在經濟改革階段,政府的權力主要建立在推動經濟發展從而提高人們生活水準的基礎上,那麼在社會改革階段,這個權力基礎轉移到主要為社會提供政府服務上,就是說,從發展型政府轉型到服務型政府。實際上,隨著政府公司化所帶來的種種弊端和社會衝突的增加,服務型政府的社會訴求已經凸顯。

社會的改革意味著基本國家制度的建設。這些方面的基本國家制度非常重要。中央政府必須承擔責任,建設國家層面的制度,不可把責任推給地方。如果中國不能建立這些可以提供現代國家服務的制度,那麼就很難成為一個現代國家。很自然,無論是向服務型政府轉型,還是建立現代社會制度,都必須透過政治改革來進行。但這裏的政治改革顯然並不是指選舉政治。選舉政治是建立不起這些制度的。這些制度的建成往往是透過自下而上的壓力和自上而下的制度創新。

社會改革的成功不僅可以為下一步的主體政治改革提供基礎,也是一種民主化的動力。西方國家也經歷過這樣一個過程。從早期的原始資本主義到福利資本主義,或者具有社會主義成分的資本主義,都是透過社會改革而得到實現的。而社會改革的動力則來

自社會本身。儘管中國不會原封不動地重複西方經驗，但從現在的發展趨勢來看，也不可避免要經歷這一過程。

　　這裏必須重視中國近年來的改革疲乏現象。中國各級政府官員也一直在大唱改革，更不乏雄心壯志，但一旦表達於政策和行動層面，則很難見到行之有效的改革舉措。實際上，就改革本身而言，在很多方面，很多人的感覺是，目前已經陷於泥潭。各方面的改革，比如政府機構改革、職能轉變和規制型政府建設、以發展民生經濟爲核心的經濟結構調整、醫療保險、社會保障、教育改革、環境友好型社會，等等，談了很多年了，但一直進展不大或者止步不前。

　　在推進社會改革方面，最重要的是要建設好中央和地方的關係。中國傳統國家數千年的歷史，從來就沒有解決好中央地方關係。皇帝是統而不治，中央權力到達不了地方。中華人民共和國成立以後，中央權力第一次到達各個角落。但中央權力從理論上說巨大無比，到了地方卻可能無影無蹤。因爲地方的差異性，中央政府所發動的任何改革，不管其多麼合理，也很難在每個地方都得到實施。我認爲，中國的中央地方關係從理論上說是單一制中央集權國家，但實際上形同聯邦制。中國各個省份的實際權力要比任何聯邦制下的州政府大得多。就是說，中國的權力一直處於一種分權狀態。中央政府擁有名義上的權力，而地方享受實際權力。正是因爲權力的分散狀態，就要求單一制國家來維持國家的統一。

　　上世紀八〇年代講得最多的就是分權與集權之間的矛盾，就是說一放就亂、一亂就收、一收就死、一死就放的惡性循環。現在好長時間不談論這個問題了。但這個問題實際上繼續存在著，並且越來越嚴重。要解決中央地方關係問題，有選擇性集權就不可避免。鄧小平南巡之後，中國發生了激進的分權運動，結果導致宏觀

經濟調控問題。朱鎔基在經濟方面實行有選擇性集權，實行分稅制、中央銀行制度改革等。但在政治方面，除了加強黨管幹部制度之外，並沒有實行有選擇性集權。最近這幾年來，爲了加強宏觀調控，又發生各方面的集權運動。

要跳出集權與分權之間的惡性循環，建設有效的中央地方關係，就必須繼續在經濟上深化和改革有選擇性集權的基礎，在政治和法律制度上也進行有選擇性集權。國土範圍、多民族國家、地方差異等因素，表明中央政府必須擁有足夠的權力。國防、外交、涉及整體國家的法律、整體經濟調控等權力，必須集中到中央來。對這些權力，中央政府要不惜一切代價加以維持。但不能僅僅把地方政府視爲中央的派出機構。地方政府也是政府，必須具有自治的空間。就是說，地方政府也必須擁有足夠的政治和法律權力來對地方進行有效的管治。凡涉及地方事務的領域，中央政府要把權力下放給地方。在一些領域，如果中央出政策，地方出錢，事情就不會辦得好。這些領域的權力還是下放給地方爲好。現在的局面是，那些有利可圖的領域，中央的官僚機構就想出各種辦法來集權，而那些對國家非常重要但要花錢的領域，中央官僚機構就沒有動力來集權，千方百計要把這些領域推給地方。與地方爭利是中央和地方矛盾的一大根源。

權力下放給了地方，地方有可能出現腐敗，怎麼辦？這就要求權力在下放給地方的同時，也必須下放給社會。沒有被賦權的社會，地方的腐敗就會變得不可遏制。在中國，現在反腐敗主要依靠中央政府，沒有自下而上的動力，也沒有來自社會的外在制約。來自中央政府的制約也是一種內部制約。沒有來自外部社會的制約，內部制約就會無效。這些年有很多研究表明，中央政府在老百姓眼中的合法性程度遠比地方政府大。其中很重要的一個原因就是地方

政府直面老百姓。老百姓對地方的腐敗有太多的不滿。要解決這個問題，上面所談到的社會民主就變得非常重要。社會民主會給地方政府造成有效的壓力，增加地方政府的透明度，使得地方政府對其下轄的人民負責。很顯然，在這個意義上，社會民主實際上是有利於中央權力的。

對社會賦權的重要性，有關方面並不是沒有認知，但很多人總是恐懼於社會權力。這是因為人們總是把社會權力和政府權力對立起來，好像兩者是一對矛盾。其實並不然。唐朝的柳宗元就明確看到了人民的權力可以是皇帝權力的基礎。在今天更是這樣。如果中央政府要對地方有權力和權威，就必須把自己的權力建立於社會權力之上。也有一些人擔心，社會權力的增加會導致社會失序。但是這裏我們要強調的是社會的制度化權力，是基於憲政之上的社會權力。

社會權力不僅僅是指社會參與政治的權力，也是社會參與經濟生活的權力。例如，社會權力必須替代各級地方政府的經濟壟斷。壟斷在中央層面還說得過去，因為一些經濟部門具有戰略重要性。但越到下面，壟斷就越變樣。到了地方，壟斷僅僅意味著政府與民爭利。哪裏有利可圖，哪裏就有政府壟斷。必須下定決心改革中央壟斷和消除地方壟斷。中央壟斷領域即使有必要，也越少越好。可以把一些領域下放給社會，建立類似於西方發達社會的政府—社會夥伴關係。而在地方層面，經濟領域必須全面下放給社會。只有這樣做，中國才能夠營造一個有利於中小企業發展的經濟環境。中小企業是民生經濟的基礎，是解決個人所得差異的最有效經濟手段。

中國的漸進民主化

儘管中國的民主政治還面臨很大的問題，在理論層面，各方面也沒有達成一定的共識，但是從經驗層面來說，中國民主發展模式已經基本形成。在很大程度上，中國的民主理論遠遠落後於民主的實踐。

說中國民主發展模式已經基本形成，是基於如下兩個基本事實：第一，中國民主政治發展的基本動力已經出現；第二，中國已經找到較為可行的實現民主路徑。這兩個基本事實對任何一個國家的民主發展都非常重要。如果民主發展缺乏基本動力，民主只會停留在理想層面。即使因為某些因素，例如激進改革或者強加外部力量而產生的民主形式，也只是表面民主，很難實質化。第二次世界大戰結束以來，西方在第三世界國家施行的民主就說明了這個問題。第二個因素也同樣重要。如果沒有切實可行的方法，民主也只能表現為理想。政治現實往往是這樣的：儘管沒有人會否認民主的重要性，但就是找不到好的方法去實現民主；或者儘管民主實現了，但並不是人們原先所期望的民主。

說中國民主政治已經具備動力，主要是社會經濟的發展為民主提供了一個客觀的外在環境。我們可以從如下幾個方面來討論：第一，中國的經濟發展是市場導向和外向型的。市場化和全球化造就了一個開放型的中國經濟。第二，開放的經濟體造就了一個開放的社會。這裏又表現為兩個方面：其一是開放的經濟為一個開放社會提供了基礎結構，如市場、交通和通訊等；其二是開放的經濟造就了社會理性的開放心態，人們不再從理想的角度審視一種特定的

政治價值，而是從實際效用的角度看待該政治價值。對民主政治也一樣。第三，和民主政治直接相關的，就是社會經濟的發展已經導致了社會經濟利益的多元化。從世界範圍內來看，民主政治是社會經濟發展的產物，因為社會經濟利益多元化最終必然要表現在政治領域。

動力已經存在，所需要的就是尋找可行的民主化途徑。中共十七大報告強調「要以擴大黨內民主帶動人民民主」，這裏就包含了兩種民主形式，即「黨內民主」和「人民民主」。再者，十七大報告儘管沒有使用「憲政民主」的概念，但憲政民主的內容則得到了強調，如法治和法律的權威等。如果結合黨內民主、人民民主和憲政民主的概念和實踐來考量，中國的民主發展模式顯然已經躍然紙上。

有關黨內民主，需要強調兩點：第一，黨內民主也是社會經濟利益多元化的反映。中國既不想走西方式多黨政治道路，又要消化多元的社會政治利益，其方法是多元社會經濟利益的「內部化」，即把外在的多元利益容納於執政黨之內，在體制內實現利益表達、利益代表和利益協調。這是黨內民主最直接的根源。第二，黨內民主有利於政治精英之間民主規則和文化的培養。儘管人們可以在各類教科書上找到各式各樣所謂的民主規則，但這些規則是已有民主政治經驗的總結，很難移植到另一個國家。任何一個國家的民主規則都只能在政治精英內部的互動中產生。如果沒有一些基本的民主規則和文化認同，民主政治就會陷入無序狀態。已開發國家民主的平衡發展和很多後開發中國家與地區的民主實踐，已經證明了這一點。

如果說黨內民主強調的是自上而下的利益協調，那麼「人民民主」強調的是自下而上的政治參與。從學理上來說，把「人民民

主」稱爲「社會民主」更爲合適。在中國，社會民主表現爲各種形式，包括透過人民代表大會、政治協商大會、基層民主、社團等途徑的政治參與，已經得到了相當的發展。社會民主也表現出開放性的特點，就是說各種不同的新型參與方式不斷產生，例如非政府組織的參與。非政府組織曾經是個非常敏感的話題，但近年來非政府組織發展異常迅速，儘管非政府組織在不同領域的發展空間不等，但其參與政治事務的態勢已經非常明顯。又如，在很多地方也發展出協商（或者協議）民主的實踐。社會民主主要在地方和部門層面進行，和參與者的直接利益相關。如同黨內民主，社會民主也有助於社會成員和社會群體之間發展出民主規則和文化。地方民主規則和文化的形成非常有利於國家層面民主的進行。

　　但無論是黨內民主還是社會民主，都必須在一個法律的架構內進行。這就要求給予憲政民主至高無上的地位。這裏也可以從幾個方面來看：首先，不管黨內民主如何進行，執政黨必須服從憲法和法律。就是說，黨內民主也必須接受憲法和法律的約束。隨著《監督法》等法律的通過和實施，這一點已經相當明確。其次，社會民主也必須在憲法的範圍內進行，這是民主有序發展的保障。再次，到目前爲止，黨內民主和社會民主都在各自發展。儘管在地方層面，黨內民主和社會民主已經開始互動，例如農村基層民主過程中產生的「兩票制」（無論是黨的基層領袖還是村民自治組織，都由村民的選票決定），但是在國家層面，這種互動還未開始。而中國眞正的民主化，意味著黨內民主和社會民主在國家層面的直接互動。可以想見，這種互動會是大規模的，而憲政民主可以保障如此大規模互動的有序進行。

　　未來的中國民主會怎樣？我個人覺得會是選拔和選舉的結合。選拔是中國傳統，而選舉是現代民主形式。選舉不能保證領袖

人物的品質，要先選拔，後選舉，中國正在往這個方面發展。從現階段各種民主形式的發展過程來看，可以合理地預見，未來中國會結合三個主要因素：自上而下的黨內選拔（黨內民主），自下而上的社會認可（社會民主），執政黨和社會在法律架構內的有序互動（憲政民主）。如果說前兩者表現爲動力，那麼憲政民主則是黨和社會互動的制度保障。這也就說明了，在同時發展黨內民主和社會民主的同時，也必須發展憲政民主，以黨內民主和社會民主來推動憲政民主，以憲政民主來保障黨內民主和社會民主的良好和有序的互動。

（本文部分內容以訪談形式發表在《南方窗》2007年年終特刊）

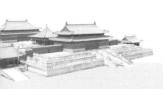

第六講　金融危機與中國經濟模式

◆ 無論是新自由主義還是傳統社會主義，都不能主導中國的經濟
　實踐。在實踐層面，中國是混合型經濟。

◆ 一些人（尤其是新自由主義經濟學家）走向了極端，把私有化
　神聖化，以為私有化是解決一切經濟問題的唯一手段和工具。
　但事實上顯然不是這樣。極端的私有化和極端的公有化一樣，
　會導致無窮的經濟問題。

◆ 內需和外貿是持續經濟發展的兩條腿。只有到了兩條腿走路的
　時候，中國才會成為一個真正的經濟強國。

◆ 中國模式改進的關鍵在於透過社會改革而確立社會制度，從而
　保障中國經濟的可持續發展。

金融危機和中國模式

金融危機發生以來，各國政府紛紛推出各種應對舉措，以緩解危機或者爭取盡早走出危機。到目前為止，儘管整個世界還是處於深刻的危機之中，但很多人已經在開始爭論世界各國經濟模式的問題。其中，中國儼然已經被很多人視為有別於美國和西方的經濟模式。在一些人眼裏，中國和美國所代表的兩個經濟模式已經處於競爭之中。筆者前不久在法國巴黎郊區，參加了由瑞典溫室論壇（Glasshouse Forum）所舉辦的中國西方知識高峰會，討論的就是中國發展模式的前途問題。會議上大家最關心的是，中國發展模式是否會成為西方發展模式的另一種選擇。

對中國經濟模式的關注主要表現在三個層面：

第一，中國模式對金融危機的防禦能力。毫無疑問，這次金融危機對各國經濟體的影響程度不同。中國經濟體儘管也深受影響，但和西方各經濟體相較，甚至和亞洲的日本和「四小龍」相較，中國顯現出相當強的抵禦能力。而中國的抵禦能力顯然和中國改革開放以來的不同經濟發展模式有關。這裏人們提出來的問題就是：中國的經濟模式與其他經濟模式有何不同？這種不同如何增強了中國的危機抵禦能力？

第二，中國應對金融危機的方法和手段。和其他國家一樣，中國政府在應對金融危機過程中使用了一系列的手段和方法。儘管表面上和其他國家沒有實質性的區別，但到目前為止，中國政府所使用的方法和手段要比西方政府來得有效。當西方各國走入負成長領域，一些跡象已經顯示中國經濟復甦的方向。在當今世界上，很

美國金融危機爆發後，民眾呼籲改革華爾街金融制度。
（圖／AFP）

少有國家能夠像中國那樣，可以對自己的經濟抱持樂觀的態度。一些人已開始在預測經濟什麼時候反彈了，信心非常重要。前不久，中國總理溫家寶到歐洲各國訪問，把其旅行稱之為「信心之旅」。沒有了信心，經濟活動就很難恢復正常。比如說，如果沒有信心，人們就不會去投資，不會去消費。從這個角度來說，政府有責任激勵社會大眾的信心。

　　應當指出的是，中國這種樂觀情緒和信心有其客觀的依據。在應對危機過程中，美國和西方政府只有金融槓桿，而無經濟槓桿。但中國政府兩者都有，除了金融槓桿之外，中國的經濟槓桿可以透過龐大的國有部門得到發揮。再者，美國和大多數西方政府財政都是赤字，而中國政府的財政狀況良好，可以說，中國政府是世

界上少數幾個比較有錢的政府之一。

第三，中國在未來新國際金融秩序中的角色問題。那麼深刻的危機發生了，表明現存世界經濟和金融秩序出了很大的毛病。如同從前的重大危機一樣，這次危機也必然導致經濟和金融體制的重建。在過去，西方世界是體制的建構者，其他國家則是被動的接受者。但是在今後的經濟和金融秩序重建過程中，西方不可能壟斷一切了，包括中國、印度、巴西和俄羅斯等國家在內的新興經濟體，必然參與重建過程。沒有這些新興經濟體的參與，就不會有新秩序的出現；或者說，如果把這些國家排除在外，那麼西方所建設的秩序不能稱之為世界的秩序。要重建秩序，西方和非西方國家之間就要進行一次「大談判」（grand bargaining）。因為中國經濟的規模，中國必然要扮演一個非常重要的角色。在這方面，人們迫切希望知道中國對未來秩序的認知，和中國對自身在未來體制中地位的期望。

金融危機以來，有人讚揚中國，認為中國正在承擔一個大國應當承擔的責任；也有人批評中國，認為中國應當對金融發生危機負責。但無論是批評者還是讚揚者，都反映了一個共同心態，那就是對中國的高度期待。對中國本身來說，金融危機則成了對本身所確立的經濟制度的一次大檢驗。不久前，中國總理溫家寶在英國劍橋大學演講時，強調中國是個「學習國家」。我想，這裏的「學習」至少有兩方面的意義：一方面，它指的是中國向世界各國學習。自改革開放以來，中國虛心學習國際經驗，不管是像美國那樣的大國，還是像新加坡那樣的小國，中國都好好學習。可以說，中國是當今世界上最好學的國家。儘管很多國家（尤其是西方）經常對中國持批評態度，但這並沒有影響中國向這些國家學習。另一方面，「學習」也指中國向自己的經驗學習。中國向各國學習，這裏

有積極的經驗，也有負面的教訓。中國的經濟體制並非十全十美，這次金融危機一方面體現出中國體制的優勢，另一方面也顯現出其所存在的問題。分析中國模式的優勢和指出其弊端同樣重要。中國模式是一種發展中的模式，是世界經驗和中國本身經驗的累積。中國模式的進步對中國和世界同樣重要。透過金融危機檢驗中國模式是有理論和現實意義的。

中國的複合經濟模式

　　無論是中國抵禦金融危機的能力，還是其應對危機的方式，都和改革開放之後建立起來的中國經濟模式有緊密的關聯。問題是：中國模式是什麼？這是個非常複雜的問題。越來越多的人對中國模式表現出日益強烈的興趣，很多開發中國家想從中國學習經驗，而已開發國家則擔心中國模式是否會取代西方發展模式。但對中國模式是什麼，人們並不清楚，所以總結中國模式很重要。中國模式反映在政治、經濟和社會各個方面。從經濟上看，我覺得可以把中國模式稱之為複合型或者混合型經濟模式。我在這裏使用「混合」這個概念，和人們平常所說的不太相同。一般來說，混合經濟指的是中國經濟的混合所有制模式。我使用這個概念的範圍要比所有制廣，包括很多方面。所有制當然很重要，所謂的混合就是說各種所有制之間的平衡。在所有制之外，混合模式也應當包括對外開放和內部需求之間的平衡、政府和市場兩者在經濟領域的作用的平衡等。

　　從哲學上說，混合經濟是中國人「中庸」哲學在實踐上的反映。在中庸哲學下，中國人努力避免走極端路線。在改革開放的

三十年裏，基本上中國從制度層面確立了混合經濟模式。改革開放之前，因爲各種歷史原因，中國走了極端社會主義路線，或者「貧窮社會主義」路線，改革開放後實行鄧小平的「實事求是」路線。在開放路線下，西方的各種「主義」進入中國，對中國的各個政策層面產生影響，但很難說哪一種「主義」占據了主導地位。就是說，中國基本上保持了各種「主義」對政策影響的平衡。今天，在中國的學術界仍然不乏各種基本教義派，包括新自由主義經濟學和傳統社會主義思想。這兩種思潮構成今天中國經濟思想界的兩個極端：新自由主義強調一個極端，即市場和私有化，而傳統社會主義則占據另外一個極端，即政府和公有制。不過，無論是新自由主義還是傳統社會主義，都不能主導中國的經濟實踐。在實踐層面，中國是混合型經濟。

混合所有權制度

在應對金融危機過程中，國有化已經成爲西方各國政府所採用的一種手段，至少對金融銀行部門是這樣。歐洲的國有化有根深柢固的傳統，實際上，國有化是歐洲社會主義的主要內容。第二次世界大戰之後，很多國家的國有經濟部門曾經變得非常大，導致經濟效率和效益低下，這就引發了反向運動，即私有化。英國政府在柴契爾夫人任首相期間，曾經試圖發動大規模的私有化運動，並對歐洲各國產生了影響。但即使是柴契爾夫人的私有化運動也只限於幾個實體經濟部門。在涉及公共利益，也就是那些提供公共服務或者福利的部門，私有化運動遇到了來自民主政治的很大阻力。這主要表現在教育、社會保障和醫療衛生方面。因爲這些部門涉及全體人民的利益，人們用選票否決和抵制了私有化運動。現在歐洲面臨

危機，各國政府又開始訴諸國有化，對此歐洲社會並沒有出現反對聲音。

有意思的是，美國也開始出現國有化運動。美國是私人資本主義的典型代表和大本營。在很長時間裏，美國是抵禦公有化（尤其是社會主義運動）的主要力量。在學術方面，以私有化為核心的新自由主義就在美國生長，並擁有了向外的擴張力。在政治上，新自由主義最典型的表現就是雷根經濟學。但是今天，像前美國聯準會主席葛林斯潘那樣的，可以稱之為原教旨主義式新自由主義人物，也開始認為並提倡國有化可以成為應付危機的有效方式。

在發展混合型所有權方面，中國比較典型。在改革開放前，中國從經濟管理方式來說是典型的計畫經濟，但從所有制來說已經呈現多種形式，有國家所有制和集體所有制，在農村還有少數的私有化經濟活動，主要表現在農民的自有地上。在國家所有制內部也存在著不同層面的所有權，即實體經濟或者企業由各級政府分別所有和管理。

改革開放後，中國開始引入和鼓勵其他多種形式的所有制形式，包括民營、合資、外資等。在俄羅斯和東歐原來的共產主義國家，因為深受新自由主義的影響，進行了以私有化為核心的疾風暴雨式經濟改革。但中國並沒有這樣做，一方面鼓勵其他所有制的產生和發展，另一方面透過改革原先僵硬的公有制來適應新的環境。國家所有制原來占據絕對的主導地位，並在憲法和法律方面得到保障；在市場經濟的早期，也以國家所有制為主，其他所有制為輔，後者僅僅作為補充。但後來，各種所有制得到了平等的法律地位，尤其要提及上世紀九〇年代中期之後「抓大放小」的經濟改革。這是個具有戰略意義的改革方案，透過「抓大」，中國重組了大型國有企業，而「放小」則是透過民營化，給中小型企業的發展提供了

動力機制。

中國的混合型或者複合型所有制已經形成,並且得到了憲法和法律的保護。這種所有制結構應當不容易被改變。各種所有制之間也已經形成了互相競爭的機制,透過互相競爭來提高各自的生產力。尤其顯著的是,這種混合型經濟在應對金融危機過程中顯示出其優勢。國有部門已經成了中國政府使用強有力的經濟槓桿來實施其為應對危機所推出的政策工具。就是上面所提到的,西方多數政府只有金融工具而無經濟槓桿,而中國政府兩者皆有。

這次金融危機也為中國那些一直在鼓吹私有化的人提供一個反思機會。私有化或者民營化當然有其優勢,這也就是改革開放以來,中國政府在不斷發展民營經濟的原因。但一些人(尤其是新自由主義經濟學家)走向了極端,把私有化神聖化,以為私有化是解決一切經濟問題的唯一手段和工具,但事實上顯然不是這樣。極端的私有化和極端的公有化一樣,會導致無窮的經濟問題。為了公有化而公有化,為了私有化而私有化,都不是理性的方式。重要的是,要在各種所有制之間找到一個合理的平衡,透過它們之間的競爭,達到資源的合理配置、經濟效益的最大化和社會公正的實現。

出口導向和內部需求

金融危機發生之後,一些西方學者和政治人物把責任推給中國。在一些人看來,金融危機的主要原因在於中國的成長模式。改革開放以來,中國的發展模式和早先的日本和後來的亞洲「四小龍」有很大的類似之處,都是以出口為導向。外向型經濟成長依賴出口,依賴西方市場。同時,中國的金融體系也是為這個外向型經濟體系服務的。出口導向型經濟創造了大量的外匯,再用外匯購買

西方諸多金融商品。在過去三十年裏已經形成了中國生產、西方消費的模式。這個模式被視爲導致這次金融危機的主要原因。儘管這些指責並沒有什麼道理，但卻值得中國思考。這次危機告訴人們，無論是要解決危機還是要長期發展，都不能依賴西方市場，依賴西方消費者。中國的發展主要還是得依靠自己，就是說要建設一個內需型經濟體。內需型經濟體並不是說不要外貿和出口了，但一個高度依賴外貿而內需不足的經濟體，其成長是無法持續的。在全球化環境下，內需和外貿是兩個最爲重要的經濟支柱。對中國這樣大的經濟體來說，內需無疑要比外貿重要得多。

但同時，中國這次之所以能夠抵禦源於西方的危機，表明中國的經濟型態和日本及「四小龍」不同。無疑，這次金融危機表明中國的出口導向型經濟出現了問題，因爲西方沒有了需求，依賴西方市場的實體經濟必然出現問題。人們已經看到，在珠江三角洲有大量的工廠倒閉，大量的工人（尤其是農民工）失業，珠江三角洲的經濟正面臨著很大的困難。出口導向型經濟要轉型，這是很顯然的。然而，轉型並不是要否定出口導向。在中國內部，出口導向型經濟也表現爲不同類型。比較一下珠江三角洲和長江三角洲就可以看到這一點。珠江三角洲的出口導向型可以說是一種典型的「自由放任」型經濟。自二十世紀八〇年代開始，地方有關部門對本身的產業發展沒有長遠的政策，只要是外資就歡迎。因此，低技術、勞動密集、高能源消耗、重污染等成了珠江三角洲經濟的特色。這種經濟成長方式隨著時間的推移，也顯出其不可持續的特點。例如，它不能承受勞動關係的變化。前些年，中國新的勞動法出爐，珠江三角洲的資方就出來反對。這種方式也不能承受土地方面的變化。當土地的供應無法持續時，這種發展模式就會遇到很大的麻煩。正是這種情況促使廣東地方政府在近年來開始努力調整產業政策。實

141

際上，在這次金融危機發生之前，廣東政府已經開始做產業的升級
調整，廣東的一些企業在金融危機之前就開始關閉或者倒閉。廣東
稱這一步是「騰籠換鳥」。這種做法受到一些方面（尤其是來自新
自由主義經濟學者）的質疑。但是，無論從產業升級還是勞工權利
或者可持續發展來說，這一步必須走。不幸的是，這一產業調整剛
好遇到了這次金融危機。不管怎樣，很多國家的產業調整和升級，
都經歷過一個痛苦而漫長的過程，中國也不會例外。

　　和珠江三角洲相比，長江三角洲的出口導向型經濟情況就有
很大的不同。在大規模吸收外資方面，長江三角洲可說是後來者。
或許承受了珠江三角洲的教訓，長江三角洲在規劃發展過程中，政
府一直發揮著非常大的作用。長江三角洲從一開始就拒絕低技術和
重污染的產業。從各個經濟指標來看，長江三角洲的發展要比珠江
三角洲更具有優勢。儘管這次金融危機也影響到長江三角洲，但其
影響程度顯然遠遠低於珠江三角洲。

　　更為重要的是，除了出口導向型經濟體，中國也有很多地方
發展出以內部需求為導向的經濟體。前年，我到浙江考察，寫了
一篇題為〈浙江模式值得深思〉的文章（《聯合早報》二○○六年
七月四日），專門討論浙江內生型民營經濟的特點。首先，它是一
種內生型發展，就是說，發展的動力來自內部。在中國沿海從珠江
三角洲到長江三角洲再到京津唐和渤海灣地區的很多地方，經濟發
展的主動力來自外資。浙江則沒有這樣的情況，儘管外資也得到鼓
勵，但發展的主要動力主要還是來自民族資本。在過去的三十年
間，民族工業得到了長足的發展，足以和外來資本相抗衡。發展的
資本來自內部，發展也是以滿足內部市場為主。浙江的產品都是以
先搶攻內部市場為主，出口為輔。這與很多沿海地區高度依賴出口
導向的經濟形成鮮明的對照。浙江是以開拓內部市場聞名的，在全

國的各個角落，現在沒有一個地方是沒有浙江商人的。這種以滿足內部市場爲主體的發展模式，對整個國家的發展是非常有利的，同時這種模式要比出口導向更穩定、更具有可持續性，因爲它更能承受外部國際市場的衝擊。

　　浙江經濟基於民營資本之上，其技術創新能力也比其他地區要高出很多。在二十世紀八〇年代，浙江的一些地區（尤其是溫州地區）以生產假貨聞名，但是現在這種情況完全改觀。在吸取了以往的經驗之後，浙江民營企業非常重視技術創新。因爲是民營資本，浙江企業的技術創新更具有自主性。現在的浙江商人不僅走遍全國，也走遍全世界，很多產品在國際市場上具有相當強的競爭能力。近年來，浙江產品在已開發國家經常遭受地方貿易保護主義的「反擊」，這從一個側面反映了浙江產品的國際競爭能力。但同樣重要的是浙江健康發展的國有企業。在中國的其他地區，國有企業的發展一直存在著很大問題，但浙江的國有企業發展勢頭相當好，這與民營企業的發展是密切相關的。民營企業的發展爲國有企業營造了一個有利的環境，國有企業和民營企業兩者相輔相成又相互競爭，發揮了共同發展的效果。

　　更值得注意的是，浙江的勞工狀況遠較其他地區好。在一些地區，尤其是臺資、港資和韓資等密集地區，勞工狀況存在著太多問題，勞工的權益往往得不到保障。但在浙江，侵犯勞工權益的情況並不多見。造成這種情況的因素有多種，但無疑與浙江重視本土資本有關。外來資本的主要動機是利用地方廉價的勞動力，因而很難產生企業的社會責任感；而本土資本則因爲受地方歸屬感等因素的影響，往往比較注重企業社會責任感的培養和發展，勞資關係也因此顯得比較和諧。

　　浙江當然不是唯一以內部需求爲導向的地方經濟體，中國很

多其他地方也是這樣。山東是另外一個例子，出口經濟在總體經濟中的比率很低。最近這些年出現的「重慶模式」，也是透過擴展內部需求而得到高速發展的。

外貿在過去給中國的經濟發展提供了莫大的動力機制。金融危機顯現了外向型經濟的弱勢之所在，內需變得重要起來。金融危機以來，中國還在繼續推動外貿。實際上，中國已經成了世界貿易自由化的主要動力，這背後就是中國強大的出口經濟。但同時也要意識到，內需經濟是經濟可持續發展的關鍵。如上所說，中國各地以內需為導向的經濟成分也在發展，並且有些成功的經驗，關鍵在於，內需經濟政策要像出口導向經濟政策那樣提升到國家層面。內需和外貿是持續經濟發展的兩條腿，只有到了兩條腿走路的時候，中國才會成為一個真正的經濟強國。

政府和市場

政府和市場的關係，既關乎一個經濟體是否會導致經濟或者金融危機，也關乎這個經濟體是否有能力應對危機和預防危機。金融危機發生之後，政府和市場的關係再次成為各國政府和學術界的討論議題。

不管這次金融危機背後有怎樣複雜的原因，就政府來說，最主要的原因是其對金融系統監管不嚴。新自由主義者把亞當・斯密在《國富論》中提出的「看不見的手」，即市場，推到了至高無上的程度，他們相信這隻手會解決一切經濟問題。在新自由主義那裏沒有政府的經濟功能；如果說有，那麼就是要保證這隻看不見的手能毫無障礙地運作。但這次金融危機表明了這種信仰的差錯。中國在改革開放前實行的是計畫經濟，把政府的經濟作用極端化，而把

市場視爲是屬於資本主義制度的，從而也否定了其功能。改革開放後，中國對市場有了不同的看法。鄧小平認爲資本主義可以使用市場機制，社會主義也可以使用市場機制，這就把市場中立化了。同時政府大力推行市場建設。上面所說的各種所有制經濟，都是在同一個市場平臺上互相競爭的。

　　重要的是，中國在強調市場功能的同時並沒有走向市場萬能主義。崇拜市場的新自由主義在學術界有很大的影響，但在政策層面，不同領域有不同的影響。在西方，新自由主義的根據地可以說在實體經濟領域，即在企業界。但在中國則不同，新自由主義進入中國之後，在實體經濟領域遇到強大的阻力，尤其在大型國有企業領域。如上所說，中國政府重組了大型國有企業，民營化並沒有發生在大型國企領域。但新自由主義對中小企業的影響相當大，這一方面是因爲「放小」的戰略。儘管這個戰略設想得很好，但在實施過程中出現了很大的問題，主要是惡性私有化和國有資產的流失，導致了社會不正義。新自由主義對社會制度領域的影響更大，主要表現在醫療衛生、社會保障和教育上。在西方，因爲民主制度的存在，新自由主義在這些領域遇到了強大的阻力，即被人民所否決。在中國則相反，在國有企業領域，因爲有國家力量的存在，新自由主義無法發揮作用；但在社會制度領域，新自由主義如魚得水。原因很簡單：社會制度的存在主要是爲了弱勢社會群體，弱勢社會群體很難抵制新自由主義的侵入。在這些社會制度領域，改革開放前的中國取得了很大成就。在新自由主義進入這些領域之後，原來的社會體制，包括學校、醫療衛生和社會保障制度全面衰微，甚至解體，尤其是在農村地區。儘管近年來政府做了很大努力，但直到今天，這些社會制度還沒有建立起來。在新自由主義影響深刻的領域，政府的作用很成問題。因爲政府全面撤退，市場惡性競爭變得

不可避免，成為中國企業間這些年醜聞不斷的一個主要原因。惡性競爭表明市場還是不規則。市場如何規則化？這很難靠市場本身來達成。從中外歷史的經驗來看，政府還必須扮演一個主要角色，就是說，市場這隻看不見的手的發生、發展和健康運作，離不開政府這隻看得見的手。

可以感到欣慰的是，在金融和銀行領域，中國規制國家初步成形。溫家寶最近在和網友對話時指出，中國的金融經過十多年的改革，已經具備應對危機的良好基礎。在金融和銀行領域，中國規制國家的建設得益於一九九七年發生的亞洲金融危機，此乃源於亞洲一些國家的金融監管不嚴。中國從亞洲金融危機開始，致力於金融銀行系統的改革，取得了很大的成績，這也是這次中國金融和銀行系統沒有發生像西方那樣的深刻危機的主要因素。西方各國在亞洲金融危機時，批評亞洲國家，給亞洲國家帶來了很大壓力，這種壓力也是促使中國進行改革的一個因素。但是，西方國家自身卻忽視了改革，最終造成今天的危機。儘管西方國家可以強調一些外在因素（如中國的高存款率），但推卸不了內部監管不嚴的責任。很顯然，不管外部因素如何，危機通常都是透過內部因素發生作用而爆發的。

社會改革和中國模式的改進

上面強調過，這次金融危機中，中國社會主義市場經濟模式既顯現了其優勢，也表現出一些弱勢。不管怎麼說，中國模式仍然處於發展過程之中，如果能從這次金融危機中吸取足夠教訓，那麼將非常有利於這個模式的發展。

　　海內外學者正在討論這次金融危機是否能促成中國經濟成長模式轉型的問題。我個人認為，中國模式改進的關鍵，在於透過社會改革以確立社會制度，從而保障中國經濟的可持續發展。這些年來，中國的社會改革往往是雷聲大、雨點小。醫療衛生已經爭論了很多年，但還是沒能拿出一個讓各方都能普遍接受的改革好方案；社會保障制度有了一些進展，但對於社會的客觀需求仍有一段差距；教育改革還是很糟糕；環保則惡化到了人們不可忍受的程度；儘管國家稅收能力大大提高，但收入分配和社會分化繼續惡化。另一方面，社會群眾事件的頻繁發生，加上國際經濟環境的惡化，表明社會的不穩定因素還會驟然增加。無論從哪個方面來看，社會改革和社會制度的建設已經刻不容緩。但是，各方面的利益群體一直在這些問題上爭論不休。在很多領域，一會兒集權，一會兒分權，儘管誰都說改革很重要，但就是解決不了誰來改革的問題，這背後無非是既得利益者在抵制改革。

　　社會改革的重要性是不言而喻的。首先，社會改革是為了因應和解決經濟改革所帶來的負面結果。在過去的三十年，經濟主義可以說是中國發展的主題，經濟發展就是一切。中國在短短時間裏創造了世界經濟史上的奇蹟。此前，沒有任何國家能夠在這樣短的時間裏，幫助數以億計的人民脫離貧困狀態，幫助這樣大規模的社會群體提高生活水準。但經濟主義在促進經濟繁榮的同時，也帶來了一系列問題。各級政府GDP主義盛行，非經濟方面的發展大都被嚴重忽視，導致環保惡化，資源大量浪費，貧富差異擴大和社會嚴重分化。這些由經濟發展導致的後果，加上黨政官員大範圍的深度腐敗，反映到社會層面，就是政府在人民眼中的合法性成為問題，群眾事件越來越頻繁，多數表現為各級政府與社會的對立。很顯然，經濟主義的後果不加以糾正，經濟發展就不可持續，這一點

毋庸再多說。這些年來中國政府確定的「科學發展觀」和「和諧社會」，就是對這種單向發展反思的產物。

其次，社會改革要為未來經濟成長奠定新的制度基礎。過去三十年的經濟成長總體上來說，源於經濟制度的改革和創新。但迄今，經濟改革在很多方面已很難深入下去，說明過去的成長模式已達到了頂點。進行社會改革和建設社會制度的目標，是推動中國從一個非消費型社會朝消費型社會轉型。消費型社會是中國未來長期經濟成長的最主要來源。很簡單，經濟成長有兩大來源，即投資和消費，而投資的最終目的也是消費。中國在過去三十年裏建立了一個外向型經濟，成長來自投資，但投資是為外部市場，主要是為西方市場服務的。如上所說，隨著全球經濟危機的發生，來自西方的

中國為經濟的高速發展付出了昂貴的代價。圖為重慶周邊被污染的河流。（圖／《南風窗》）

需求驟然下降，中國這種發展模式的局限性一下子就顯現出來了。中國要朝消費社會轉型，就必須建立一整套有助於消費社會發展的基本社會制度，例如醫療保險、社會保障、教育和環保，等等。沒有這樣一套制度，不可能出現消費社會。

其三，也更為重要的是，社會改革要為中國未來的政治改革做制度準備。中國的改革進程大致可分為經濟改革、社會改革、政治改革三個階段。從改革開放開始到本世紀初，一直是以經濟改革為主。本世紀初以來也就是中共十六大以來，社會改革提到議事日程上來。從歷史的角度看，中國的政治發展進程應當是基本國家制度建設在先，民主化隨後。民主制度的有效運作不僅需要社會經濟發展到一定的水準，更需要諸多基本國家制度成為其基礎結構。從世界範圍內來看，凡是基本國家制度建設得好的國家，民主化過程相對比較平和，新建立的民主制度較能夠有效運作。反之，在缺乏基本國家制度的情況下，如果發生民主化，就會出現無政府狀態、社會的不穩定和政治的惡鬥。現在，亞洲很多國家所經歷的民主危機就說明了這個問題。在過去三十年中，中國已經建立了一套基本國家經濟制度，但社會制度則遠遠沒有建立。如果在基本國家制度中缺失了社會制度這一塊的情況下，發生政治民主化，那麼必定會出現動亂頻繁發生的政治局面。

金融危機的確是個進行社會改革和建立社會制度的好機會。但現在看來，中國政府所採取的應對危機模式，基本上承續了處理一九九七年亞洲金融危機的模式，即以公共投資為主體，附帶拉動內需。很顯然的是，一九九七年之後，政府在前一方面非常成功，但在打造內部消費市場方面並沒有很大成績。當時，因為西方市場沒有危機，中國的出口不久就恢復了。這次金融危機之後所推出的各種拯救經濟的舉措，其重點還是在原來意義上的經濟成長模

中國未來的經濟應以內需為導向。圖為杭州某商廈店慶時熙熙攘攘的人群。（圖／潘海松）

式上。例如，還是想透過各種途徑來促進外貿。但誰都知道，這種方式已經無效。大量的資金因為背後存在著龐大的既得利益，而流向基礎設施、產業升級等方面的投資。儘管中央政府也強調民生經濟，努力擴大社會制度建設方面的投入，但很顯然，因為其背後沒有既得利益，資金很難流向這些方面。

　　中國迫切需要在危機中繼續尋求新的模式，努力的方向和重中之重應當是擴大內需，建立消費型社會。在任何國家，社會改革和建立社會制度都是一場攻堅戰。在當今已開發國家，社會制度的建立往往和持久的充滿暴力的工人階級運動，甚至與革命聯繫在一起。不難看到，從原始市場經濟或者資本主義轉型到現代福利型資本主義，並非一個自然的過程，而是社會改革的結果。一些國家的政治精英能夠實行「鐵血」政策，超越既得利益，進行自覺的改

革；但也有一些國家的政治精英則受制於既得利益，沒有能力進行改革，從而導致暴力式社會運動和革命的發生。有一點很明確，到現在爲止，在所有實行市場經濟的國家，一套良好的基本社會制度都是保障其市場運作和社會穩定的制度基礎，中國在這些方面還需要很大的努力。

（本文最初發表在2009年國務院發展研究中心組織的「中國高層發展論壇」）

第七講 國家權力的「中央性」和「人民性」：中國的中央地方關係

◆ 在國家權力的集中性和人民性之間存在著一種必然的制度關聯。換句話說，就是權力源自人民，用之於人民。這就是現代國家權力的本質和意義之所在。

◆ 最高統治者和人民之間的直接聯繫對中央政府的權威是至關重要的，沒有這樣一種直接關係，中央政府的權力不可能深入社會各個角落。

◆ 中央政府透過人事任命的確控制了地方，但這並不意味著中央能夠對地方進行有效的統治。對人事任命制度的過度依賴，正是中央處理與地方關係的重要誤區，也是兩者發生衝突的重要根源。

◆ 選擇性集權的另一面就是真正意義上的地方分權。

中央地方關係問題

　　中國地方大，各省區之間各方面的差異也大，中央如果沒有足夠的權力，很多事情就會很不好辦。同樣，如果地方沒有足夠的積極性，各方面的發展就會成為一個大問題。因此，如何解決集權和分權的關係，不僅涉及中國各方面的發展問題，也涉及中國的國家建設問題。實際上，從毛澤東、鄧小平到第三代領導團體，在談及中國國家建設的時候，無一不涉及中央和地方關係。

　　中央和地方關係無疑也是中國政治改革的一個重要方面。如何進行這方面的政治改革，應當從理解中央和地方之間所存在的問題入手。自改革以來，儘管政府在處理中央和地方之間的關係上做了很大努力，也取得一些進步，但不可否認，兩者之間仍存在著很多嚴重問題。這些問題概括起來有兩個主要的制度表現，即集權但欠缺足夠的權力，分權但欠缺足夠的民主。

　　首先，集權但欠缺權力。沒有人會否認，從理論上說，中國目前的政權是世界上少數幾個權力非常集中的政權。從政治上來說，中國共產黨是唯一的執政黨。有民主黨派的存在，但並不是西方那樣的多黨競爭制，而是多黨合作制，就是說，民主黨派並不是中國共產黨的權力競爭者，而是其合作者和權力的監督者。就統治制度內部來說，黨的系統中黨中央的集中領導自不必說，在立法、行政、司法等政府系統中，權力流向也都是自上而下的。一句話，在當前中國政治體制中，一切政治權力的源頭都是中央政府。在二十世紀八〇年代初，鄧小平指出當時中共的權力結構是黨政不分，權力集中在黨手中，而黨的權力又集中在黨的高層，高層又集

中在黨的少數領袖手中❶。這種情況目前雖已有所改變，但其總體結構迄今並沒有根本性變化。

從經濟上來說，儘管已在理論上確立了社會主義市場經濟的發展目標，中國的經濟制度也急遽地從計畫經濟朝市場經濟轉化，但這並不是說政府已經或者會在以後退出經濟領域。政府（尤其是中央政府）仍然掌握相當多的重要經濟資源。同時，政府的經濟角色正在轉型，各種宏觀調控機制，如稅收、財政和金融管理體制等正在建立。可以相信，在經濟領域，中央政府的權力會隨著各種宏觀調控機制的建立和完善而得到加強。

從社會方面來說，儘管改革以來，中國的第三部門發展相當迅速，人們稱謂的「市民社會」正在形成，但是，這一形成中的「市民社會」，和西方有著根本的不同。西方的市民社會是獨立於政府機構的，在某種意義上是向政府爭取各方面利益的準政治組織；而在中國，所謂的市民社會雖然在某種程度上也有這方面的功能，但至少在目前，其對政權不僅沒有任何挑戰性，而且在很大程度上是政府的合作者。政府透過各種政策和制度管道，基本上能夠將各種社會力量納入體制之中。事實上，只要強大的國家機器繼續存在並有效運轉著，即使存在一些體制外的反對力量，對執政黨的統治也構成不了很大的威脅。

然而，在這樣一個權力高度集中的政治體制下，人們日常感到的卻是中央政府並沒有足夠的權力。權力的高度等級性並未能保證權力意志的有效落實。由於我們下面所要論述的原因，在許多領域，政府該管的事沒有人管，不該管的事卻又有很多人管。需要有政權權力的地方找不到政權，而有利可圖的事又有很多政府部門出來爭奪管理權。中央管不了地方，政府管不了人民，結果，各種黑社會組織和惡勢力紛紛出籠。他們暴力稱霸，壟斷行業，聚斂錢

財，一些地方人民的基本生活和安全不能獲得保障。最近，政府進行的打擊惡勢力和黑社會運動中所反映出來的問題之嚴重，已經使人提出了這樣的問題：到底是誰在統治國家❷？二十世紀九〇年代中期以來，各種邪教的興起，也在很大程度上反映了中央政府權力的式微。

中央權力的衰落導致了一種很荒唐的局面：經濟發展越快，富裕程度越高，人民反而越感到不安全。國內多個學術機構所做的一些民意調查表明，老百姓的安全感正在隨著社會治安情況的惡化而急遽下降❸。這在某種程度上表明，儘管國家在推動經濟和社會發展的過程中，發揮了一個非常大的作用，但對國家建設的其他方面卻沒有給予足夠的重視。

中央與地方關係中的第二個制度問題是分權但缺乏民主。儘管中國政治制度理論上高度集權，但權力分散到目前已成為不爭的事實。如果說，毛澤東時代一次又一次的分權運動，已造成中國整體政治權力某種程度的分散，那麼鄧小平時代的分權改革則使得分權狀態進一步深化。權力從中央政府分到各級地方政府甚至社會，這本來就是民主政治一個重要特徵。在一些西方國家，分權改革往往是兩條線並行：一條是中央政府向地方政府制度性分權，一條是強化地方政府對民眾的責任機制，因為分權的邏輯正在於地方政府與地方民眾更接近，在某些政務上能更好地為民眾服務。然而在中國，急遽的分權既沒有被制度化，也沒有發展出制度性的民主。在這種分權狀態下，一方面，中央政府感到沒有足夠的權力，因為權力已經分到地方政府手中了；而另一方面，地方政府也抱怨沒有權力，因為所有權力從理論上說仍都屬於中央政府，地方即使有權，也沒有制度保障，中央政府隨時都可以把權力收回。可以說，政治權力的流失情況非常嚴峻。誰都知道權力流失了，但不知道流到哪

裏去了。

　　更爲可怕的事情是，這種非制度化的分權削弱了中央對地方政府的監控，卻未能強化後者對地方民眾的責任機制。地方官員儘管沒有「主權」，只是中央的代理人，但卻可以悖離中央，在地方爲所欲爲。一些地方官員把地方國家機器占爲己有，任意欺壓百姓，甚至有的同黑社會和惡勢力勾結，魚肉人民。爲了對地方黨政官員造成一定的制度壓力，讓人民自己來管理自己，中國從一九八七年以來逐漸建立了村一級的直接選舉，鄉鎮一級的選舉也開始了試點工作❹。但是，一方面，這種努力仍遠遠不足；另一方面，種種跡象表明，惡勢力和黑社會已經嚴重滲透到中國的地方政權之中，他們往往透過各種管道操縱選舉，讓自己的代理人來掌控權力，或者用金錢的力量腐蝕當局，進入地方政權領域。很多案例表明，越來越多的惡勢力和黑社會人士已經進入地方的人大和政協，甚至是行政系統❺。很顯然，在沒有強而有力的中央政權來保證民主正常運作的情況下，民主很難依靠自己的力量來表達和保護人民的利益。所以，在中央政府感到權力不足時，人民所感到的是民主的不足。人民歡迎民主，因爲民主能夠賦予他們權力來選擇自己的「統治者」，但同時，他們也感到地方民主制度的軟弱性，感到這種新興制度沒有能力來保護自己的利益。

　　梁啓超以前曾就中國政治存在的弊端表示過，兩頭都好，壞就壞在中間層。就是說，我們有個好皇帝，我們的人民也很好，問題就出在中間層的貪官污吏，中間層割斷了皇帝和人民之間的聯繫。在一定程度上說，這種情況現在也存在。但梁啓超的說法過於簡單。這種情況的產生，中央政府並非沒有責任；也不是剷除腐敗的中間層，問題就解決了。無論是中央政府還是人民自己，兩者本身是難以構成一套完整的統治制度的，在中國尤其如此。沒有強大

的地方政府，中央政府如何實施政策，推動社會、經濟和政治各方面的發展呢？解決問題只能進行制度層面的改革，用制度來驅使中間層在「行善」的同時，遏止自身的腐敗行爲。要達到這樣一個政治目標，就要在中央政府、地方政府和社會三者之間的關係上做文章。這三個層面的中心都是人：中央官員、地方官員和人民。「人性本善」，是後來的社會和制度環境使其趨「惡」；或者說，「人性本惡」，沒有制度的制約使其找到了揚「惡」的機會。無論從哪個角度來說，制度是首位的，人則其次。政治改革的目標當然就是要建立一種「抑惡揚善」的制度。

現象的根源

中央與地方關係應當怎樣？如何建立一套有效的制度來解決中央與地方關係？從毛澤東的「論十大關係」到鄧小平的有關論述，再到江澤民的「正確處理社會主義現代化建設中的若干重大關係」（簡稱「論十二大關係」），都已經對中央與地方關係做過相當充分的論述，這裏不需要再引經據典。我們想從另外一個相關的角度出發，來分析中央地方關係中所存在的問題，即國家權力的中央性和人民性問題，也就是對應於毛澤東等中共領導人早先發展出來的「民主集中制」。

我們認爲，存在於中央和地方關係之中的種種怪現象的根源在於，國家權力既缺乏中央性，也缺乏人民性。換句話說，就是既缺乏集中性，也缺乏民主性。中國共產黨歷來強調的是民主集中制，並且是民主基礎之上的集中。這的確很正確，任何現代國家政權都是這樣一個政治過程。實際上西方民主國家的特徵也是一種

「民主集中制」。然而，中國目前的政治制度未能體現「集中」和「民主」的有效結合，在某種程度上，既缺乏集中的制度方法，也缺乏民主的制度方法。要發展出一個既集中又民主的現代國家政權，就要從集中和民主方面做制度文章，也就是我們這裏所說的權力的中央性和人民性之間的關係。這裏我們分頭來論說這兩方面的含義。

在中國，民主集中制至少包含兩層意義：第一是制度層面上的。一九三七年十月二十五日，毛澤東在和英國記者貝蘭特的談話中被問到「民主」的意義時，對民主和集中進行了解釋。毛澤東說：「民主和集中之間，並沒有不可越過的深溝，對於中國，兩者都是必需的。一方面，我們所要求的政府，必須是能夠真正代表民意的政府；這個政府一定要有全國廣大人民群眾的支持和擁護，人民也一定要能夠自由地去支持政府，和有一切機會去影響政府的政策。這就是民主制的意義。另一方面，行政權力的集中化是必要的；當人民要求的政策一經透過民意機關，而交付予自己選舉的政府時，即由政府去執行，只要執行時不違背曾經民意通過的方針，其執行必能順利無阻。這就是集中制的意義。只有採取民主集中，政府的力量才特別強大。」❻一九四五年，毛澤東在〈論聯合政府〉一文中，再次論述了民主集中制的意義。他說：「新民主主義的政權組織，應該採取民主集中制，由各級人民代表大會決定大政方針，選舉政府。它是民主的，又是集中的，就是說，在民主基礎上的集中，在集中指導下的民主。只有這個制度，才既能表現廣泛的民主，使各級人民代表大會有高度的權力；又能集中處理國事，使各級政府能集中地處理被各級人民代表大會所委託的一切事務，並保障人民的一切必要的民主活動。」❼

第二層是有關國家政治生活的。一九五七年，毛澤東把民主

集中制應用到處理人民內部矛盾上。毛澤東說：「在人民內部，不可以沒有自由，也不可以沒有紀律；不可以沒有民主，也不可以沒有集中。這種民主和集中的統一，自由和紀律的統一，就是我們的民主集中制。在這個制度下，人民享受著廣泛的民主和自由；同時又必須用社會主義的紀律約束自己。」❽一九六二年，毛澤東又進一步把這一原則應用到領導幹部的工作方法上。他說，領導幹部的工作方法「是一個民主集中制的方法，是一個群眾路線的方法。先民主，後集中，從群眾中來，到群眾中去，領導同群眾相結合」；又說：「……實行民主集中制，要真正把問題敞開，讓群眾講話，哪怕罵自己的話，也要讓人家講。」❾

應當說，毛澤東從制度層面論述一個政權所具有的集中性和人民性時，說得非常清楚。一個強大的政府必須具備集中性和人民性這兩個條件，並且人民性是集中性的基礎。用現代政治學的語言來說，沒有人民性就難以有有效的集中性。集中性本身沒有什麼意義，它是針對人民來說的，是政府在人民中間實施政策過程中權力的集中性。一種有效的集中性必須是建立在人民性基礎之上的。就是說，在國家權力的集中性和人民性之間存在著一種必然的制度關聯。換句話說，就是權力源自於人民，用之於人民。這就是現代國家權力的本質和意義之所在。

在第二個層面，毛澤東強調的是工作方法，是就某一制度內部的權力運作方式而言的。這種運作方式本身包含著相當的合理性，無可非議，事實上，它也一直被視為中國共產黨優良傳統的一個有機部分。但在實際權力運作過程中，毛澤東和其他領導人常常把這兩個層面意義上的民主集中制混淆了起來，而且用作為工作方式的民主集中制代替作為制度的民主集中制。這樣，就在客觀上既淡化了民主的制度建設，也為一些黨政官員的「非民主」行為提供

一種理論依據。要回到制度層面的民主集中制，就要看看這一制度是如何表現在現代國家中，或者說現代國家是透過怎樣的制度因素來表達這一原則。

現代國家權力的集中性和人民性

什麼是現代國家？對現代國家的論說可從不同的意識形態出發。各種主義，如馬克思主義和自由主義，都可以從不同角度來規定現代國家。從現代國家產生發展的經驗來規定其特徵的，最好的莫過於韋伯❿。韋伯在比較世界各個國家政權的發展基礎上，總結出現代國家的一些主要特徵，後來的學者無一不受其影響。美國學者波齊總結韋伯的論述，把現代國家規定為是出現在特定領土範圍內的一種政治組織，它有幾個主要特點：一是和同一土地上出現的所有其他組織不同並分離開來，就是說，國家是一種獨一無二的政治組織；二是具有自主性，就是說，國家的決策並不完全是對國內外各種政治力量所提要求的反映；三是具有集權性，就是說，相較於其他政治組織，國家權力是相對集中的；四是國家間的各個部門具有協調性⓫。

包括波齊在內的很多學者認為，現在所謂真正成熟的現代國家到十九世紀才出現。波齊把西方社會近一千年的國家發展歷史分為三個大階段：十二世紀晚期到十四世紀初，開始向等級國家制度轉型；在十六到十七世紀之間，從等級國家向絕對主義統治制度轉型；到了十八世紀初期，市民社會興起，絕對主義衰落，發展到十九世紀，自由民主主義興起，向民主國家轉型⓬。

我們可用自己的語言來對這種規定重新做解釋。可以說，成

熟的現代國家必須具備集中性和人民性。在十九世紀之前，所有的國家都不具備這兩點。早先是封建社會結構，政權只有地方性而沒有集中性。現代國家之所以能夠產生和興起，與等級國家和專制國家形式的發展分不開。在集中性達成之後，國家才開始逐漸具備人民性。這種人民性和早期的地方性不同，它是中央政權的人民性，而非中央權力的地方化。這種既有集中性又有人民性的國家政權，只有到了現代民主政治產生後才成為可能。

那麼，現代國家是如何完成從分散化的地方政體到集中政體再到民主集中政體的轉型呢？這裏既有經濟的因素，也有政治的因素。對這種轉型，解釋最有力的還是馬克思主義學派，強調國家這種政治型態的發生和發展，與不同時期的經濟型態相關聯。

概括地說，作為一種政治組織型態的國家，迄今為止，已經經歷了三種主要型態。

第一就是各種地方化了的組織形式，包括原始社會、封建社會和小商品生產社會中的各種國家形式。在這些社會型態下，經濟規模小，主要經濟活動是為了維持生產者個人的生存，是一種生計經濟。這樣的經濟型態注定了中央權力集中性的不可能。分散的經濟不能為中央權力提供一種經濟上的支持。經濟的分散化決定了政治權力的地方化和分散化。

第二種國家型態就是帝國體制，是農業社會經濟型態的產物。在帝國之下，經濟主要是管制性經濟，國家支配和控制所有的社會財富，經濟是為官僚和貴族服務的工具。就是說，帝國的經濟活動是為了增加這些人的財富和權力，強化他們的地位，所有帝國的經濟活動是從屬於國家和統治階級的。

在帝國之下，國家的財富和力量主要依賴於對農民的控制。在現代大規模的農業經濟產生之前，帝國主要是透過領土的控制和

帝國的貢賦來實現其剩餘價值的。帝國領土擴張越大，其所能得到的剩餘產品就越多，帝國就越強大。另一方面，帝國的經濟財富也受國際商業的影響，控制貿易是帝國政治的主要目標。

帝國這一國家體制貌似強大，但最終消失了。爲什麼？有三個主要原因：一是現代民族國家的興起取代了帝國政治型態；二是工業化推動了經濟型態的轉型；三是世界市場體系的形成。

第三種國家型態即現代國家。現代國家替代帝國體制具有必然性。現代國家可以視爲一種制度上的創新，用來對付前現代政治組織所對付不了的環境變化。在帝國之下，國家和社會沒有緊密的聯繫。儘管帝國範圍廣大，有時其軍事力量也非常強大，但帝國只是吸取了境內一部分居民的政治忠誠，很多居民並不認爲帝國這一政治體系具有統治合法性。所以，當外敵壓境、內亂紛起的時候，帝國政府就得不到境內居民的有力支持。而現代民族國家則不同，其最大的特點是能夠得到境內大多數居民的政治忠誠。在帝國體制下，居民實際上的忠誠對象往往是各地方政治體，而在現代民族國家之中，居民忠誠的對象是國家。因此，在民族國家形成之後，民族主義作爲一種意識型態，強化了現代國家內部的凝聚力和居民對國家的忠誠感。

工業化、市場經濟的發展和軍事技術革命也大大推動了現代民族國家的發展。貿易和經濟的發展爲現代國家提供了大量的財政收入，同時軍事技術和組織的革新提高了中央政府控制其領土的有效性。現代國家意味著一個強而有力的中央政府高居於所有社會政治組織之上，中央權威及於境內所有領土和居民。同時，現代國家是唯一能夠合法壟斷暴力的政治組織，依靠一套有效的官僚體系及其他各種方法，例如法律，統治境內居民。另一方面，現代國家的目標往往也是促進經濟發展，進行國內基礎建設，消除阻礙國內市

場統一發展的種種因素，用各種有效的手段來促進經濟的成長。經濟學家熊彼得認為，現代國家首先需要解放人民，讓人民有充分的自由去創造財富，然後運用種種手段，尤其是稅收，聚集財富，提高國內福利總體水準，增加國家力量❸。

影響現代國家發展還有一個重要因素就是世界經濟體系的形成。一方面，民族經濟和國際經濟取代了前現代時期的地方經濟和帝國經濟；另一方面，各國經濟的相互依賴性也日益提高，世界市場體系逐步形成。國際經濟的形成也日益影響國家的角色和作用。

以上簡單討論說明了現代國家的集中性是如何達成的。現代國家形式取代前現代的各種國家形式，最主要的因素在於經濟發展的需要。帝國體制儘管也很集中，但其目標並不在於發展經濟，而是掠取經濟資源。隨著資本主義因素的產生和發展，不僅人民需要政府統一國內市場，而且得開拓海外市場，這就要求有個高度集中的中央政權。因為無論是統一國內市場，還是開拓海外市場，都不是經濟因素本身所能為的，至少國家權力可以加速這個過程。所以馬克思就認為，早期專制國家在當時的經濟條件下，具有非常的合理性。市場要求中央集權，而中央集權反過來促進市場發展。我們從中可以看到，是什麼因素促使現代國家權力越來越具有中央性。

那麼，國家權力這種中央性或者說集中性是如何被合法化的呢？首先當然是因為上面所說的經濟因素。不僅是因為集權體制符合當時經濟發展的需要，而且是因為，和以掠取經濟資源的帝國體制不同，集權專制體制的目標是為了創造更多的經濟財富，從而造福於國內人民，無論是少數人還是多數人。另外一個合法資源是民族主義。隨著帝國體制解體而來的是民族國家形式的崛起。新生的民族國家無疑需要高度集中的政治權力，對外保護國家主權，對內為人民提供政治秩序。就是說，集權體制不僅滿足人民經濟上的需

要，也滿足人民政治上的需要。而當民族國家開始向外擴張時，民族主義更有效地論證了集權的合理性。

那麼，國家權力的人民性是如何獲得的呢？這和民主政治的發展有關。自法國大革命以來，民族主義的兩個主題就是民族國家主權和人民主權。民族國家主權原則論證了國家權力的集中性，而人民主權原則則論證了國家權力的人民性。這個問題我們在其他地方已經討論過❶。簡單地說，人民性是隨著階級關係的變化而變化的，其發展經歷了幾個主要階段。首先是資產階級和君主專制統治者之間的政治較量。君主專制是順應資產階級的要求而興起和得到發展的，但君主專制政權在為資產階級提供服務的同時，也為自己準備好了退出歷史舞臺的路徑。資產階級要求和君主專制統治階級分享政權。最終經濟權力戰勝了政治權力，這表現在資產階級民主的政治型態上。資產階級的崛起同時也造就了一個工人階級。工人階級用人數的力量爭取到了選舉權，和資產階級分享政權。工人階級進入政治過程後，從理論上說，民主已經從少數人的民主轉型成為多數人的民主。自此之後，民主的發展問題主要是擴大人民性基礎的問題。西方社會二十世紀六、七〇年代的民權運動並沒有改變民主的形式，而只是國家政權人民性的擴張。

人民性的擴張和國家權力的集中性並行不悖。如上所說，在早期，集權體制本身具有合法性，但當經濟發展、階級分化發生時，早先論證集權體制的那些因素失去效能，人民性成為論證集中性的最主要因素。所以，西方早期的民族主義關注的是民族國家本身，但後來的重點就轉移到人民主權方面來了。這從法國思想家盧梭的《社會契約論》中可見一斑。

民主政治有多方面的意義。給人民一個參與政治的制度性管道，這當然意味著人民對國家權力的制約。但這僅是一個方面。

對中央政府而言，民主政治的最大意義在於其統治的合法性。最高統治者由人民選舉產生，其權力的基礎在於人民，因而也獲得了超越於國家內部任何組織之上的權威。這種最高統治者和人民之間的直接聯繫，對中央政府的權威是至關重要的，沒有這樣一種直接關係，中央政府的權力不可能深入社會各個角落。這種關係使得中央政府在貫徹執行其政策方針時，始終能保持其權力的中央性（centrality）。這種中央政府權力的中央性和人民性的緊密聯繫，是現代國家和從前各種政體類型的最大不同之處，也是現代國家強於其他各種政體的主要因素。

國家權力的中央性的流失

以上簡單的討論，並不是說中國的政治改革會重複西方走過的路程，歷史的簡單重複很難發生。這裏的討論只是想提出一種歷史的邏輯，由此來反觀中國就可以清楚，為什麼會產生我們在文章開頭提出的問題。產生集權但缺權、分權但少民主之現象的根本原因，在於中國政治體制上的一些深層弊端：中央權力缺乏「中央性」，而人民的力量沒有透過民主的方式，為中央權力的有效性提供足夠的政治上支持。

那麼，國家權力的中央性是如何流失的，人民性又是如何沒有獲得的呢？這就要看中國政治權力的實際運作過程，尤其是中央和地方關係的實際狀況。導致這種情況最主要的幾個因素，是中央和地方關係的不合理結構、非制度化，或者說不規範的地方分權以及民主的不發達。

從結構方面來說，中國是個集權的單一制國家，所有的權力

美國總統一旦經由選舉產生，便擁有帝王般
的權力。（圖／新華社・張岩）

原則上都屬於中央政府。從理論上講，各級地方政府只不過是中
央政府的執行機構，應當不折不扣地執行和實施國家的法律、法規
和政策。如果事實是這樣，國家權力自然就不會失去其中央性。但
實際上，地方政府並不是上級政府的派出機構，它已然成爲一級政
府，具有自己的利益，根據地方的實際情況來進行統治。中央政府
也容許地方這樣做。這樣，中央政府在權力和政策實施過程中，沒
有直接深入地方機構，只能依靠地方政府層層下達權力和政策。由
於地方利益的存在，權力和政策每下降一層，中央性往往就減少一
層，很多權力到了地方就完全沒有了中央性，成爲道道地地的地方

167

政策。因此表面上強大的國家權力，實際上被許多地方政府給分割和瓜分。

分權運動更是惡化了這種情況。從二十世紀七〇年代末到九〇年代初，為鼓勵地方發展經濟的能動性，中央政府實行了分權策略。這一策略既有其積極面，也有其消極面。從積極面來說，分權有力地推動了地方經濟的發展，在短短十幾年時間，中國經濟的整體圖景已經完全改變。沒有這種分權，中國的經濟不會提高到現在的水準，人民的生活也不可能得到這麼快的改善。從消極面來說，分權增加了各個地方的收入差異，地區間發展的不平衡已經難以扭轉；更為嚴重的是，分權對中央權力和政策實施能力產生了很大的負面影響。由於地方在國家經濟發展過程中扮演了一個比中央政府更為重要的角色，換句話說，中國的經濟蛋糕是由地方政府做大的，所以中央政府在向地方政府徵收經濟資源的時候，困難重重。原因很簡單，中央政府的分權過程是中央權力制度性回撤的過程，在中央權力緊縮之後，實際上地方已成為一個自治體，中央失去了深入地方的能力。

人民性的欠缺更使得國家權力對地方權力失去了控制能力。儘管中國政府早已提出建設民主政治的目標，也在各方面做了相當的努力，但不可否認，現在的民主從制度層面來說還不很發達。雖然選舉有很多種形式，但被各種因素制約，難以發揮選舉制度應當具有的作用。中央政府所擁有的各式各樣的權力，沒有建立在與人民的直接關聯之上。一層又一層的間接選舉，縱然在最基層的選舉上具有一定的人民性，但到了高層，人民性就顯得不足了。從根本上說，中國的權力系統還是自上而下的，缺少直接的基層民眾基礎。這種情況當然使得中央權力在行使過程中，中央性逐漸消失，而地方性逐漸增高。中央權力和人民之間沒有直接關聯，意味著中

央政府很難把權力直接深入社會最基層。這種權力狀況，再加上地方權力因民主的不足而缺乏監督機制，就極其容易造成地方政府官員的任意妄為，違背了國法和民意。

國家權力缺少中央性和人民性造成很多嚴重的後果。以近年來政府大力推動的反腐敗運動為例，二十世紀九〇年代以來，越來越多案件是依靠各種非正常管道發現的。從早先的山東泰安事件，到寧波事件，再到後來的湛江事件和遠華案件，所牽涉到的黨政官員少則數十人，多則幾百人，是名副其實的組織性、制度性腐敗。如果一個地方政府集體腐敗了，中央政府必然得不到任何資訊。作為一個利益共同體，地方官員必然向中央隱瞞事實。當中央政府沒有自己蒐集地方資訊的管道，同時也沒有其他應對機制，如相對

沒有人民的監督，地方官員的腐敗不會得到根治。（圖／新華社·謝正軍）

自由的媒體和民主機制時，它對地方事務有可能成為「聾子」或者「瞎子」。遠華走私案表現得特別明顯。對這一案件的處理表明，不能簡單地說中央政府沒有權力。儘管困難重重，但還是處理了很大一批官員。但這一案例也正好說明了國家權力的中央性是多麼微弱。根據主謀賴昌興的說法，案發完全是因為一位高幹子弟因勒索未成而向中央寫了檢舉信。就是說，這件案子並非中央政府本身發現的，而是透過極其不正當的管道偶然發現的。可以說，中央政府只憑藉自己的能力，是不可能發現這樣的案子的。賴昌興在各級政府中具有這樣的人脈關係，除非因其內訌而東窗事發，否則中央政府不可能得到這種資訊。

那麼，目前中央和地方究竟維繫在一種什麼樣的關係上呢？關係是多方面的，包括政治的、行政的、經濟的和法律的，等等，但最主要的莫過於中央對地方官員的任命制度，也就是中國共產黨的幹部管理制度。如果考察一下中央和地方之間的各種關係，我們就可以發現，除了幹部任命制度的權力重心還在中央手中外，其他各個方面都存在嚴重的地方主義，例如行政地方主義、司法地方主義以及諸侯經濟，已經不是什麼新鮮的事情了。

但即使是中央政府的幹部任命制度控制了地方的有效性，也不是沒有疑問的。首先需要說明的是，這種做法並非完全現代才有，中國數千年歷史中，中央政府主要是透過這種方法來控制地方的。但在今天，這樣做是否仍然有效，是否符合一個現代國家的政治架構呢？在前現代社會，中央政府的權力不能直接到達地方，中央權力極其微弱，實際上國家是由各個分散的地方政治體來統治的。而現代社會的一個最主要特點，就是中央權力深入地方。中國自清王朝解體以來，政治精英一直在尋求解決中央政府如何深入地方的問題，但都沒有找到行之有效的方法來克服地方主義。毛澤東

　　所用的方法，除了計畫經濟以外，包括高強度的組織任命原則、意識形態、派中央領導到地方、地方領導人迴避制度，甚至還發動週期性的政治運動來打擊地方主義。

　　鄧小平發動經濟改革後，中央政府控制地方的政治方式發生了很大變化。爲了保持政治穩定，政治運動不再作爲一種控制地方的手段。同時，鄧小平實事求是的原則，也使得意識形態不再成爲一種重要的控制方法。在組織任命方面，中國的幹部制度也有相當的變化，從下管兩級變爲下管一級，中央政府的權力有所緊縮。

　　顯然這些舉措有利於地方政治權力的加強。同時，所有這些變化也有利於地方經濟的發展，因爲這些舉措提高了地方政府的靈活性和一定程度的自主性。地方經濟的高速發展又進一步擴展了地方的經濟權力，所以鄧小平的改革實際上增加了地方官員的政治和經濟權力。

　　我們來考察一下中央和地方官員的「交流」制度。派中央官員到地方任職的優越性是顯然的。首先，它能夠加強中央對地方的直接控制，遏制地方主義的氾濫。中央官員直接受命於中央，他們的權力來自中央，因此必須聽命於中央。其次，中央官員下地方也是推動改革的重要方法，因爲中央的利益經常和地方的不一致，地方官員有時免不了試圖阻止中央的改革路線，使中央的政策死於執行途中。中央官員下地方對推動地方改革有很大的貢獻。

　　但這種方式的局限性也是很顯然的。人事任命制度的目的是要把中央的政策實施到地方，但由於地方利益的客觀性，由中央任命幹部的選擇是有限的，主要有二：要麼緊跟中央，壓制地方利益；要麼順從地方利益，悖離中央利益。在前一種情況下，中央幹部以制度性手段執行中央政策，很難取得地方幹部的合作，結果造成了只說不做的局面。一些在地方的中央官員，地方任職只是他們

通往更高權力地位的橋梁，因此他們並不努力發展地方，只求任職期內太太平平。在後一種情況下，對地方利益的認同，使得下派的中央官員必然對中央利益有所悖離。由於大部分官員難以得到進一步升遷的機會，一個必然的結果就是他們會更認同地方而不是中央的利益。

　　中央與地方關係之間幹部管理制度的另一內容，就是選擇地方官員進入中央領導階層工作。這種方式正深刻地影響著中國政治的操作方式。儘管中國沒什麼大的政治改革，但政體仍能保持相對的穩定，與這種幹部交流制度分不開。地方官員進入中央決策階層加強了中央和地方之間的資訊交流。中央政府如果要有效地統治地方，必須有能力掌握充分而準確的地方資訊。在中國，這一點顯得尤其困難。中國缺乏現代社會蒐集資訊的制度，如自由的媒體和週期性的選舉，中央政府要不就是依賴所謂的群眾路線，要求中央官員下去搞調查研究，要不就是依賴地方官員蒐集資訊。但是地方官員為了保護地方利益，往往修改甚至編造資訊。地方官員進京在一定程度上彌補了這一資訊短缺的缺陷。再者，地方官員進入中央領導階層增加了政策的穩定性。地方官員來自地方實際部門，意識形態傾向較弱，其決策著眼於實際問題，而非意識形態因素，這就有利於問題的解決。再者，改革以來，越來越多的地方官員來自經濟發達地區，具有豐富的改革經驗，從而為進一步改革提供了一定的動力。

　　中央政府透過人事任命的確控制了地方，但這並不意味著中央能夠對地方進行有效的統治。對人事任命制度的過度依賴，正是中央處理與地方關係的重要誤區，也是兩者發生衝突的重要根源。用人事制度來控制地方，其有效性是非常有限的。在過去二十年間，由於中央權力的制度性回撤，地方發展出一整套符合地方情

況、意在增進地方利益的制度體系，在有效推動地方經濟發展的同時，也強化了地方利益。因此對地方性的制度體系要有一個客觀的認識。地方性制度當然符合地方的利益，而可能與中央利益相衝突，但如果沒有這樣的地方性制度，國家的有效統治幾乎是不可能的。由於國家的範圍、地區間的差異等因素，必須要求地方政府建立一套行之有效的地方性制度對地方實行統治。

　　中央政府可以任命各種官員，但地方利益是客觀存在的。中央官員可以來來去去，但地方利益一如既往。這就要求中央政府要有一種新的思路來調整和地方的關係。問題不在於要不要消除地方主義，而是如何協調中央和地方的利益。當地方和中央的利益發生嚴重衝突時，中央政府利用自身的權力優勢，採取運動的方式來遏制地方利益，這絕對不是好方法。雖然可能在短時期內有效，但是運動一過，地方主義又會重新抬頭。較好的方法是在確認地方政府一定的自治權力、加強其對地方民眾的責任機制的同時，建立一種獨立於地方政府的中央制度體系，從而超越所有地方權力和利益，建立國家政權和人民之間的直接關聯。

選擇性集權、國家權力的人民性和中央性

　　國家權力沒有中央性的最主要原因是，中央政府在地方沒有自己的「腿」（制度）。當這條「腿」是地方政府時，中央權力很難體現其中央性，也就很難進行有效的統治。中央的這條「腿」在任何具有現代性的國家政權中都是必要的。那麼國家權力如何透過這條「腿」而伸到地方呢？一言以概之，中央政府必須加強自身制度的建設，在地方政府之外，建立屬於地方的各種制度。但是另一

方面，如果沒有民主政治，要使這樣一條「腿」有效運作，可能極其困難。

如何造中央的「腿」？西歐社會的國家權力確立過程充滿暴力，甚至要訴諸戰爭才得以完成。這樣的歷史不可能在中國重演，我們也不可能再進行大規模的集權運動。中國需要的是漸進式和穩定性的改革，最主要的是要對中央和地方之間的各種制度進行檢討。從基本上說，全面的集權運動不可取，而選擇性集權運動的必要性則已經顯現出來。一些「腿」（制度）的造就完全屬於中央政府的事情，如統一的武裝力量、國防和外交，所有這些屬於現代國家最重要的政治權力，很少有國家會讓地方政府分享。同時，這些制度建設也不需要很多民主方面的考量，一方面是因為這些制度並不是透過民主方法所能建立的，另一方面，這些制度的管理也無須太多民主的方式。但另外一些制度，如行政制度、稅收制度、金融制度、司法制度等，則需要具體的考量和分析，有些需要集中，有些則需要分散。再者，這些制度中，有些確立後需要引入民主的管理方式，否則就很難變得有效；而另外一些制度則完全需要透過民主的方法來加以建立和管理。

我們可以從各個方面來簡單考量一下，先來看行政制度。自二十世紀八〇年代中期以來，很多人一直把中央和地方之間所存在的種種問題歸咎於行政權力的分散化，所以主張行政方面的中央集權。但這種思路是值得斟酌的。行政統一意味著地方政府只能是中央政府的派出機構，地方政府必須不折不扣地執行中央政策。但如前面所論及的，實際上這是非常困難的。中國地區差異大，中央政府很難用統一的行政來統治國家，不可避免地要依靠地方政府來因地制宜的統治地方。行政必須分散，這樣對地方的統治才會有效。就是說，不再視地方政府為中央政府自身的一條「腿」，而是一級

政府，一個可以根據自身情況來進行統治的政府。

　　那麼，中央政府該怎樣辦？這就是我們有選擇性地集權（selective centralization）的內容，中央政府要在地方政府之外建立一套屬於自己的制度體系。中央政府建立獨立於地方政府之外的統治體系，並不是要對地方進行全面統治，而是要把那些事關國家利益的權力集中起來，而把另外一些權力完全下放給地方，中央只對這些權力的行使實行事後的法律監督。很明顯，選擇性集權的另一面就是真正意義上的地方分權。

　　需要中央政府自己伸「腿」的一個領域就是司法權力。建立法治國家是中國政治發展的一個重要目標，但目前司法權力方面存在嚴重的地方主義問題。中央政府制定的各種法律很難貫徹到地方，地方總會以各式各樣的理由來阻礙法律的實施。主要一個原因就是中央政府沒有建設好自身的「腿」。地方各級法院的院長、法官（以及各級檢察院的檢察長和檢察官），都由各級地方黨委和人大來任命和控制，地方各級法院的經費基本上由本級政府支付，並由其確定撥款數額。司法機關對地方黨政機關的這種人、財依賴，使得國家設在地方的法院變成了地方的法院。既然中央的法要由地方司法機關來實行，那麼地方保護主義也就不可避免了。因此，一個有效的辦法就是加強司法獨立，加強中央對司法的垂直管理，消除地方法院對地方黨政機關的依賴。例如，由中央政府負擔司法機關的經費，中央政府任命自己的法官來處理全國法律事務等。

　　中央政府伸自己的「腿」，迄今為止在經濟方面做得最好。經濟方面的改革領先於所有其他改革，進展也最快。可以舉中央政府自一九九三至一九九四年以來的經濟改革運動為例。中央的經濟權力自九○年代中期以後呈集權的趨勢，意在扭轉分權所帶來的消極後果。但是計畫經濟時代的全面集權已經不可能，中央政府轉向

了選擇性集權，就是說在一些關鍵方面，從制度層面健全和建設中央的權力。一九九四年全面實行分稅制，以加強中央政府的稅收能力。國稅局的建立使得中央政府有了進入地方的制度。同樣，近來在經過很長時間的考量之後，又開始實行集權性的中央銀行垂直管理制度，意在消除地方政府對金融事務的干預，從而加強中央政府的宏觀金融調控能力。無論從哪方面來看，中央政府著重於制度建設的這些舉措，經過一段時期的努力，應當能有效地增強中央政府的經濟控制能力。

限於篇幅，這裏很難對中央和地方關係的各層面一一進行考量。我們將對未來中國在中央與地方關係制度建設上的可能選擇，以及相關的國際比較，另文做詳細分析。但總的來說，要建立有效的中央地方關係必須從政治上入手。現在兩者之間存在的很多問題，是由經濟改革和政治改革的不相配合造成的。經濟改革已經有二十多年了，中央和地方間的經濟關係發生了翻天覆地的變化，但在政治上，無論從理論上還是實踐上來說，中央和地方之間的關係並沒有發生很大的變化。照理說，隨著中央和地方經濟關係的巨變，兩者間的政治關係也應該加以調整，以適應和容納經濟方面的變化。但是必要的調整並沒有發生。

要用制度解決中央和地方關係，中央政府就要從政治層面做文章，對中央和地方關係做一個全面的政治轉型。現在中央已經開始在經濟方面對中央和地方關係做制度上的調整，為什麼不能在政治上也這樣做呢？不對中央地方的政治關係進行改革，從長遠來看，只會惡化中央和地方關係，削弱中央政府的能力。中央權力的增強並不表現在其能夠遏制地方利益，而是表現在其能夠有效地容納地方利益。要把地方利益納入中央制度，需要中央權力做根本性調整。例如，已經有學者注意到，二十世紀九〇年代中期以後實行

的分稅制，其有效性並沒有如人們所預期的那麼強，主要原因在於中央和地方之間的政治權力關係未做調整，因此呼籲引入民主因素來提高這種新制度的有效性。

前面已經論說，中央政府的權力要有效深入地方，就要增加中央權力的人民性。人民性要透過發展民主制度來實現。最理想的是減少間接選舉，增加直接選舉，這樣做是為了防止權力的流失，增強國家與人民之間的直接關聯。但是，中國現在實行直接民主的條件並不成熟，目前中央政府只是先容許和鼓勵在地方層次實行不同形式的民主選舉方式。已故領導人鄧小平曾表示，中國要到二十一世紀中葉，才可能實現國家領導人的直接選舉。很多人認為，中國的民主化似乎正在走自下而上的道路。

從地方到中央的民主化方式有它的好處，但也有壞處。好處是漸進和穩定，出了問題可以及時得到糾正。同時，地方的民主建設也可加強地方政府對民眾的責任機制，從而減輕乃至消除「分權但缺民主」的制度弊端。但壞處也是很顯然的：第一，統治的合法性迅速下移，地方政府的政治合法性較之中央政府高，中央政府有可能指揮不動地方；第二，地方經驗強化地方的特點，分散性大大提高，就是說，國家的整合可能成為問題；第三，到了一定的層次，政治阻力會大大提高。這一方面是因為地方利益關係，另一方面也是因為中央的利益關係。很難想像如果沒有自上而下的政治改革，中國如何能夠從村級選舉制度發展成全國性的選舉制度。

所以，自下而上的民主選舉發展到一定階段，必須配合自上而下的政治改革，特別是以民主化為發展目標的政治改革，需要中央有個統一的考量。對人民來說，現實生活中所能感受到的是缺乏國家權力，而只有地方權力。改革開放政策實施以來，因為大規模的分權運動，這種情況有了很大發展。相信隨著自下而上的民主

政治推展，這種情況會變得越來越嚴重。自下而上的民主意味著地方政府的權力越來越依賴人民，從而也較有人民的基礎和政治合法性。如果中央方面的權力遲遲不能建立在與人民的直接關聯上，那麼自下而上的民主會在一定程度上，使中央權力變得無效。

（本文的大部分內容曾發表在鄭永年、王旭的〈論中央和地方關係中的集權和民主問題〉一文中，載於《戰略與管理》2001年第3期。現在發表的是原文）

註釋

❶ 鄧小平：〈黨和國家領導制度的改革〉，《鄧小平文選》第2卷，人民出版社1994年版，第327-331頁。

❷ 《人民公安報》2001年4月9日。

❸ 可參見中國社會科學院社會學所組織編寫的《社會藍皮書》年度報告。

❹ 王旭：〈鄉村中國的基層民主：國家與社會的權力互強〉，載於《二十一世紀》1997年4月總第40期；鄭永年：〈鄉村民主和中國政治進程〉，載於《二十一世紀》1996年6月總第35期。

❺ 鄭永年：〈警惕民主化過程中的政治腐敗〉，載於《信報》2000年12月15日。

❻ 毛澤東：〈和英國記者貝蘭特的談話〉，《毛澤東選集》第2卷，人民出版社1991年版，第383頁。

❼ 毛澤東：〈論聯合政府〉，《毛澤東選集》第3卷，人民出版社1991年版，第1057頁。

❽ 毛澤東：〈關於正確處理人民內部矛盾的問題〉，《建國以來毛澤東文稿》第6冊，中央文獻出版社1992年版，第321頁。

❾ 毛澤東：〈在擴大的中央工作會議上的講話〉，《建國以來毛澤東文稿》第10冊，中央文獻出版社1996年版，第18頁。

❿ 韋伯的論述可參見其所著《經濟與社會》，北京：商務印書館1998年版。

⓫ Gianfranco Poggi, *The State: Its Nature, Development and Prospects* (Stanford, CA: Stanford University Press, 1990).

⓬ 賈恩弗蘭科・波齊:《近代國家的發展》,北京:商務印書館1997年版。

⓭ Joseph A. Schumpeter, *The Economics and Sociology of Capitalism* (Princeton, NJ: Princeton University Press, 1991).

⓮ 鄭永年:《中國民族主義的復興:民族國家向何處去?》,香港:三聯書店1997年版;〈政治改革與中國國家建設〉,載於《戰略與管理》2001年第2期,第1-12頁。

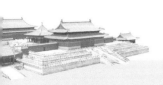

第八講　放權改革：中國的中央、地方與公民社會

◆ 中國在高度集權的基礎上進行政府間的分權，產生了一種獨特的具有聯邦制特徵的中央和地方關係。

◆ 如果說，政府間的放權經歷了一個從「放權」到「收權」的轉變，那麼國家—社會維度上的放權則一開始就具有選擇性，主要是以不動搖政府的控制為前提。這樣一來，民營經濟的壯大、民間社會的成長、公民參與的擴大，都面臨重重困難。

◆ 如果國有企業的壟斷地位不被打破，全國的經濟資源會不斷從有效率的非國有部門轉移到低效的國有部門，阻礙中國經濟的持續成長。

◆ 中國下一步的改革需要中共政權對社會力量開放，就像以前對市場經濟開放一樣。

引言

　　許多觀察家注意到，過去三十年中國的改革開放，可以看作一個中央政府不斷放權（decentralization）❶的過程。分權具有兩種主要形式，既有中央向地方政府的放權，即政府間分權，也有政府向民間社會的放權，即學術界所說的國家與社會之間的分權。政府間的分權，使中國各地方政府擁有了相當的自主權，成為經濟高速發展的重要制度原因。但政府間分權導致了中央宏觀調控能力的減弱。於是，從一九九〇年代中期開始，中央政府重新緊縮權力，透過稅制、金融、政治人事等方面的集權來加強對地方的控制。另一方面，中央政府也開始向社會分權，希望透過強化公民社會的力量來增加自己的合法性，制約地方政府。本文認為，由於這些年來向社會放權不充分，改革政策的實施並不順利。中國進一步的改革和發展，需要國家和社會之間的進一步分權。

　　本文研究放權與中國改革的關係。首先我們討論兩種放權的概念，然後回顧中央和地方關係的演變，考察分權如何促進中國經濟的高速成長，如何削弱中央權威並促使中央重新集權。接下來探討國家—社會層面的放權，說明其進展和局限。最後，本文做出結論，認為中國政府應該進一步向社會放權，以便能夠推進和深化改革和發展。

兩種分權概念

　　在「文化大革命」剛剛結束時，中國的政治體制還是比較典型地表現爲學界所說的極權主義（totalitarianism）類型。這種體制的特徵，一方面是政治權力高度集中，通常由某個團體，甚至某個人掌握國家的權力，對全國發號施令。各級政府一般會採用單一制而非聯邦制的組織方式，每級政府都是上一級政府的代理人，執行上級的法令和政策❷。另一方面，是國家對社會和經濟的完全控制。在政府之外，沒有任何獨立的社會組織存在；幾乎社會生活的所有方面都由政府控制。經濟是指令性的計畫經濟，國家透過行政手段控制一切經濟活動。也就是說，私有經濟、市場、公民社會等均不存在❸。

　　此後三十年，中國的改革開放基本上是朝兩個方向推進，政府在這兩個方向上逐步分出權力。在政治的維度上，中央政府將相當部分的決策權力下放給各級地方政府，使地方政府享有一定的自主性，從而形成一個類似於聯邦制的框架。該框架對經濟的高速成長做出了巨大貢獻。在經濟與社會的維度上，大批國有企業被民營化，市場經濟成爲經濟活動的主體。政府開始容許、甚至鼓勵一些社會組織和民間團體發展，公民社會力量日益壯大。**表8.1**概括了這兩個維度上的分權。那麼，從理論上說，這兩種分權會達致什麼樣的不同結果呢？簡單地說，在中央和地方政府間的分權，會產生一個可以稱之爲「事實上的聯邦制」（de facto federalism）的架構：地方政府享有一定的自主權，並在一定程度上能夠推進基層的民主選舉；非政府組織在政府的嚴密管制下，也可獲得一定程度的

表8.1　兩種放權

	政府間放權	國家—社會間放權
政治	中央—地方	國家—社會
結果	地方或基層民主	民主化
	「事實上的聯邦制」	人民主權與個人權利
	有限的個人權利	政治參與
	政府控制的非政府組織	非政府組織、公民社會等
經濟	中央—地方	國家—企業
結果	地方政府產權	私有產權
	地區間競爭	私有化
	有限的市場化	市場化
	地方政府干預	企業自由競爭，政府干預少
	地方保護主義	

發展；個人權利也得到某些保障。在經濟方面，由於中央把國有企業控制權下放，地方政府成為國有企業的產權所有人，各地方官員展開經濟成長的競爭，一定程度上促進了市場化，但同時也導致了地方政府對市場的干預和地方保護主義。

　　而在國家與社會間的放權，則是一幅不同的圖景。政府對公民社會的讓權，會增進保護個人權利，促進大眾的政治參與，非政府組織會發展壯大，最終這個社會會走向民主化。經濟上，國家對社會的讓權，意味著讓政府控制的企業民營化，保護私人產權，由市場機制調控經濟，政府儘量少干預。

　　在改革初期，重點在於政府間的放權，透過調整中央和地方之間的關係，促進經濟發展。在這一階段，幾乎還沒有向民間社會的具有實質性意義的放權。一九九○年代中期以後，政府一方面繼續調整中央和地方關係，另一方面開始放開對社會的管制，公民社

會開始成長。中國在高度集權的基礎上進行政府間的分權，產生了一種獨特的具有聯邦制特徵的中央和地方關係。毫無疑問，在憲法上說，中國不是一個聯邦制國家，既沒有各級政府間的分權，也沒有政府不同部門間的分權，如三權分立。但在改革開放之後，爲了促進經濟成長，中央政府下放部分權力到地方，使中央和地方關係越來越具有聯邦制的特徵，本文稱之爲「事實上的聯邦制」❹。可以把這種體制視爲一種（在單一制國家中形成的）相對制度化的分權模式。在這種模式下，中央是省的上級機關，但省具有一定的自主權。中央與省級政府之間可以進行或明或暗的討價還價，中央給予各省常設的或特許的利益，以換取各省對中央的服從。當然，這也適用於省政府和縣市政府之間的關係。具體來說，一個國家能被稱爲「事實上的聯邦制」，需要滿足下列條件：

第一，政府體系是分層級的，如中央、省、縣、鄉等級。每一級政府在一定範圍內都有最終決定權。

第二，各級政府間的分權已經制度化，使得中央政府很難單方面將自己的意志強加於省，並改變各級政府間的權力分配。

第三，省級政府在自己轄區內是經濟社會事務的主要責任者，在某種程度上也是政治事務的主要責任者，本身具有相當的自主權。

中國的中央與省之間有大致明確的權力劃分。外交、國防、人口控制等領域由中央掌管，省級政府基本上沒有發言權。地方的公安、道路建設、校舍建設等由地方政府負責，大多數經濟事務也由地方來承擔。許多政策由中央制訂，地方執行。中央在制訂政策時，經常會諮詢地方政府的意見。

事實聯邦制是政府間放權的產物。這一制度對中國經濟的高速發展做出了巨大貢獻，但也帶來了很多問題。富裕的省因爲經濟

實力強，常常抵制中央的政策倡議；而窮省因為財力不夠，常常難以有效執行中央政策，並推動有意義的改革。因此，自一九九〇年代中期以來，中央政府在許多方面開始重新集權，加強對省和地方政府的控制。

政府間放權如何造就經濟的高速成長

在前社會主義陣營，放權被廣泛用於推動改革，解決過於集中的計畫經濟體制遇到的各種問題。不同的放權導致不同的結果。改革開放的前一階段，中國政府採用的是政府間分權，既有經濟權力的下放，也有政治權力的分享。

政府間的經濟權力下放

儘管中國的改革是市場經濟導向的，但至今尚未像已開發國家那樣完備的私人財產權、商業法以及獨立的司法系統，而這些制度對市場經濟是至關重要的。那麼，高速的經濟成長是怎麼來的呢？一個重要原因就是事實聯邦制（或市場保護聯邦制❺。這種聯邦制的中心特徵就是政府間的權力下放。

從一九七九年到一九九〇年代中期，鄧小平領導下的中國改革不斷推進地方分權。大量經濟決策權力被下放給地方政府，各主要的經濟職能部門，如計委、工商、稅務、銀行等，劃歸同級地方政府管理，不受上級職能部門控制。稅收政策有利於地方政府，使各地政府擁有足夠的財力去發展經濟。

有論者已經指出：「分權直接限制了中央政府對經濟的控

經濟權力下放使地方政府具有了發展地方經濟的巨大動力。
（圖／新華社·郝同前）

制，引入地方政府間的競爭，限制地方政府的行爲並促使它們發展
地方經濟。」分權排除了單個政府壟斷經濟的可能性。「如果各地
可以自主選擇政策，它們就可以比較結果（看誰做得更好），包括
那些沒有率先改革的地方。」❻在中國市場上競爭的主體，與其說
是一個個企業，不如說是一個個地方政府。中國的市場經濟，首先
是由地區間的競爭推動的。

　　根據現任清華大學教授錢穎一等的研究，市場經濟對政府有
兩方面的要求：第一，政府要足夠強大，能在市場中執行法律法
規，保護經濟秩序；第二，政府不能過分強大，不能強大到能在市
場中任意掠奪財富❼。中國政府在一定程度上就滿足了這兩點要
求：一方面，中央和地方政府都有足夠能力貫徹法律、法規和政
策；另一方面，事實聯邦制對中央權威進行了必要限制，使中央政

府不能任意侵占財富。在經濟改革過程中，中央有意識地不讓自己掌握某些資訊，以防止自己過度的干預行為。比如，中央政府允許地方保留預算外或非預算經費，不受中央監管，不向這些經費徵稅，以鼓勵各地政府發展經濟增加收入的積極性。

許多地方政府擁有的企業（如鄉鎮企業）比國有企業效益要好。與國有企業不同的是，這些地方企業創造的收入很大程度上歸地方政府所有，而地方政府又透過控制這些地方企業，增加了抵制中央的實力。為了搞好這些企業，各地方政府會在保護市場方面展開競爭，因為各種資本和資源會迅速流向那些更有利於市場成長的地區。因此，各地方官員有動力去增進效率，約束對市場的不當干預，限制政府的攫取行為，減少稅收和管治。

政府間的政治分權

與前蘇聯、東歐地區的社會主義制度相較，中國的制度更富有彈性，從而給政策創新留下了空間。改革開始之後，中央把幹部管轄權從下管兩級調整為下管一級。例如，改革之前，中央直接任命省和地廳兩級的官員；改革之後，中央只負責任命省一級官員，而賦予省級政府任免自己轄區內地廳級幹部的人事權，這為各省獨立自主的制訂和實施經濟發展戰略創造了條件。

在制訂政策時，高層領導人並不總是獨斷決策；相反的，下級各部門和地區往往在上級領導的決策制訂過程中有很大的發言權。各部門、地區從本身的部門利益、地區利益出發，可以與上級或其他部門進行協商、談判、討價還價，以期影響政策。政策的最後敲定和出爐，是領導人和各下屬達成共識和妥協的結果❽。

美國學者蘇珊·薛克指出，在毛澤東之後的中國，中

央和各省官員之間形成了所謂的「相互問責制」（mutual accountability）。薛克指出：

> 黨的領袖與下屬之間的關係並不是純粹的科層制（hierarchy）。根據黨章，中央委員會具有挑選黨的最高領袖的權力，而構成中央委員會的黨、政、軍幹部又是由黨的領袖任命的。領袖任命中央委員會官員，這些官員又挑選領袖（或至少是批准）。官員們既是中央領袖的下級，又是選民。他們需要討好領袖以保住自己的官位，而領袖也需要討好他們來保持自己的位置。這種問責是雙向的，把上下級科層關係變成「相互問責制」❾。

中央與省級官員具有顯著的相互問責特徵，因為省級官員是中央委員會中人數最多的一部分。這一制度特徵對中國的經濟成長很重要，它有助於中央領導人與地方官員建立改革聯盟，共同推動經濟發展。一方面，省級官員希望得到提升，中央的領袖就可以把任免作為激勵機制，動員地方官員支持改革。另一方面，省級官員構成中央委員會的多數，他們的支持又是任何中央領袖所必需的。也就是說，他們有實力能夠促使中央領導推動有利於地方經濟發展的政策。

集權化的政治結構

雖然有經濟上政治上權力的下放，雖然有「事實上的聯邦制」，中國仍然是個單一制國家，政治上的集權結構仍然維持著。這種結構對經濟發展也有正面效果。

改革後，地方官員擁有很大的自主權，但他們仍然只是中央

政府的代理人，中央對他們有相當的控制力，尤其是在人事的選拔和任命上。中央一直堅持「黨管幹部」的原則，強調黨對幹部任命的絕對控制。黨對幹部的日常管理相當集權，每一級幹部的考核、任免、調動都必須由上一級黨委和組織部門決定和執行。人事權是中央控制地方的最後王牌，是對地方官員的最根本制約❿。

根據兩位美國學者奧利維爾・布蘭查德和安德烈・施萊費爾的研究⓫，中國式的集權模式有利於成功的經濟轉型。儘管新古典主義的政治經濟學文獻認為，市場競爭可以獎勵「好」行為而懲罰「壞」行為，但在實際上，光靠市場機制還很難解釋中國從計畫經濟向市場經濟的轉型。政治因素非常重要。中央領袖始終操控著整個轉型過程，對地方官員的行為進行獎懲。中央政府有足夠權威去推行自己的政策，制訂遊戲規則。沒有這樣一個強而有力的中央控制，各地的地方主義傾向會大增，而這僅靠經濟和財政政策是很難解決的⓬。

政府間放權的負面後果與重新收權

政府間分權促進了經濟的高速成長，但也帶來了許多問題。維持中央權威的成本越來越高。儘管中國沒有像前蘇聯一樣解體，但地方主義和地方保護勢力也經常挑戰中央權威。

中央權威的弱化

因為經濟權力下放，中央控制的經濟資源大大萎縮。在一九八四年，中央財政收入占全國財政總收入的40.5%，而到了

一九九四年，這個數字下降到22%；而中央財政支出占總支出的比率，則從52.5%降到28.3%。隨著經濟實力的成長，各省開始不時地挑戰中央的財政政策。中央增加稅收的努力時常受到抵制，尤其是那些富裕省份的抵制。

中央權威的削弱使中央協調各地區發展的能力減弱。經濟快速成長加大了各省和各地區間的收入差距。在東部沿海各省，如廣東、浙江、江蘇和山東等，非國有經濟比較發達，為地方政府帶來大量的收益，而中央政府難以插手這部分收益。在中西部各省，缺乏資金和人才，地方政府沒有多少資源去推動經濟成長。富裕的省份不願貢獻資源去幫助窮省發展，而欠發達的省份又不願為富省承擔工業化的代價，認為自己是被富省剝削的受害者。在這種情況下，中央政府卻沒有足夠的財政手段去協調各省，這樣，東西部發展的差距就越拉越大。

進而也要看到，從一開始，經濟權力下放就伴隨著全球化席捲中國的進程。沿海各省紛紛發展外向型經濟，參與國際分工，而忽視了與中西部各省的經濟聯繫。這促成了各省與國際社會的相互依存，而減少了各省之間的相互依存⓭。根據世界銀行的一項研究顯示，在一九九〇年代早期，各省之間的貿易只占國內生產總值的22%，低於歐盟內部貿易的28%和前蘇聯各共和國之間的27%。世界銀行因此警告，成長的外貿和衰落的內需，可能會使中國某些省份像獨立國家一樣行事⓮。

上述問題引起了中國政界和學術界的注意，各方開始爭論是否應該重新強化中央集權，使國家有能力調控國民經濟。九〇年代早期，以王紹光、胡鞍鋼為代表的一些學者主張重新集權，認為經濟分權已經削弱了中央的能力，可能會導致中國像前南斯拉夫一樣解體⓯。他們認為過度的分權是建構全國統一市場的主要障礙。一

個高度集權的國家未必是個極權的或威權的政權，相反的，一個強大的民主必然基於一個集權的國家。王紹光與胡鞍鋼合著的關於國家能力的書❶在政府官員中流傳很廣。就在該書出版的同一年，中央政府實施分稅制改革，開始了重新集權的步伐。

選擇性重新集權

在一九九〇年代中期，中國開始重新強化中央集權。重新集權並不是要退回到改革前的狀態，而是選擇性地將某些領域的權力重新回收到中央手中。起初，這些收權主要集中在經濟領域，一是稅制改革，二是銀行系統的改革。自本世紀初以來，隨著中央政府努力強化管治和規制能力，收權擴展到更多的政策領域，如環境、產品品質、勞工、土地等。這裏主要討論稅制和銀行系統的改革以及政治上的重新收權。

稅制改革

在一九九〇年代初以前，中央政府沒有自己專屬的徵稅機構。各省在轄區內徵稅，然後按一定比率與中央分成。一九九四年，「分稅制」系統開始建立。在新的稅制下，稅收被分成三類：中央稅（國稅）、地方稅（地稅）及共享稅，後者由中央和地方政府根據預先達成的協議分成。徵稅機構分成兩個平行的體系：地方政府繼續透過地稅局在自己的轄區內徵稅；而中央政府有了獨立的徵稅機構，即國稅局，負責徵收劃歸中央的稅種。共享稅由國稅局徵收，然後按協議返還地方政府一部分❶。

新的稅收體制，一方面認可了省的獨立財政權，一些稅種完全劃歸省或地方徵收，中央不能干預；但另一方面，也大大強化

了中央權威。中央財政收入占總收入的比率，從不到30%一躍而到50%以上，如果再加上地方政府需要上繳中央財政的各種費用，中央現在實際上徵收和分配著全國大部分的收入，使各省對中央的財政依存度大大增加。稅制改革之前，中央財政受制於富裕省份的情形從此得到改善**⓲**。

中央銀行制度改革

在改革開放初期，中國的中央銀行系統分權程度很高。人民銀行（即央行）在每個省都有分行。地方分行的人事權和財權都由當地政府控制，因此銀行的決策受地方政治影響很大，而常常不重視上級銀行的指令。雖然地方分行對各地的經濟成長做出了貢獻，但各自為政的狀態也可能影響了國家的經濟穩定。一九九二年到一九九三年，中國出現了房地產熱、開發區熱和股票熱，金融秩序一度陷入混亂**⓳**，這與銀行系統缺乏中央調控有很大的關係。朱鎔基在一九九八年擔任總理之後，大刀闊斧地改革金融體系。央行的各省級分行被撤銷，建立了九個跨省的大區級分行。這些分行直接受央行領導，人事財權都與地方脫鉤。這次改革大大削弱了地方政府干預金融系統的能力**⓴**。

政治上的收權

在一九八〇年代末和一九九〇年代初，由於前蘇聯東歐陣營的解體和受國內學生運動的衝擊，中國中央政府決定重新強化幹部管理體制**㉑**，重申「黨管幹部」的原則，幹部的提拔、任免、調動、交流等制度得以強化。這些措施在在加強了黨中央對地方官員的控制。

最近幾年，隨著中國政府試圖調整發展戰略，重新收權的力

度在加大。在江澤民時代（一九八九至二〇〇二），高層最優先關注的是經濟成長。高速成長帶來了一系列社會問題，如貧富分化、環境惡化、缺乏產業創新等，這些因素會危及中國發展的可持續性。胡錦濤、溫家寶等第四代領導階層形成以來，強調「科學發展觀」與「和諧社會」，試圖建立新的經濟發展模式，以因應上述問題。但目前看來，轉型的難度比較大，遭到舊模式下既得利益集團的強烈反對。為了克服地方的抵制，中央政府在若干重要領域重新集權，包括品質檢查、審計、環保、土地管理、統計和安全生產等，讓這些部門實行垂直管理，與地方政府脫鉤㉒。

國家—社會放權的舉步維艱

　　大約從一九九〇年代中期開始，隨著市場改革的推進，中國政府逐漸放鬆對民間社會的管制，允許私有企業發展，允許非政府組織參與政治性不強的社會發展項目。此後的近二十年間，中國的私有經濟和公民社會都得到飛速發展，國家在這些領域的控制有所縮小。

　　公民參與公共事務的空間越來越大。隨著村民委員會選舉和城市居民委員會選舉的推廣，越來越多中國公民開始用選票影響自己的社區事務。民間社團和社會組織生長迅速，政府鼓勵發展一些與環保、農村發展、教育等相關的團體㉓。在二〇〇八年五月的四川大地震中，各種志願者組織在募捐和救災中發揮了很大的作用。政府也採取一些措施來改善人權狀況，如放鬆對宗教活動的管制，提升貧困地區的教育，立法保障婦女兒童權益等。二〇〇九年四月，國務院發布「國家人權行動計畫（二〇〇九—二〇一〇）」，

制訂了第一個以人權爲主題的國家規劃❷。這個規劃要求在此後兩年裏採取措施，保障全體社會成員的經濟、社會和文化權利，加強法治建設，開展人權教育，改善少數民族、婦女、兒童、老年人和殘疾人的權益等。但是，如果說，政府間的放權經歷了一個從「放權」到「收權」的轉變，那麼國家—社會維度上的放權，則一開始就是具有選擇性的，主要是以不動搖政府的控制爲前提。這樣一來，民營經濟的壯大，民間社會的成長，公民參與的擴大，都面臨重重困難。

下文將透過兩個個案來說明中國政府向社會放權的歷程，以及這些變革的後果，其中一個是經濟，另一個是政治。

國有企業改革

經濟的例子是國有企業改革。國有企業改革是過去三十年經濟體制改革的核心。早在一九八〇年代，國有企業改革就提上了議事日程，但直到一九九二年中共十四大以後，才大規模地展開。十四大通過了「建立社會主義市場經濟」的目標，這爲改革國有企業解除了制度和意識形態上的桎梏。到目前爲止，這場改革可大致分爲兩個階段：第一階段是朱鎔基時期的「抓大放小」，第二階段是溫家寶時期的國資委監管國企。

朱鎔基的改革

在一九九〇年代中期，朱鎔基提出國有企業改革的新方案「抓大放小」，於十五大（一九九七年）正式成爲黨的政策。「抓大」是指政府只控制少數重要的大型企業，這些企業主要集中在有關國計民生或國家安全的七大產業，即軍工、電力、石油和石化、

195

電信、煤炭、航空以及運輸。政府努力把大型具有競爭力的企業或企業集團，發展成跨地區、跨行業、多種所有制的，甚至跨國的大公司。「放小」意指政府放開對中小型國有企業的控制，由市場力量決定它們的命運，透過合資、併購、租讓、承包、控股或出售的方式，中小國有企業被逐步民營化。

以朱鎔基為總理的政府依照日本和韓國的經驗設計了這個戰略㉕。「抓大放小」政策的背後是雄心勃勃的戰略目標：希望透過「抓大」來建立巨型企業集團，成為國民經濟的支柱，並具有國際競爭力；在一些重要的產業中，由國家來控制大企業，有利於國家經濟安全。

對於政府來說，把中小型國有企業民營化是個理性的抉擇。大多數中小型企業低效或虧損，在市場上缺乏競爭力，成為各級政府的財政負擔。因為國有企業常常在產權關係上理不順，管理問題很難解決，最有效的出路就是民營化。另外，民營化的中小企業可以創造大量的就業機會，可以使全社會的收入分配更平均，因而對於共產黨來說也具有政治意義。

但是，「抓大放小」戰略在執行過程中出現了很多問題，其效果並不盡如人意。在「抓大」方面，各級政府片面追求「抓大」，利用政治或行政手段強行合併企業，只為了表面上看著大而不管其社會經濟效益。這樣強造出來的大企業並不具有相應的效率、創新能力和競爭力。近來一些國有企業已經成為國際有名的巨頭，但靠的是它們的資產規模，而不是生產效率。它們的巨大資產是由政府多方拼湊而成的，而不是自己賺來的。

「抓大」實施之後，國有企業的數量和雇員人數大大下降。政府宣稱國有企業的經濟效益和競爭力都大大提高，國有資產的品質得到改善。但是，國有企業盈利的增加，一方面可能是因為「放

小」政策，把大量的虧損資產剝離出去了，而不是因為企業的效率提高了；另一方面，是因為這些留下來的國有企業通常控制著其所在產業的上游，具有壟斷地位，因而可以輕易取得壟斷利潤，而不是因為它們的效率有多高。

「放小」也存在著問題。民營化的本來目的是提高經濟效率，為公眾提供更好的服務，增加消費者的效用。在已開發國家，私有化改革常常能提高產業效率和改進公共機構，如一九八〇年代和一九九〇年代英國的私有化改革。但中國各級政府並沒有系統有效的民營化方案，只是透過行政手段強制簡單地把中小型國有企業推向市場。結果，國有資產很輕易地流入到大量與政府官員有關的資本持有人手中，工人大量被解雇，造成民間的強烈不滿和社會動盪。另一方面，很多中小企業民營化之後生存艱難，因為政府在金融、司法和政策等方面都不太支持，使中小企業的發展受到限制。二〇〇八年底全球金融危機發生之後，中國政府推出高達四萬億人民幣的救市方案，但這些資金絕大多數流向國有部門，中小型私人企業受益甚少❷❻。

溫家寶的改革

二〇〇二年十六大之後，領導階層開始領導國有企業的進一步改革。在新的政策下，國家只直接控制少數企業，允許其他大多數國有企業實行多元所有制結構。從中央到各省市設立專門機構，代表國家所有人管理國有資產。

二〇〇三年，國務院國有資產監管委員會成立，負責監管一百九十六家中央直屬大型國有企業價值六點九萬億元人民幣（零點九萬億美元）的國有資產。此後，各地的國資委也逐漸建立起來。按規定，國資委除代表國家作為所有人外，也負責國有企業的

改革和重組,組織大型國有企業的監管理事會,透過統計和審計監管國有資產,擬訂相關的法律法規。這套體制是為了解決三個重要的產權問題:第一,在垂直方向上清楚界定各級政府的產權責任;第二,在水平方向上,管理責任集中到國資委,此前,多個部門都可以國家所有人身分干預企業運作,如財政部、勞動社保部、中央企業工委、中央金融工委、經貿委、發改委等,政出多門,不利於統一管理;第三,政府的行政權力與國有企業的產權管理權分開,互不干預。國資委的建立,表明政府已經意識到國有資產的低效和流失,正在想辦法進行補救。

國資委主導的一項重要改革措施就是國有企業的人事制度改革,作為建立現代企業制度的重要一環。管理階層職位公開招聘,而不是行政任命。從二〇〇三年到二〇〇六年,在七十八個中央企業中,有八十一個高階管理者職位是公開招聘的。

隨著改革的推進,國有企業的數量大大減少,但經濟實力卻得到增強。二〇〇六年底,國資委監管的企業已經從二〇〇三年的一百九十六個減少到一百五十九個(目標是到二〇一〇年之前,把企業數減少到八十至一百個),但這些企業所控制的資產卻從六點九萬億元增加到十二點二七萬億元,年度成長率為16.2%。它們的銷售收入、實際利潤、稅收和淨資產的年成長率分別為20.1%、18.2%、20%和15.2%,由各地方國資委管理的一千零三十一家國有企業也取得了相似的業績。

國有企業的壟斷與問題

國有企業的這些成就,並非來自管理和效率的改進,而在很大程度上來自於它們的壟斷地位。國有企業(尤其是大型國有企

業）大都集中於壟斷行業。在中央層面上，石油天然氣和電信通信行業，基本上由國有企業完全壟斷；電力、熱能、煤炭和交通行業主要由國有企業控制。而在地方層面上，各級政府擁有的國有企業，基本上壟斷大多數贏利的行業。

國有企業改革面臨的一個核心問題是預算軟約束。一方面，國有企業經理人沒有足夠的動力去增加利潤減少成本，因為國有企業所有人並不是他；另一方面，如果國有企業經營不善，政府又不能簡單地讓其破產解散，相反的，還會盡力用財政補貼或創造壟斷利潤，來挽救陷入困境的企業。對於國有企業來說，向國家要資助，比在市場上打拚牟利要容易得多。這樣，我們很難指望國有企業管理階層會努力提高企業效率，相反的，它們會依靠國家幫助，成為公共財政的負擔。目前，中國政府還沒有有效的辦法來解決這個問題。

一種觀點認為國有企業的高利潤會大大增強國家的財政收入。這在目前並沒有成為事實。儘管國有企業上繳的稅收增加，但過度壟斷造成的代價也很高。這些壟斷企業的擴張加大了中國經濟中的低效率部分。由於低效，很多國有企業在行業競爭中缺乏優勢，便逐漸轉移到壟斷性行業，然後就宣布自己已經「轉虧為盈」。許多地方國有企業就是這麼做的。中央國有企業壟斷一些行業，還可以宣稱是有利於國家的戰略需要，而地方國有企業則是看到哪個行業贏利就壟斷哪個行業。它們利潤的增加完全靠所有納稅人付出成本。這樣看來，國有企業上繳的稅收，並不一定能補償它們給平民納稅人造成的損失。

壟斷導致不公平的競爭。這些壟斷企業按它們自己制訂的規則運作，經常無視於市場原則。十年前，陷入困境的國有企業們在努力減少花銷，以便能發出員工的工資，中國政府在努力「搞

活」和「拯救」它們。而今天,國有企業已經成爲高工資、高利潤和高分紅的代名詞了。國有壟斷企業的雇員工資遠遠高於社會平均工資,這是中國社會收入差距拉大的一個重要原因。在東部沿海大城市裏,一個大學畢業生月平均起薪是二千元人民幣,但一個國有壟斷的高速公路收費站收費員的月工資可以達到八千元人民幣。廣東省政府在二〇〇六年的一個調查表明,很多大型企業在虧損的同時,還在給員工漲工資。

國資委和勞動金融審計等部門曾經試圖採取措施,遏制國有企業濫發工資的勢頭。國資委主任李榮融曾要求國有企業從二〇〇七年起,恢復向國家財政上繳利潤分紅(它們從一九九四年起就再也沒有繳過)。但有人提出擔心說,這會使國有企業壟斷更加有理,因爲它們可以辯解說,它們的壟斷利潤已經上繳國家了。另

從奄奄一息到「央企時代」僅僅用了十年時間。央企的角色和作用如今成為輿論爭論的焦點。(圖/新華社‧張明)

外，如果措施不當，這些收上來的紅利並不一定能在全社會更公平地分配，比如用於補貼中小型企業或教育、社會保障等。

　　腐敗在國有企業中很盛行。國有企業內部缺乏有效的權責劃分和權力制衡，給了腐敗者大量的機會。國有企業腐敗主要有兩個特徵：第一，涉案的個人大都是高級管理人員；第二，涉案的金額和資產數量驚人。國有企業內的高階管理者通常擁有不受監管的權力，這給了他們極大的濫用權力誘因。近年來，政府已經把反腐敗的重點指向國有企業。但要徹底治癒腐敗，國有企業的管理體制必須有重大改變。

　　國有企業阻礙了中小型企業，尤其是私營中小型企業的發展。目前，中小型企業貢獻了中國60%的GDP、50%的稅收以及75%的城市就業機會；中小型企業還貢獻了65%的發明和專利，以及80%以上的新產品開發。但中國各級政府的產業和金融政策都是偏向國有企業的。

　　改革之前，國有銀行只是聽從政府指令，貸款給國有企業。銀行體系改革之後，國有銀行商業化，可以獨立於政府做決策，但由於傳統的關係網以及國有企業有政府潛在的擔保，銀行仍然更願意貸款給國有企業，而不是私有企業。二〇〇五年，官方的統計表明，儘管中國99%的企業都是中小型企業，但這些企業總共只獲得了16%的銀行貸款。中小型企業還在市場准入、產權保護、稅收等方面受到歧視。

　　如果中國政府徹底「放小」，在中國加入世貿組織並承諾完全開放市場之後，缺乏資助的中小型企業可能會不敵國內外的競爭者，而這些中小型企業是中國經濟中最有效率的部分。如果政府徹底「抓大」，它就會把有限的資金全部用於低效率的大型國有企業，以全體納稅人的損失為代價。長遠來看，這會影響中國經濟發

展的可持續性和社會穩定。

國資委的角色也被廣泛批評。國資委的職責是保護國家所有人的權利和利益，防止國有資產流失。一方面，作為政府投資者，它要運作國有公司並管理國有資產；另一方面，它又參與制訂市場規則，監管市場。這樣，它既是投資者又是監管者。國資委還不斷強調增加國有企業利潤的重要性，這讓批評者擔心，這一方面會進一步強化國有企業的壟斷，另一方面會透過操縱市場為某些利益集團牟利。

國有企業改革的初衷是優化國有資產。但壟斷地位使國有企業生產率的改善微乎其微，增加的利潤也沒有給大多數納稅人帶來好處，壟斷國有企業還威脅著中小型企業的生存。如果國有企業的壟斷地位不被打破，全國的經濟資源會不斷地從有效率的非國有部門轉移到低效率的國有部門，阻礙中國經濟的持續成長。目前看來，中國領導階層並沒有一個明確的方向來改變這些問題。

公民政治參與和非政府組織

本文接下來討論地方選舉和非政府組織的發展。由於中國政府向社會放權，讓公民有限度地參與公共事務，過去二十年間，公民社會有了很大的發展，基層選舉和民間社團扮演著越來越重要的角色。但是，政府放權只是策略性的，是為了鞏固政權，因此設下種種限制，向社會放權並不徹底，使公民社會的發展困難重重。

半競爭性的地方選舉

一九八○年代後期，中國政府開始在村一級推行選舉，以重建人民公社制度解體之後的基層權威。一九八七年，全國人大通

過《村民委員會組織法（試行）》，要求在農村地區建立村民委員會，推動村民自治，保障村民參與政治的權利，村委會幹部由村民直接選舉產生，並向村民負責❷。此後二十多年中，村民選舉發展迅速。根據民政部的統計，在一九九七年，80%以上的村至少舉行過一輪選舉。到了二○○一年，基本上，全國所有的村都已經選舉過了❷。

但這並不意味著政府要放棄對鄉村的控制。相反的，它是要透過引入民主競爭機制來強化政府對鄉村的管治❷。隨著選舉的推廣，政府更加強調黨在村裏的領導角色。一九九八年正式通過的《村民委員會組織法》明確規定，村支部是村裏的「領導核心」。研究表明，在絕大多數的村，村支書掌握著最重要的資源，比如管理集體企業，批租承包地，批准公款支出。選舉產生的村主任最多只是村支書的副手❸。村民對村委會的問責也就大打折扣。

一些體制內的改革派也嘗試了在鄉鎮一級的直選。從一九九○年代中期開始，在幾個省的幾個鄉鎮開始試點，選舉對象從副鄉長擴大到鄉長，有時甚至是鄉黨委書記。鄉鎮選舉是一時一地的政策產物，缺乏法律依據。事實上，中國憲法並不允許這種選舉。二○○六年八月，全國人大常委會副委員長盛華仁重申，鄉鎮領導的直接選舉是違憲的，會成為「海外反華勢力」用來攻擊中國人權的工具❸。來自中央和地方的政治支持是鄉鎮選舉能進行下去的關鍵因素❸。沒有政治支持，這種選舉很難擴展到全國以及更高的層級。目前，鄉鎮選舉陷於停頓。

非政府組織的成長

國家—社會分權的一個主要部分就是非政府組織的發展❸。最近幾年來，中國領導人開始強調社會改革，放鬆國家對社會的

控制，把一部分國家的功能讓渡給非政府組織。中國非政府組織的數量近年來穩步成長。根據民政部的統計，在一九七八年，全國大概只有一百家全國性的社會組織。到二〇〇三年底，這個數字是一千七百三十六家。同一時期，各地方的社會組織從六千家增加到十四萬二千一百二十一家。私營的非企業組織，在改革開放前並不存在，而到二〇〇三年底已達到十二萬四千一百一十九家。到了二〇〇五年底，全國共有十六萬八千家社會組織、十四萬六千家私營非企業組織以及九百九十九家基金會。許多學者指出，實際存在的非政府組織比這些數字多得多。例如，王紹光認為，到二〇〇三年，所有社會組織的數量應該達到八百八十萬。儘管數量成長迅速，學界仍然認為中國的非政府組織還有很大潛力尚待發揮。比如，每一萬人中，中國的非政府組織只有一點四五個，而法國有一百一十點四五個，美國有五十一點七九個，巴西有十二點六六個，印度有十點二一個，埃及有二點四四個❸❹。

在西方，非政府組織是獨立自主、不受政府控制的。而在中國，這些組織的自主性取決於它們與政府的關係，以及它們從事的領域與政治的距離。政府規定，所有社會團體必須由縣級以上民政部門批准和登記，而基金會（如慈善組織）必須由省級以上民政部門批准和登記。所有未登記的組織為非法組織。另外，所有社會團體必須尋找一個業務主管單位掛靠，這個主管單位必須是縣級以上的國家機關，或由這樣的機關授權的單位，必須與該社會團體的專業領域相關。還有一個限制是，在同一個地方，不允許有多個專業領域相同的團體存在❸❺。

由於這些限制，許多非政府組織無法到政府那裏登記。為了合法存在，有些社會團體乾脆到工商局登記為商業組織，儘管它們並不以營利為目的。也有大量的組織乾脆就不登記，公開展開活

四川大地震之後，512民間救助服務中心的建立和表現，展示了中國非政府組織（NGO）走向成熟的可能。（圖／《南風窗》）

動，政府一般也就默許了。

　　非政府組織在不同專業領域的發展並不平衡。在經濟領域，因為政府正努力退出直接管理，就鼓勵發展一些中間組織，這給了社會團體較大的發展空間，大量的貿易協會和商會建立起來。在社會福利和發展領域，政府希望動員社會資源來幫助政府解決一些社會問題，減輕政府的負擔，因此社會團體也得到較大發展。而在與政治相關的領域，則基本上受到政府的嚴密控制，一般不會得到批准，即使批准了，行動也受到種種限制。

　　這些非政府組織在政治上的影響因組織和領域而異。在扶貧、環保、慈善等領域，政府鼓勵社會團體做出貢獻，因此它們常常能推動一些公共政策。但在宗教、民族、人權等領域，民間團體的影響就要小得多。商業組織通常影響力很大，在各級人大政協中不難發現這些組織的人員。但工人和農民就被嚴禁成立自己的組織，無法在政治上施加影響。

由此可見，由於中國政府向社會做了一定程度的放權，私有經濟和公民社會都因此得到相當的發展。但這些放權並不徹底，政府仍須透過國有壟斷企業操縱經濟，透過各種管制手段限制公民的參與，這給經濟和社會的發展帶來了種種問題。

結論：進一步實行國家—社會分權

政府間分權促進了中國經濟的高速成長，因爲中央和地方政府都有動力去發展經濟。對中央來說，迅速的經濟成長可以給人民帶來更多物質利益，從而增強政權的合法性；而對地方領導來說，經濟成長不僅可以增加他們操縱的資源，還能增加他們被提升的機會。因此，政府間分權對於中央和地方來說是個雙贏格局。

隨著政府間分權的展開，經濟決策權力下放到下級政府。對於那些沒有私有化的地方國有企業來說，地方政府就是它們實際上的產權所有人。儘管中央政府正逐漸退出對單個企業的直接管理，但地方政府卻在增加對國有企業的干預。這種干預並未嚴重阻礙市場化，相反的，由於多地區多種所有制之間的競爭，市場經濟反而得到了推動。只不過，在典型的市場中，是各個企業在競爭；而在中國的市場裏，是各個地區在競爭。

政府間分權增強了地方政府的實力，使它們更有能力去滿足本地的社會經濟需求。分權也改變了中央與地方互動的模式，使雙方變得相互依賴。原則上中央政府仍然擁有權力，但不得不經常與地方政府協商合作。各地方政府不僅在自己的轄區內制訂和實施政策，它們還能影響中央的政策制訂。透過一系列收權措施，中央保持了對省的支配地位，但是地方政府（尤其是省政府）仍然有事實

上（de facto）的權力否決中央的政策動議。雙方在拉扯中不時地出現政策僵局（policy deadlock）。收權並沒有確保中央推行改革政令的順暢。

由於地方政府享有一定的自主權，它們會逐漸發展出與中央不一致的利益結構，地方的利益有可能與中央的利益相衝突❸❻。中國的地方政府雖然具有明顯的「發展型國家」（developmental state）的特徵——致力於經濟發展，但也有明顯的「攫取型國家」（predatory state）的特徵——為了一己私利而與人民爭利❸❼。這在中西部的鄉鎮政權中表現得尤為突出，近些年來的農民負擔問題和農地徵用問題都與此相關❸❽。這些攫取行為引起人民的極大反感，群眾性抗議事件此起彼伏。為了約束地方政府的不法行為，中央政府用盡各種手段，包括上文討論的收權，但收效甚微。

另一方面，由於國家─社會的分權不充分，人民缺乏參與公共事務的管道，缺乏對政府的問責手段。對於地方政府濫用權力、與民爭利的行為，人民要麼忍氣吞聲，要麼走上街頭抗議。有研究表明，當公民不得不透過集體上訪和示威等方式來表達訴求時，他們對政府的支持度會大大降低，從而侵蝕政府的合法性基礎❸❾。

為了改變這樣的情形，中國需要推展國家─社會間的分權，也就是說，強化社會的力量，擴大公民的參與。一方面，由中央政府來監督地方政府的行為，其效果遠遠不如由當地人民來監督❹⓿。讓地方政府向當地選民負責，選民就擁有了制止攫取行為的權力，這相當於中央與社會結成聯盟，共同約束地方政府的行為。另一方面，擴大公民的參與，可以提升人們對政府的信任度，增加各級政府的合法性，使中央政府擁有更多的支持率去推行改革政策。

要強化社會力量，最根本的是要增加社會的物質力量。也就是說，要讓更多的經濟資源流向民間，促進民營企業的發展。應該

結束大型國有企業的壟斷地位，讓它們在市場中公平地參與競爭，促使它們提高效率，從而提高全社會的效率。

中央政府也意識到了強化社會的重要性。朱鎔基時期的國有企業改革，很大程度上是為了強化民營中小型企業。胡溫時代也進行了一些改革來促進非政府組織和地方選舉的發展。但是，這些措施還遠遠不夠。中國下一步的改革需要中共政權對社會力量開放，就像以前對市場經濟開放一樣。

（本文最初發表在2008年底於波士頓大學召開的紀念中國改革開放三十週年會議上。修訂時，單偉博士提供了很多幫助，在此致謝）

註釋

❶ 本文把decentralization譯爲「分權」或「放權」，交替使用。

❷ 前蘇聯在形式上是聯邦共和國，但實際運作中，各加盟共和國自主權很小，具有很強的單一制特徵。

❸ Carl J. Friedrich, *Totalitarianism* (Cambridge, Mass: Harvard University Press, 1954).

❹ 關於這個概念的更多研究，請參見：Yongnian Zheng, *De Facto Federalism in China: Reforms and Dynamics of Central-Local Relations* (London and Singapore: World Scientific Publishing, 2007); "China's De Facto Federalism", in Baogang He, Brian Galligan and Takashi Inoguchi eds., *Federalism in Asia* (Cheltenham: Edward Elgar, 2007) , pp. 213-241; "Explaining the Sources of de facto Federalism in Reform China: Intergovernmental Decentralization, Globalization, and Central-Local Relations", *Japanese Journal of Political Science*, vol. 7, no. 2 (2006), pp. 101-126; 以及 "Institutionalizing de facto Federalism in Post-Deng China", in Hung-mao Tien and Yun-han Chu eds., *China Under Jiang Zemin* (Boulder, CO: Lynne Rienner Publishers, 2000) , pp. 215-232.

❺ Gabriella Montinola, Yingyi Qian and Barry R. Weingast, "Federalism, Chinese Style: The Political Basis for Economic Success in China", *World Politics*, no. 48 (Oct. 1995) , pp. 50-81. 未發表的手稿：Hehui Jin, Yingyi Qian and Barry R. Weingast,

"Regional Decentralisation and Fiscal Incentives: Federalism, Chinese Style", 1999; Yuanzheng Cao, Yingyi Qian and Barry R. Weingast, "From Federalism, Chinese Style, to Privatization, Chinese Style", 1997. 為世界銀行的發展經濟學年會準備的論文: Yingyi Qian, "The Institutional Foundations of China's Market Transition", Washington, DC, 28-30 Apr. 1999.

❻ Montinola, Qian and Weingast, "Federalism, Chinese Style: The Political Basis for Economic Success in China", pp. 79-80.

❼ Douglass C. North, *Structure and Change in Economic History* (NY: Cambridge University Press, 1981).

❽ Kenneth Lieberthal, "Introduction: The 'Fragmented Authoritarianism' Model and Its Limitations", in Kenneth Lieberthal and D. Lampton eds., *Bureaucracy, Politics, and Decision Making in Post-Mao China* (Berkeley, CA: University of California Press, 1992).

❾ Susan Shirk, *The Political Logic of Economic Reform in China* (Berkeley, CA: University of California Press, 1993).

❿ Yasheng Huang, *Inflation and Investment Controls in China: The Political Economy of Central-Local Relations During the Reform Era* (NY: Cambridge University Press, 1996).

⓫ Olivier Blanchard and Andrei Shleifer, "Federalism with and without Political Centralization: China versus Russia", *IMF staff paper*, no. 48 (2001).

⓬ 相較之下，俄羅斯的經濟轉型卻伴隨著政治權威的崩解。因各地省長或加盟共和國領導不由中央任命，俄中央政府就很難透過獎懲來貫徹自己的經濟政策。

⑬ Sheng Yumin, "How Globalized are the Chinese Provinces?" *EAI Background Brief*, no. 423 (8 Jan. 2009).

⑭ The World Bank, *China: The Internal Market Development and Regulations* (Washington, DC: The World Bank, 1994). 有關概要請參見：Anjali Kumar, "China's Reform, Internal Trade and Marketing", *The Pacific Review*, vol. 7, no. 3 (1994), pp. 323-340.

⑮ 王紹光、胡鞍鋼：〈中國政府汲取能力的下降及其後果〉，載於《二十一世紀》1994年2月總第21期，第5-11頁。

⑯ 王紹光、胡鞍鋼：《中國國家能力報告》，香港：牛津大學出版社1994年版。

⑰ 關於中國稅制改革的細節，請參見：Christine P. W. Wong and Richard M. Bird, "China's Fiscal System: A Work in Progress", in Loren Brandt and Thomas G. Rawski eds., *China's Great Economic Transformation* (New York: Cambridge University Press, 2008), pp. 429-466.

⑱ Wang Shaoguang, "China's 1994 Fiscal Reform: An Initial Assessment", *Asian Survey*, vol. xxxvii, no. 9 (Sep. 1997), pp. 801-817；胡鞍鋼：〈分稅制：評價與建議〉，載於《中國軟科學》1996年第8期。

⑲ 顧海兵、周智高、張厚明：〈1992年以來中國經濟高速增長中三次宏觀調控的多維比較〉，金羊網（2006年2月26日），http://www.ycwb.com/gb/content/2006-02/26/content_1076550.htm。

⑳ Franklin Allen, Jun Qian and Meijun Qian, "China's Financial System: Past, Present, and Future", in Loren Brandt and Thomas G. Rawski eds., *China's Great Economic Transformation*, pp. 507-568.

㉑ John Burns ed., *The Chinese Communist Party's Nomenklatura System* (Armonk, NY: M. E. Sharpe, 1989).

㉒ Yongnian Zheng, *Globalization and State Transformation in China* (Cambridge: Cambridge University Press, 2004)；and Dali Yang, *Remaking the Chinese Leviathan: Market Transition and the Politics of Governance in China* (Stanford, CA: Stanford University Press, 2004).

㉓ 高丙中、袁瑞軍編：《中國公民社會發展藍皮書》，北京大學出版社2009年版。

㉔ 新華網，〈國新辦發布「國家人權行動計畫（2009-2010年」〉，2009年4月13日，http://news.xinhuanet.com/newscenter/2009-04/13/content_11176973.htm。

㉕ 對朱鎔基改革的討論，請參見鄭永年：《朱鎔基新政：中國改革的新模式》，新加坡：八方文化公司1999年版。

㉖ Sarah Y. Tong and Zhang Yang, "China's Responses to the Economic Crisis", *EAI Background Brief*, no. 438 (11 March 2009).

㉗ Kevin J. O'Brien, "Implementing Political Reform in China's Villages", *The Australian Journal of Chinese Affairs*, no. 32 (July 1994), pp. 33-59.

㉘ Carter Center, "China Village Elections Project Fact Sheet". http://www.cartercenter.org/documents/nondatabase/chinavillagefactsheet.pdf.

㉙ Lianjiang Li and Kevin J. O'Brien, "Accommodating 'Democracy' in a One-Party State: Introducing Village Elections in China", *The China Quarterly*, no. 162 (June 2000), pp. 465-489; and Li and O'Brien, "The Struggle for Village Elections", in Merle Goldman and Roderick MacFarquhar eds., *The Paradox of China's Post-*

Mao Reforms (Cambridge, MA: Harvard University Press, 1999), pp. 129-144.

❸⓿ Jean Oi and Scott Rozelle, "Elections and Power: The Locus of Decision-Making in Chinese Villages", *The China Quarterly*, no. 162 (2000) , pp. 513-539.

❸❶ Lisheng Dong, "Grassroots Governance and Democracy in China's Countryside", in Zhengxu Wang and Colin Durkop eds., *East Asian Democracy and Political Changes in China: A New Goose Flying?* (Singapore: The Konrad Adennauer Stiftung, 2008), pp. 155-168.

❸❷ Lianjiang Li, "The Politics of Introducing Direct Township Elections in China", *The China Quarterly*, no. 171 (Sep. 2002), pp. 704-723.

❸❸ Qiusha Ma, *Non-Governmental Organizations in Contemporary China: Paving the Way to Civil Society?* (London and New York: Routledge, 2006).

❸❹ Zengke He, "Institutional Barriers to the Development of Civil Society in China", in Yongnian Zheng and Joseph Fewsmith eds., *China's Opening Society: The Non-State Sector and Governance* (London and New York: Routledge, 2008), pp. 162-163.

❸❺ 有八個大的「人民團體」和「群眾團體」不受上述規定限制，如中華全國總工會、中華全國婦女聯合會、共青團等。這些組織不受民政部門監督，不用登記，其領導由中共直接任命。

❸❻ Shaum Breslin, *China in the 1980s: Centre-Province Relations in a Reforming Socialist State*（NY: St. Martin's Press, 1996).

❸❼ Peter Evans, "Predatory, Development, and Other Apparatuses: A Comparative Political Economy Perspective on the Third World

State", *Sociology Forum*, vol. 4, no. 4 (1989) , pp. 561-587.

㊳ Lu Xiaobo, "The Politics of Peasant Burden in Reform China", *Journal of Peasant Studies*, vol. 25, no. 1 (Oct. 1997) , pp. 113-138.

㊴ Shan Wei, "How Much Did the Chinese People Trust Their Government", *EAI Background Brief* (2009, forthcoming).

㊵ 關於中央對地方監督的無能,請參見:Kevin J. O'Brien and Lianjiang Li, "Selective Policy Implementation in Rural China", *Comparative Politics*, vol. 31, no. 2 (Jan. 1999), pp. 167-186.

第九講　必須保衛社會：中國的改革開放與社會政策

◆ 中國由計畫經濟向市場經濟轉型是出於國家策劃。同樣地,解決由市場經濟引出的各種問題也應是國家的任務。缺乏有效的政府干預,市場的無情侵襲必然會逐漸破壞社會結構的基質。

◆ 私有化和民主化可以理解為「國家—社會」式的分權過程。私有化就是國家將經濟權力歸還給企業,而民主化則是國家把政治權力轉移至社會力量手中。

◆ 向新興的社會階層敞開懷抱是共產黨擴大其社會基礎的不二之選。共產黨作為唯一的執政黨,必須盡最大可能代表最多數社會群體的利益。

◆ 問題的關鍵在於「誰管制誰?」政府既能夠管制市場力量,也可以與其沆瀣一氣,以權牟利。如果後者成為現實,世間將再無道德和社會正義可言,無人能管制權力和金錢。

發展動力與社會後果

在我對當代中國的學術研究興趣中,以下兩個問題長期處於重要位置:第一,中國在二十世紀七〇年代末開始的開放政策,如何為中國各方面的轉型提供了動力?第二,轉型對於中國社會的意義何在?

已故的鄧小平先生是繼毛澤東之後的又一位政治偉人。他在「文化大革命」結束後不久執掌政權,並雄心勃勃地開啓了改革開放的事業。對中國舊體制的改革和向世界打開中國的大門,是兩個相輔相成的政策進程。實踐證明前者易於後者。

在毛澤東思想統治中國的三十年(一九四九至一九七九)中,中國向世界關閉了大門,與外在世界(尤其是西方)很少交往。多數出身於革命的共產黨幹部和政府官員,缺乏與外界打交道所需的知識和經驗。由於近代中國受西方列強侵略的恥辱,在他們的腦海中依然揮之不去,他們對對外開放的政策心懷恐懼。即便如此,多數幹部和政府官員還是理解並接受了內部改革政策。即使在「毛時代」,也曾出現過幾次改革的浪潮,當時並沒有冠以「改革」之名,而是頻繁使用「調整」和「整頓」等術語。

基於中外交往的歷史和經驗,鄧小平時代的國家領導人從三個要點出發,論證了改革開放政策的合法性。第一,歷史上中國備受欺凌是因為貧窮落後;第二,中國的貧窮落後主要歸咎於閉關鎖國的政策;第三,中國若要復興、強盛,對外開放是唯一出路。這套理念為中國已實行三十年的改革和對外開放政策提供了充分的理由和依據。

　　那麼，問題就來了：開放政策是如何引導中國轉型的？多年來，中國堅持改革開放政策不動搖。一九八九年的「六四事件」也沒有打斷改革的進程，反而意外地成爲中共高層推進中國進一步對外開放的動力。當前中國的國內生產總值排名世界第三，居於美國和日本之後，中國的崛起已成爲學術界和政治界討論的熱點話題。在我研究各種變數，比如高漲的民族主義情緒、現代化和民主化如何影響中國轉型的過程中❶，我逐漸意識到，中國快速轉型背後最強的驅動力是開放政策。在國內層面，開放政策創造出一個爲不同社會群體進行重組的體制環境，從而爲變化提供了新動力；在國際層面，開放把中國和世界聯繫起來，同時兩者的互動爲國內的變化提供了外部動力。

　　開放當然也會有它的社會後果，於是另外一個問題產生了：轉型對中國社會意味著什麼？簡而言之，雖然作爲整體的中國能從改革開放中獲益，但開放的利益分配並不均衡。像其他轉型社會一樣，一些社會組織獲益較多，而另一些則較少，有人成爲贏家，也有人成爲輸家。改革之初的中國社會被認爲處於一種各種勢力相對均衡、不同的元素可以互相融合的穩定狀態。開放意味著新的社會元素打破了原有的平衡。若不能達到新的平衡，社會將變得不穩定，給持續發展帶來麻煩。如何達到新的平衡？在這個過程中，社會政策發揮了關鍵作用。經驗表明，在全球化和改革開放過程中，社會常常是最薄弱的環節。所以，我們必須盡一切努力，在主要政策領域保衛社會。

　　在這篇論文中，我嘗試將近年來所做的思考進行匯合和整理。我將從中國經濟、政治和社會等各方面出發，考察中國的大轉型，並探討這些轉型如何與國家的改革開放政策掛鉤，並爲中國的社會改革提供一些啓示。行文之始，我應該對我所指的「開放」含

217

義加以解釋。「開放」這個詞通常主要指的是中國的對外開放政策。在這裏，這個詞不僅指「對外開放」，也包括「對內開放」，也就是向各種不同的社會成員開放經濟、社會、政治領域的過程。在政策實施過程中，對外開放首先啓動，它爲內部開放集聚了必要動力。至於這兩種形式的開放政策在實行過程中相互促進，則是不言自明的事實。

曼庫爾・奧爾森和卡爾・波蘭尼

　　我對於開放及其社會後果思考的靈感，源自兩位偉大的思想家：曼庫爾・奧爾森和卡爾・波蘭尼。透過奧爾森，我瞭解到中國的轉型是如何與開放聯繫起來的；波蘭尼的著述，則讓我意識到開放能怎樣影響一個特定的社會，社會政策爲什麼必須發揮保護社會的作用。

　　奧爾森在《國家興衰探源：經濟成長、滯漲和社會剛性》❷中，有力地解釋了以下現象：在穩定的社會環境裏，市場中的個體與公司的逐利行爲，會產生因私利而勾結共謀的「卡特爾」式的、組織嚴密的社會網絡。這使得政府管制能力下降，經濟實體也因遊說團體的拖累而效率低下、成長放緩。社會運轉如果缺少變革且越加僵化，這樣的網絡組織就會變得更加強大，經濟成長速度也會日趨緩慢。若這些特殊利益集團被戰爭或革命摧毀，社會將從中獲得最大程度的發展。

　　奧爾森進而提出一個富有新意的推論：隨著時間的推移，穩定的民主政體中將會集聚一批政治權力與日俱增的分配聯盟，進而阻礙社會經濟的發展。他特別將二戰後德國和日本的社會發展狀況

與英國進行了比較，指出：德國和日本的戰敗，使影響經濟成長的特殊利益集團隨之覆滅；與此同時，特殊利益集團在英國的權力正如日中天，它們正是英國經濟疲軟的罪魁禍首。

奧爾森一開篇就這樣問道：「人們往往在歷史的神祕法則面前感到困惑：爲什麼許多聲威赫赫的龐大帝國逐漸衰亡或毀於一旦？爲什麼許多蟄居蠻荒沒沒無聞的民族悄然崛起，創造了巨大的財富與燦爛的文化？」❸他專注於關乎民族國家興衰的經濟因素。在我看來，他的理論也可用於其他方面的研究。奧爾森的書出版於一九八二年，那時中國正處於改革開放初期，中國這個個案並沒有引起他的高度關注。儘管如此，書中的理論依然能夠增進我們對中國轉型動力的理解。過去三十年中國的經驗也證明，奧爾森所建立的理論體系對中國問題是具有解釋力的。不過，雖然我贊同奧爾森關於穩定社會的出發點，但對於他的結論卻有不同的看法。我相信所有鼓勵開放的政策都能爲改革提供動力，發揮到與動亂、戰爭和其他形式的社會衝突相似的作用。這種動力也能夠阻止既得利益影響的日益深化（用奧爾森的話來說，就是防止一個過於穩定且缺乏活力的社會失去持久發展的動力）。在中國，改革開放事業是由中國共產黨發起和持續的，黨是能夠抵擋其餘社會力量的唯一組織。

奧爾森把注意力放在社會陷入僵化的過程，而出生於匈牙利的政治經濟學家卡爾・波蘭尼，則向我們展示了發展過快的市場經濟是如何破壞社會的。在《大轉型》一書中❹，波蘭尼探究了市場經濟蓬勃發展時期英國的社會與政治動亂。他主張市場經濟和現代國家不應被理解成截然分開的兩個主體，而應視爲一個渾然一體的人類發明，他稱之爲「市場社會」。他認爲，競爭性的資本主義經濟發展，需要一個積極改造社會結構的強大現代國家作爲前提；同時，資本主義經濟也需要強大的國家來減緩由它帶來的嚴重負面效

資本主義的興起和確立極大地衝擊了歐洲原有的基本社會秩序，深刻地改變了人民的生活方式（圖為十八世紀中期倫敦街頭醉酒的社會底層民眾）。

應。在波蘭尼看來，這些改革暗示了已經存在千百年的社會基本秩序早已遭到破壞這一事實。市場社會是不可能持續的，因為它會對人類賴以生活的自然與人文環境造成致命的破壞。

評估國家在市場力量釋放過程中應充當何種角色時，波蘭尼強調的是十九世紀市場經濟的歷史創新，和隨之而生的那種扭曲意識的型態。市場社會不是自然演進的結果，「放任自流」早在計畫之中，它的原動力來自於國家行為，所謂自由市場的形成，正是政治力量的「有形之手」操縱下的傑作。

另一方面，作為謹慎的、深思熟慮的市場社會建構活動的對立面，社會對市場的反制運動或自我保護行動，則是自發的、無計畫的。它們來自社會各方不自覺的聯合，以對抗市場帶來的毀滅性衝擊。波蘭尼認為，「自我調節」市場的結構，使社會必然分為經濟和政治領域。自我調節市場在帶來空前物質財富的同時，也導致大量社

會動盪和社會自我保護的自發運動的崛起。市場傾向於把土地、勞力和金錢看作「虛構商品」，將社會的本體置於市場規律管制之下。自由市場一旦想脫離社會結構的束縛，社會的自然反應——社會保護主義就會產生。這種反應被波蘭尼稱爲「反制運動」。

根據波蘭尼的理論，有保護主義色彩的反制運動有利於實現公共福利的目標；這是一場全民運動，特別是工人的運動，並且包括一些尚未公司化的有產者。他們因自我調節市場不可捉摸的風險，而去尋求某種形式的保護。而從反制運動中獲得的保護，又會妨礙市場的效率，從而導致更惡劣的經濟狀況，引發新一輪保護需求。波蘭尼認爲，從歷史和比較的角度看，市場領域擴張和政治壓制會立即引發對抗，甚至反叛。

因此，在波蘭尼眼中，抗拒經濟動盪和市場蕭條的社會需求會給國家帶來壓力，進而會要求國家進行政治干預。隨之而來的國家行動，至少會在名義上提供一些緩解市場經濟壓力和保護社會的作用。市場社會被一個新型社會所替代，在這個社會裏，政治和經濟制度被置於民主控制之下。因爲政治和經濟制度不能再控制社會，而應該由社會來控制它們。

許多當代學者在解釋全球化如何影響特定社會時，仍然沿用與波蘭尼相似的研究思路。例如，達尼‧羅得里克認爲，全球化已經在全球市場和國內社會穩定之間產生了三種緊張來源❺。首先，在跨越國界的團體之間，全球化減少了貿易與投資障礙，凸顯了跨國集團與非跨國集團之間的不對稱，從根本上改變了雇傭關係。其次，全球化在國際國內引發了各種不同的社會準則和各種表達它們的社會機制之間的衝突。隨著生產科技日益標準化並普及，擁有不同價值體系、準則、制度機制和集體偏好的國家，爲爭取相同商品的市場份額，展開了正面交鋒。第三，全球化讓各國政府提供社

會保障變得極其艱難。提供社會保障本是政府的重要職能，各國藉此保持了戰後的社會團結，博得了選民對進行中自由化運動的政治支持。這些趨勢可能導致以國家名義進行統治的掌權者開始喪失權威。國家不能繼續以公民期待的方式保護他們，自然也不能再指望公民對其保持忠誠。

　　奧爾森和波蘭尼的觀點對理解當代中國很有意義。從奧爾森的觀點看，中國戰勝了社會僵化，同時在經濟快速轉型上取得了相當大成就；而用波蘭尼的理論則可以對中國轉型如何影響社會做出解釋。中國由計畫經濟向市場經濟轉型是出於國家策劃。同樣地，解決由市場經濟引發的各種問題也應是國家的任務。缺乏有效的政府干預，市場的無情侵襲必然會逐漸破壞社會結構的基質。與市場力量相較，中國社會相對弱小，易受衝擊，它無法自衛，必須由國家來保衛。然而，中國政府並不是中立政府。以資本為代表的市場力量天生具有尋求權力保護的趨向，作為政府也願意與市場力量結盟，因為兩者一旦攜手合作，就能分享巨大利益。社會也一直在爭取政府保護，但由於缺乏能夠藉以影響國家的有效機制（例如民主），保護依然是蒼白無力的，這就使得當今中國政府處於進退維谷的境地：政府必須做出選擇，創造出能使市場和社會雙贏的棋局。這種局面並非空中樓閣。保證經濟持續發展需要依靠市場的力量，但若缺乏有效的政府規制，市場力量就將趨向於自我毀滅。更重要的是，社會若不採取有效的約束行動，國家和市場力量都將走上自我毀滅之路。

開放與市場發展

　　討論關於中國改革開放如何促使經濟發展的文獻，尤其是對外商直接投資、技術外溢、中國打入世界市場等問題的討論，成長非常迅速❻。本文集中討論開放作爲一個國家政策是如何確立並克服了奧爾森所指的「特殊利益」，繼而推動了諸多巨變與轉型。奧爾森雖然舉例說明穩定社會通常與經濟滯漲相關聯，但他不夠重視讓社會變得穩定的原因，以及如何讓社會「去穩定化」。就此而言，中國恰好是個有力的證據。二十世紀七〇年代末，經濟開放引發了中國的轉型。經濟開放怎樣開始？在改革前的時代，中國擁有典型的「僵化」（奧爾森所用的概念）經濟和社會。筆者無須對個人和企業在計畫經濟中的行爲細節多加贅述，整個系統的特點就是低效、平均主義和「共同貧窮」。除了所謂的「新階級」，也就是官僚和共產黨官員之類有特權的統治階級❼，人民都同樣貧窮，在所有領域都沒有任何自由。向世界開放對這個社會來說並非易事，因爲現有的統治階級強烈反對新的政策舉措。爲了克服來自統治階級內部的反抗，中國在鄧小平的領導下，採取了「改革先外後內」的策略，也就是說，利用外部壓力爲內部改革創造動力。這個戰略的基本原理是，外部改革的執行要比內部簡單。若先改革內部，領導權威得有能力克服既得利益的阻力。這些根深柢固的既得利益者在毛澤東思想統治下的三十年，已經擁有牢固的地位。當時的領導人沒有走這條路，而是先進行對外政策的改革。他們的政策目標是，在既得利益集團之外創造新的利益，新的利益一旦形成，就能爲內部改革集聚壓力。

外部首先開放，並不是宣告對內政策的改革是不必要的。恰恰相反，如果沒有對內政策改革，對外政策改革也將不可能完成。問題在於：應該實行怎樣的對內改革政策？改革初期，中國沒有經歷任何激進的運動（比如在前蘇聯和其他西方國家出現過的私有化和民主化）。私有化和民主化可以理解爲「國家─社會」式的分權過程。私有化就是國家將經濟權力歸還給企業，而民主化則是國家把政治權力轉移至社會力量手中。中國沒有遵循這種改革的路徑，主要原因之一是，統治階級擔心「國家─社會」式分權可能使社會力量反過來挑戰國家權威。中國的改革目標在於首先引入內部競爭，換言之，在統治階級內部競爭。內部競爭在政府間分權中得到實現。與國家─社會式分權相較，統治階級更容易接受政府內部的分權，毛澤東時代的「大躍進」運動和「文化大革命」過程中出現的幾次政府內部分權浪潮，就證明了內部分權更容易控制。

實行政府間分權後，經濟政策制訂權轉移到地方政府。隨著權力的擴展，地方政府在對外政策改革中得以扮演重要角色。他們開始遊說中央改革派領導人，希望獲准執行開放政策並獲得優惠的政策待遇。在許多方面，中國政治系統的實際運作體現出明顯的聯邦主義特徵，各級地方政府在治理國家中扮演著重要角色❽。

隨之而來的經濟開放可以被視爲政府間分權的產物。作爲國家政策，中國的開放政策需要精心設計和謹慎施行，這個過程始於地方試驗。二十世紀八〇年代初，改革派領導人在三個沿海省份（廣東、福建和海南）設立了五個經濟特區。特區的地方政府能自由授予出口公司特權，比如，出口公司可以獲得免稅買入外國產品這一優待。其他八省的十四個沿海城市也相繼被賦予類似的鼓勵貿易和引進外資等相關特權。這些經濟特區和沿海開放城市獲得了充分的自主權，享受稅收減免，以及資源的優先分配權。正是由於這

些優惠政策，沿海各省市的經濟才得以借助國際自由貿易和流動資本投資而快速成長。

　　值得注意的是，中國的區域化和全球化伴隨並促進了剛起步的政府間分權，這兩者的發展加強了中國各省市與外部世界的相互依賴性。中國進入國際市場，爲後來加入世貿組織創造了有利環境。當然，區域化和全球化對中國省際關係也有重大影響。各省之間的相互依賴程度迅速減弱。例如，世界銀行一九九〇年代初的一項研究顯示，當時中國的國內貿易占國內生產總值的22%，低於歐盟內部貿易的28%和前蘇聯各共和國之間的27%❾。

　　高度開放的社會政策促進了中國的全球化進程。過去的三十年是中國經濟持續高速發展的三十年，若不實行對外開放政策，這個成果是不可想像的。過去三十年，中國努力與世界接軌，融入世界經濟體系。同時，從九〇年代初開始，中國就成了對外直接投資者們最熱中的投資目的地之一。超過80%的世界五百強和世界頂尖的一百家資訊技術公司，都已在中國開展業務。在投資的強力推動下，中國快速成爲世界最重要的生產加工基地。過去二十年，中國的出口貿易額保持了16%的年均成長率，中國已成爲東亞最成功的「出口導向型」經濟體，複製了東亞「四小龍」的經濟成長模式。今天，中國已成爲僅次於德國的世界第二大出口國。

開放政策不均衡的影響

　　開放政策在給中國帶來巨大收益的同時，也對中國社會產生了破壞性的影響。它在不同社會利益群體和各區域間引發了分配衝突，有些地區和利益群體相對其他參與者而言，享受到了更多改革

的成果，有些參與者則在改革中遭受損失。換言之，某些利益群體和區域因日趨發達的市場導向型經濟和對外開放（或全球化）而受益。這種受益方式並不均衡，那些能夠參與開放過程的就能獲益，而那些沒有參與機會的則處於不利地位。

誰是改革的受損者？儘管政府官員和城市居民大都否認自己，而互相指認對方是受益者，然而他們在誰是改革中最嚴重的受損者問題上，卻意見一致。國有企業工人和農民被認為是改革過程中受損最嚴重的群體❿。這樣，就又出現了新問題：為何他們成為受損者？他們是如何成為受損者的？

改革逐步取消了毛澤東主義者提倡的平均主義政策，促進了經濟成長，並且顯著地消除了貧困。但福利成長與貧困人口減少不是完全均衡的，改革並不能縮小不同利益群體和地區之間的收入差異。據世界銀行的評估，中國的基尼係數在一九八一年時為0.288，到一九九五年這個數據漲至0.388，雖然仍低於大部分拉丁美洲、非洲和東亞國家，但已與美國相當，且高於絕大多數東歐轉型經濟體，更不必說高收入的西歐國家⓫。各種研究表明，三個方面的收入差距在九〇年代中期開始顯現出來。

城市分配差異：世界銀行於一九九七年公布的一項研究表明，中國城市基尼係數從一九九一到一九九五年由0.176上升到0.275⓬。一九九六年，在收入最低的20%城市居民中，三分之二的人發現他們的絕對收入降低了。在其次的20%低收入居民中，半數人發現他們的絕對收入下降了。與之對應的是，收入最高的20%城市居民收入則大大地提高了⓭。一九九〇年時，收入位居前20%的城市居民與收入最低的20%城市居民相較，前者收入為後者的四點二倍；到一九九八年，這個比率暴增至九點六倍。城市居民中最富有的10%其所得收入占社會總收入的比率，從一九九〇年的

23.6%增至一九九八年的38.4%。反觀同時期收入最低的20%城市居民，他們獲得的收入占社會總收入的比率則從9%跌至5.5%⑭。在過去，城市居民與那些數以億計的農村「赤貧」相較，當屬「小康」群體，但是，即使是在經濟改革二十年後，城市中仍有約三千萬居民的收入不到全國平均水準的三分之一，他們的生活依然困苦⑮。城市貧困問題正日益成為今日中國執政當局所面臨的一項嚴峻政治挑戰。

城鄉分配差異：改革開放以來，城鄉之間的收入差距日益擴大。城鄉收入差異問題並非新問題，它的歷史可以追溯到毛澤東時代⑯。在經濟改革之前，中國城市人均收入是同期農村人均收入的二點六倍⑰。改革初期，由於經濟改革從農村開始，城鄉差距有

世界上沒有其他國家像中國一樣，在這麼短的時間、這麼大的範圍進行經濟結構調整，國企下崗職工成為這一過程中的利益受損者。

所縮小。但好景不長，一九八四年城市改革啓動後，城鄉差距持續擴大。世界銀行認爲，若按國際標準衡量，中國的城鄉差距是非常巨大的。其他國家很少有城市收入超過農村收入兩倍的情況，多數國家農村收入是城市收入的66%以上。反觀中國，這一數據卻從一九八三年的最高值59%跌至一九九五年的40%❽。農村人均收入在二〇〇三年爲二千六百二十二元，同期城市居民人均收入卻爲八千七百四十二元❾。到二〇〇六年，城市人均收入已超過農村居民人均收入達三點三倍之多❷〇。

　　區域間分配差異：世界銀行的數據顯示，中國區域間的收入差異並沒有各省內部城鄉差異那麼嚴重。例如，在一九九二年時，中國沿海省份與內陸各省的平均收入相較，前者僅高出後者50%，但是同年城鄉收入差距卻高達兩倍❷❶。而王紹光和胡鞍鋼展示給我們的是一幅更爲悲觀的畫面❷❷。他們在對地方分配差異做了詳細研究之後，得出三個結論：首先，省際不平等在持續擴大；其次，地區差異空前巨大；最後，地區差異表現在多個維度上。中國沿海與內陸省份間人均GDP與收入的差距從一九八三年開始顯現，在一九九〇年後情況更加嚴重。

　　日益深化的全球化進程引發了各國內部社會群體和區域之間的不平等現象，中國也不例外❷❸。特別是當恰當的政府政策缺位時，這些不平等現象的加速擴展又會成爲社會衝突的導火線。一直以來，中國政府都在爲緩解收入分配差距而努力。一九九八年，朱鎔基政府啓動西部大開發計畫❷❹；二〇〇二年中央政府又提出了振興東北老工業基地的政策。二〇〇四年溫家寶總理宣布，中央政府在繼續保證東部經濟持續快速成長，推動西部大開發和振興東北老工業基地的同時，還將大力加快發展中部地區，以保證各地區之間統一協調發展❷❺。

　　中央政府制訂上述地區發展計畫的首要目的在於，緩解少數族群的不滿，減少各民族之間的發展不均衡。中國是個多民族國家，86%的少數民族生活於西部地區，其餘則分布在東北和東部地區。大多數不發達地區的少數民族各自聚居在一起，與東部沿海地區相較，經濟實力極為貧弱❷。比如，早在一九九五年，江蘇省的工業產值就占全國工業總產值的10.4%，這比包括民族自治區在內的其他七省（甘肅、廣西、貴州、內蒙古、寧夏、青海和雲南）總和還要多。漢族和少數民族之間過度的收入差距極有可能導致族群衝突，這也是建構和諧社會不可忽視的障礙。這些發展規劃很大程度上是為了保證少數民族地區的發展，提高少數民族的生活水準而實行的。與此同時，實行這些政策也是政府讓不發達地區、不同社會群體、少數民族分享發展機遇的過程。

　　近年來，中國政府還透過社會政策，主動加強了為社會提供公共服務的能力。在政府的一系列政策中，提高針對公民的社會保障、健康和醫療服務，推行免費義務教育，建設環境友好型社會等目標尤其值得注意。這些政策被稱作建構和諧社會的必要舉措。政府以堅定的態度、有效的行動在全國範圍內推行這些新政策。經濟指數（如GDP）依然重要，但不再成為衡量黨政領導人政績的唯一標準。新的政績綜合考核標準體系正在不斷完善，其中包括社會、環境和居民發展及其他各項相關指標，並由中央組織部主持在試點省份推行❷。在這一系列政策中，「建設社會主義新農村」政策尤為重要。這一政策的核心在於，政府透過提高國家預算中農業支出比重，力圖解決三農（農業、農村、農民）問題，加強諸如道路、飲水、衛生等農村基礎設施建設。另外，從二〇〇六年起，政府還免除了所有農業的相關稅收與雜費。

　　過去三十年，推行市場導向式發展引發的問題和社會不滿日

益累積，這說明中國早就該著手進行政策轉向。但是對於輿論所謂「政府社會政策目標已由經濟成長轉向提供社會服務」的說辭，我們不必太過當眞。一方面，中國仍然需要市場導向的發展模式，來削減發展過程中的社會經濟副作用；另一方面，中國現行政府體系內，特別是中央政府以下層級，自然地傾向於促進市場發展。這種強烈的市場導向常與諸如進一步的平等、提高生活品質、更好地保護環境等其他政府規劃的目標相齟齬❷❽。

政治改革和利益代表

推動市場經濟發展是國家的發展大計。同樣地，處理市場經濟帶來的負面影響，也必須成爲國家發展的大計。根據波蘭尼的思想，正是市場經濟高速發展，在中國引發了包括自發社會運動在內的眾多負面結果。

遊行抗議、阻擋交通和襲擊政府辦公室時有發生，社會底層上訪申訴不斷，廣大農村地區民事糾紛事件數量增加，這些都是人們的不滿情緒日益增長的表現。二〇〇五年全國共發生了八萬七千起「集體性事件」或公眾抗爭事件，比上一年增加了六點六個百分點❷❾。與此同時，大批農民湧入城市尋求生存機會，他們中絕大多數人不得不忍受惡劣的待遇和糟糕的工作條件，這些都造成富人與窮人之間關係的日趨緊張，促使政府要負起改革社會政策的職責。

一個更爲重要的挑戰在於，如何向興起於市場經濟時代的新階層開放政治過程，這個問題的關鍵在於中國共產黨的態度。我們也應該看到，很多社會群體，特別是力量較弱的社會群體，會在對內開放政治的進程中被逐步邊緣化。因此，我們必須保衛社會，筆

者將在後文詳細討論具體原因。

　　中國共產黨在傳統意義上代表工人、農民、知識分子、人民解放軍和黨政機關幹部五大群體的利益。在毛澤東思想統領一切的時代，黨把資本主義與資本家看作敵人，這與他們在其他社會主義國家所受的待遇並無二致。黨章中明確指出，消滅資本主義是共產黨的目標之一，即便是在後毛澤東時代，意識形態色彩已逐漸淡化，黨內對資本家和民營企業主是否能入黨的問題依然爭論不休。一九八九年六四事件之後，當年八月二十八日，黨的中央委員會頒布了《中共中央關於加強黨的建設的通知》。這一通知指出：「我們黨是工人階級的先鋒隊。私營企業主同工人之間實際上存在著剝削與被剝削的關係，不能吸收私營企業主入黨。」❸❶但中國共產黨的領導集體一直以比較務實的眼光來看待非公有制企業的發展問題。二〇〇〇年二月，第三代領導集體提出「三個代表」重要思想，根據這一概念的表述，中國共產黨代表著「最先進的生產力、最先進文化和最廣大人民的根本利益」❸❶。「三個代表」思想是中國共產黨對市場經濟中非公有制部分的肯定。更重要的是，這表明它已經開始思考如何做才能代表新興階層和社會群體的利益。

　　在毛澤東時代，中國共產黨是天然的革命型政黨，工人和農民是黨內黨員壓倒性的大多數。例如，一九五六年黨內83%的黨員來自這兩大階級，一九八一年時這個比率還維持在64%。鄧小平掌權以後，他發動了所謂的技術專家運動，此後，技術專家逐漸占據了黨內的骨幹地位。中國共產黨的黨員隊伍開始年輕化，整體受教育程度也更高。

　　隨著意識形態對市場經濟的承認，中國共產黨從以工農聯盟為基礎的政黨，徹底轉變為「代表最廣大人民群眾」的政黨，黨員隊伍中擁有各式社會和經濟背景的黨員開始增多。在過去的

三十年裏，黨內工人、農民、解放軍黨員所占比率顯著降低了。從一九七八年到二○○六年，工人黨員的比率從18.7%下降至11.1%，農民黨員由46.9%減少到31.7%，解放軍黨員所占比率從6.9%銳減爲2.2%。與此同時，來自其他社會群體的黨員比率急遽增加：目前的黨員隊伍中，白領黨員（含管理人員和技術專家）占了21.4%，還有5.1%的黨員具有私人經濟背景。

向社會新興階層開放政治過程的舉措也出現在立法過程中。一九九九年召開的第九屆全國人民代表大會第二次會議，正式通過「國家保護個體經濟、私營經濟合法的權利和利益」的憲法修正案❸❷。這也是建國以來第一次用憲法條款保護私有經濟。二○○八年第十一屆全國人民代表大會通過《物權法》以保障私有產權。它標誌著中國向資本經濟轉型邁出了重要一步。爭取《物權法》通過的艱辛歷程，彰顯了中國領導人試圖爲國家建立完整的法律和金融體系時所面對的困難。《物權法》的誕生歷經八次審議（僅三次爲法定議程所需，大多數審議爲外界所要求），歷時長達十三年。黨內保守勢力抗議《物權法》，認爲它會顛覆社會主義制度，並發起了反對《物權法》的簽名運動，結果使原訂於二○○六年頒布的《物權法》再次難產。《物權法》對中國國情下財產的創造、轉讓和所有權進行了詳細說明。

吸納民營企業家入黨的決定，表明了中國共產黨爲適應變化的政治現狀所進行的自我調整。市場導向的經濟發展模式已經讓中國的社會結構發生了巨大變化，新興的企業主們逐漸地取代了昔日的工人、農民階級，成爲新統治階層的一員。向新興的社會階層敞開懷抱是共產黨擴大其社會基礎的不二之選。共產黨作爲唯一的執政黨，必須盡最大可能代表最多數社會群體的利益。這也是近年來胡錦濤領導下的共產黨做出政策改變的原因。

　　從中國共產黨第十六次全國代表大會以來，黨的政策重心開始逐步向前文提及的弱勢社會群體轉移。同時，爲了保持經濟成長的活力，新一代領導人也不得不繼續利用制度鞏固新興社會階層獲得的政治影響力。二〇〇七年，被共產黨稱爲新經濟組織和新社會組織（其中包括一個律師協會）的黨員代表，出現在中國共產黨的第十七屆全國代表大會上❸❸，這意味著新興社會階層的政治影響力正在迅速擴大。

社會開放和不均等的政策參與

　　隨著市場經濟的發展，中國的中產階級日益壯大，他們要求參與政治生活的呼聲也越來越強烈。當新興社會階層參與政治生活的積極性日益高漲時，來自傳統社會力量的反應同樣強烈。工人、農民階級等社會群體覺得黨對他們的代表性減弱了，他們在政黨政治中被邊緣化了，他們的利益被犧牲了。同時，中共中央也在努力開放政治過程，將代表國內弱勢群體利益的組織納入其中。全國人民代表大會宣布農民工將被視爲新的職業群體，並會有更多代表農民工群體利益的代表進入全國人大。然而，新興社會階層比社會弱勢群體獲得的參與機會要多得多，這一點是毫無疑問的。

　　頻繁發生的自發性社會運動和抗議事件表明，這些社會弱勢群體依然缺乏有效的政治參與機制。如波蘭尼所言，雖然社會運動常常只是社會對市場經濟運行的自發性反制，但它們最終會導致政治變革，使社會得到國家的保護。從歷史發展的角度看，各種社會運動與市場經濟的發展相伴而生，同時也反過來促進了市場經濟的轉型。雖然中國已經將社會新興階層有效地整合進政治體制，但對

233

於弱勢群體，政府只是一味尋求各種有效機制來控制社會運動，沒有果斷地將其納入政治過程。

近年來中國非政府組織的發展，就是上述問題的客觀反映❸。特別是二〇〇〇年後，中央決策者開始強調社會改革，非政府組織的表現也日漸活躍起來。政府進行社會改革，目的不僅是要放寬對社會的控制，還要積極創建和支持非政府組織的發展，讓其擔負某些原本由政府承擔的職責。此後，中國非政府組織的數量持續增長。從主管非政府組織的國家民政部掌握的數據看，一九七八年中國僅有約一百家全國性社會團體，到二〇〇三年底，這一數字達到了一千七百三十六家；同期，地方性社會團體的數目也從六千家增加到十四萬二千一百二十一家；改革開放前不存在的非企業組織數量也達到十二萬四千一百一十九家。截至二〇〇五年底，中國共有十六萬八千個社會團體、十四萬六千家非企業組織和九百九十九個基金會。然而，學者們發現仍有很多協會沒有被計算在內。王紹光就認為，若把各種未在民政部門登記的社會團體計算進來，到二〇〇三年底，中國社會團體的總數應該在八百八十萬家左右❸。儘管發展勢頭迅猛，學者們卻認為中國的非政府組織仍處於欠發達狀態。按每萬人擁有公民團體的數量來看，中國只擁有一點四五個社會團體，而同樣的數據法國為一百一十點四五個，美國為五十一點七九個，巴西為十二點六六個，印度為十點二一個，埃及為二點四四個❸。

在西方社會，非政府組織都獨立於政府，組織實行自治。反觀中國，非政府組織的自治程度取決於他們與政府的關係，以及由此產生的政治距離。政府的相關管理條例規定，公民成立社團組織，必須到縣級以上民政部門申請並登記；若要成立基金會（如慈善組織），則需要向省民政廳或民政部申請；成立公民組織而又不

在民政部門登記，被視爲違法行爲。管理規定還要求，每個社團組織都必須有個「業務主管單位」作爲其贊助機構。「業務主管單位」必須是縣級以上的國家機關或同級別的授權組織，而且要與社團所開展的活動具有相關性，也就是要與社會團體處於同一領域。只有當其業務主管單位審查同意後，非政府組織方可在民政部門登記註冊。此外，相關條例還規定，同一個地理區域內不能出現兩個或兩個以上職能相同的非政府組織。眾多具有草根性的非政府組織在如此嚴格的管制條件下，不可能成功註冊，它們要麼受困於找不到願意擔任其業務主管單位的政府機構，要麼面臨意圖發展的領域已經被其他當地非政府組織先入爲主的窘境。一些非政府組織只好以商業組織形式進行註冊以獲得合法身分，儘管它們只參與和商業無關的公共非營利性活動。現實中，很多沒有登記的社團組織也公開活動，因爲大多數時候政府都對其採取放任態度、置之不理，並不依法進行管制。

　　然而，對社會團體的管理要求並不適用於八大全國性社團組織。它們更多的時候被稱爲「人民團體」、「群眾團體」，諸如中華全國工商業聯合協會、中華全國婦女聯合會、中國共產主義青年團。中國共產黨和政府直接創建了這些組織，並透過它們行使特定的行政職能。它們確實是不受民政部門監管的獨立社團組織，只是組織的重大人事任免須由共產黨最高領導人決定。不受管理條例約束的團體還包括：「機關、團體、企業事業單位內部經本單位批准成立、在本單位內部活動的團體」❸。另一些草根性組織，如由住在一起的業主們建立的業主維權會，和以社區爲單位形成的社會團體（比如由街坊鄰里組織的活動興趣組織），也不在民政部門登記註冊的要求之列。

　　政府建立各式貿易協會和商會等媒介組織來協調和監管經濟

事務，以取代政府的直接管理。政府也有意扶植一些非政府組織，來轉移原本由自身承擔的社會服務，以減少其負擔。在社會發展領域，政府還希望非政府組織能夠動員社會資源，以節約自身開支❸。這些非政府組織開展活動時，必須堅持黨的路線方針，做黨的「得力助手」，而不是獨立社團。

中國非政府組織的政治影響力隨著領域和組織的不同而變化。政府鼓勵非政府組織在減少貧困、提倡慈善和關注環保政策等方面多花精力；那些關注宗教問題、族群問題和人權問題的非政府組織，聲音就顯得極為微弱；即使是同一領域的非政府組織，也力量懸殊。多數商業組織力量極其強大，甚至可以影響政府的政策制訂過程。要在全國各級人大和政協會議上找到幾位與會商界代表並非難事。農民和工人卻被禁止自行結社，缺乏表達和聚合自己利益的有效機制。事實上，黨員隊伍中工農人數的下降，意味著他們對中國政治系統的影響已很微弱。

當強勢的社會群體能夠自行組織起來，他們就會更加強大。工農階級沒有尋求自身利益的有效方式，這部分是因為中國正處在社會經濟發展的初級階段，經濟成長優先於政治參與。但隨著經濟的深入發展，工人和農民也許能夠發揮到更重要的作用。可以舉出工會的例子來說明這個道理。政府對待工人階級權利問題的態度正在轉變。時至今日，就連政府所轄之下保守刻板的全國總工會都已醒悟，認為必須採取更多有效的途徑保障工人的權利。在當下中國，勞動糾紛呈成長趨勢，它不但威脅到社會穩定，而且會侵蝕中國共產黨的統治合法性。因此，雇主們更需要深入學習《勞動法》，明確須承擔的相關法律義務。在二○○三年的年會上，全國總工會直接要求沃爾瑪零售連鎖超市，對其工人建立工會的請求予以應允。從此以後，越來越多的公司建立起工會，部分公司乃出於

自願，而另一些公司則是被要求執行的。

爲什麼必須保衛社會？

　　爲什麼必須保衛社會？筆者在本文中力圖分兩個步驟來回答：首先，檢驗開放政策如何促進市場經濟的發展，然後觀察深入發展的市場經濟如何對社會弱勢群體造成負面影響。政治與經濟的轉型都證明，「有錢階級」和「權力階級」是推動中國發展的關鍵力量，他們在國家權威等級體系中處於要害位置。這進一步表示，不但現在他們是推動社會發展的重要角色，將來也會由他們主導發展歷程。「有錢階級」和「掌權階級」手握資源，也有能力爲牟取私利大肆進行權錢交易。儘管中國社會已發生劇烈變化，但各種社會群體的政治參與行動依然難見起色。這一事實，在諸如工人、農民和農民工群體的政治參與現狀中體現得尤爲突出。近年來社會抗議活動驟增，也可以從中找到部分原因。弱勢群體的抗議活動可以視爲他們對現狀不滿的表示。在缺乏有效的政治參與機制時，弱勢群體不可避免地會選擇集體抗議（類似西方的街頭民主）。

　　正如本文所述，共產黨領導人對社會弱勢群體的「訴求」有清晰的認識。他們將社會改革提上議事日程，並最優先考慮制訂社會政策。不過，社會政策一旦落實到執行層面，問題也接踵而至。儘管中央政府已經竭力推進改革，但在社會保障、醫療、衛生和教育發展等各個社會領域，政策執行情況都不盡如人意。由於開放政治參與的過程極爲緩慢，社會弱勢群體繼續被排除在重要的議程設置之外，繼續被邊緣化。

　　毫無疑問，在強調社會穩定和中國社會經濟可持續發展的背

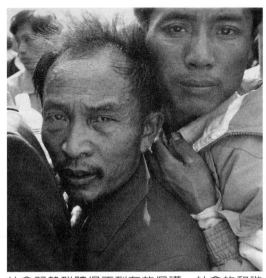

社會弱勢群體得不到有效保護，社會的和諧
與穩定將無從談起。（圖／張新民）

景下，社會政策的重要性日漸凸顯。讓相關社會群體參與其中，是
制訂並執行有效社會政策的關鍵所在。在制訂政策的過程中，將弱
勢群體排除在外，就不可能提高他們的社會福利。在缺乏有效社會
政策的情況下，政治和經濟的開放政策將走入只有某些少數社會群
體受益的怪圈。我們必須保衛社會，特別是社會中的弱勢群體。顯
而易見，保衛社會不單是經濟任務，更是政治任務。

　　最後，我想全文引用溫家寶總理的一段話作爲結束。二〇〇
八年九月二十三日，溫總理接受了CNN記者法里德・扎卡里亞
（Fareed Zakaria）的採訪，在回答後者對市場和社會主義是否矛盾
的提問時，他說：

　　　我們國家經濟最完整的闡述應該是這樣的：在宏觀調

238

控和政府引導下，讓市場規律的基本職能在分配資源方面充分發揮作用。過去三十年，我們得到了一點重要的經驗：應確保有形的和無形的手都能在對市場規律的調節中充分發揮作用。如果你熟悉亞當‧斯密的古典著作，就一定會知道其中的兩部作品：一部是《國富論》，另一部是關於道德和倫理方面的書。《國富論》更多討論的是無形的手，就是市場規律，而另一本書則討論的是社會的公平與公正。在另一本書裏，他強調了政府在財富分配方面發揮了調節作用的重要性。如果一個國家的財富都掌握在少數人手中，那麼這個國家的和諧與穩定將無從談起**㊴**。

溫家寶在回答中談到了市場和政府（又稱資本和權力）應該扮演的角色，社會應該被安置於市場與政府的綜合體之中。他還提到，斯多葛學派哲學家馬可‧奧勒留在《沉思錄》中的話語讓他感受頗深：「歷史上曾經出現的那些偉人在哪裏？他們都已遠去，留下的只有一個故事或是故事的隻言片語。」最後他總結道：「只有人民才可以創造和書寫歷史。」

當下肆行美國的金融風暴讓人們懂得了「要麼政府管制，要麼任其崩盤」的教訓。問題的關鍵在於：誰管制誰？政府既能夠管制市場力量，也可以與其沆瀣一氣，以權牟利。如果後者成為現實，世間將再無道德和社會正義可言，無人能管制權力和金錢。如果我們轉向溫家寶總理關於《沉思錄》的結論就會發現：只有社會才能管制權力和金錢，只有賦權於社會，正義才能得到伸張。

（本文發表在2008年廣州中山大學主辦的「南方論壇」上。原文為英文，由中山大學組織翻譯成中文，並由黃彥杰做了修訂，特此致謝）

註釋

❶ 參閱：Yongnian Zheng, *Discovering Chinese Nationalism in China: Modernization, Identity, and International Relations* (Cambridge, England: Cambridge University Press, 1999); Globalization and State Transformation in China (Cambridge, England: Cambridge University Press, 2004); *Will China Become Democratic? Elite, Class, and Regime Transition* (Singapore and New York: Eastern Universities Press, 2004).

❷ Mancur Olson, *The Rise and Decline of Nations: Economic Growth, Stagflation, and Social Rigidities* (New Haven: Yale University Press, 1982).

❸ Mancur Olson, *The Rise and Decline of Nations: Economic Growth, Stagflation, and Social Rigidities* (New Haven: Yale University Press, 1982) , p. 1.

❹ Karl Polanyi, *The Great Transformation: The Political and Economic Origins of Our Time* (Beacon Press, 1944).中文版已由浙江人民出版社於2007年出版。

❺ Dani Rodrik, *Has Globalization Gone Too Far?* (Washington, DC: Institute for International Economics, 1997).

❻ 對不同階段中國改革進程和經濟發展的考察，請參見：Barry Naughton, *Growing Out of the Plan: Chinese Economic Reform 1978-1993* (New York: Cambridge University Press, 1996); *The Chinese Economy: Transitions and Growth*(Cambridge, MA: MIT

Press, 2007).

❼ Milovan Dilas, *The New Class: An Analysis of the Communist System*(San Diego: Harcourt Brace Jovanovich, 1957, 1983).

❽ Yongnian Zheng, *De Facto Federalism in China: Reforms and Dynamics of Central-Local Relations*(Singapore and London: World Scientific Publishing, 2007).

❾ The World Bank, *China: Internal Market Development and Regulations* (Washington, DC: The World Bank, 1994). 世界銀行報告的概要，請參見：Anjali Kumar, "China's Reform, Internal Trade and Marketing", *The Pacific Review,* vol. 7, no. 3(1994), pp. 323-340.

❿ 城鄉居民收入差距增大，城市貧富群體之間的分配不公加劇，也可證明此觀點。周江：〈2002年中國城市熱點問題調查〉，載於汝信、陸學藝、李培林主編：《社會藍皮書2003年：中國社會形勢分析與預測》，社會科學文獻出版社2002年版，第159-160頁。

⓫ The World Bank, *China 2020. Sharing Rising Incomes: Disparities in China*(Washington, DC: The World Bank, 1997) , p. 7.

⓬ The World Bank, *China 2020. Sharing Rising Incomes: Disparities in China* (Washington, DC: The World Bank, 1997), p. 17.

⓭ 國家統計局：《1998年中國物價和城市居民收支年度統計》，中國統計出版社1998年版，第7頁。

⓮ 許欣欣、李培林：〈1998-1999年：中國就業、收入和信息產業的分析和預測〉，載汝信等主編：《1999年中國社會形勢分析與預測》，社會科學文獻出版社1998年版，第34頁。

⓯ 王紹光：〈中國WTO成員身分的政治和經濟含義〉，載於《當

代中國》2000年第9期第25卷，第385頁。

⓰ Azizur Rahman Khan and Carl Riskin, *Inequality and Poverty in China in the Age of Globalization* (Oxford: Oxford University Press, 2001).

⓱ 王紹光：〈中國WTO成員身分的政治和經濟含義〉，載於《當代中國》2000年第9期第25卷，第386頁。

⓲ The World Bank, *Sharing Rising Incomes*: *Disparities in China*, p. 16.

⓳ 《中國統計年鑑》，2004年。

⓴ 汝信、陸學藝和李培林主編：《社會藍皮書2007年：中國社會形勢分析與預測》，社會科學文獻出版社2006年版，第8頁。

㉑ The World Bank, *Sharing Rising Incomes*: *Disparities in China*, p. 22.

㉒ 王紹光、胡鞍鋼：《政治經濟不均衡發展：以中國為個案》（Armonk, NY: M. E. Sharpe, 1999）。

㉓ Christopher Cramer, "Economic Inequalities and Civil Conflict", Centre for Development Policy and Research Discussion Paper 1501, School of Oriental and African Studies, University of London, 2001.

㉔ Ding Lu and William A. W. Neilson eds., *China's West Region Development: Domestic Strategies and Global Implications* (Singapore and London: World Scientific Publishing, 2004).

㉕ Hongyi Lai, "Developing Central China: A New Regional Programme", *China: An International Journal*, vol. 5, no. 1(2007), pp. 109-128.

㉖ Colin Mackerras, *China's Minorities: Integration and Modernization*

in the Twentieth Century (Hong Kong: Oxford University Press, 1994); and Robyn R. Iredale, Naran Bilik, and Fei Guo, *China's Minorities on the Move: Selected Case Studies* (New York: M. E. Sharpe, 2003).

㉗ 例如在中組部的指導下，浙江省就已經把環境指標納入官員考核標準體系。

㉘ 參閱：John Wong, "Explaining China's 2005 Growth and its Problems(Ⅱ)", *EAI Background Brief*, no. 269 (6 Jan. 2006).

㉙ "China to 'Strike Hard' Against Rising Unrest", *Reuters*, 26 January 2006.

㉚ 中共中央委員會檔案研究室：《新時期黨的建設和文件選編》，北京：人民出版社1999年版，第456頁。

㉛ 新華社，〈江澤民同志在全國黨校工作會議上的講話〉（2000年6月9日），《人民日報》2000年7月17日。

㉜ K. Zou and Y. Zheng, "China's Third Constitutional Amendment: A Leap Forward towards Rule of Law in China", in A. J. de Roo and R. W. Jagtenberg eds., *Yearbook Law & Legal Practice in East Asia*, vol. 4 (The Hague: Kluwer Law International, 2000), pp. 29-41.

㉝ 新華社，〈中組部就黨的十七大代表選舉工作答新華社記者問〉，www.xinhuanet.com，於2007年9月12日登入。

㉞ Qiusha Ma, *Non-Governmental Organizations in Contemporary China: Paving the Way to Civil Society?* (London and New York: Routledge, 2006).

㉟ Zengke He, "Institutional Barriers to the Development of Civil Society in China", in Yongnian Zheng and Joseph Fewsmith eds., *China's Opening Society: The Non-State Sector and Governance* (London and New York: Routledge, 2008), p.162.

㊱ Zengke He,“Institutional Barriers to the Development of Civil Society in China”, in Yongnian Zheng and Joseph Fewsmith eds., *China's Opening Society: The Non-State Sector and Governance* (London and New York: Routledge, 2008), p.163.

㊲ 《社會團體登記管理條例》，國務院1998年頒布。

㊳ Jude Howell,“NGO-State Relations in Post-Mao China”, in David Hulme and Michael Edwards eds., *NGOs, States and Donors: Too Close for Comfort?* (London: Macmillan Press Ltd., 1997), pp. 202-215; and Linda Wong, *Marginalization and Social Welfare in China* (London and New York: Routledge, 1998).

㊴ CNN,“Transcript of Interview with Chinese Premier Wen Jiabao”, available at http://www.cnn.com/2008/WORLD/asiapcf/09/29/ chinese.premier.transcript/index.html, accessed on October 1, 2008.

第十講　鄉村民主和中國政治歷程

◆ 與中國其他階級相較，農民階級具有更大的獨立性。這種獨立性不是傳統中國農民本身所固有的，而是國家行為的結果。

◆ 階級意識是在社會交往中建立起來的，而國家主導下的各個階級在事實上和法律上的不平等權利，更加強化了農民的階級意識。而這種由社會建構起來的階級意識，往往比由國家動員而形成的階級意識來得更有效。

◆ 不管我們選擇怎樣的政治發展道路，政治穩定始終是最重要的前提，這是國家與社會唯一能達成的共識。

◆ 最重要的是，鄉村民主逐漸用制度化形式填補了國家權力回撤後出現的制度空間，有效地阻止了其他地方性制度的滋生。

引言

在討論中國現代化和政治發展時，農民與民主的關係是個不可忽視的問題。從世界歷史上看，農民基本上是阻礙國家現代化、民主化的力量。然而，由於各國開始現代化的時間不同，在現代化之前存在的制度環境亦有異，故很難用一種普遍的有關農民與民主的理論來檢視各國的現代化進程。一個階級在已開發國家的民主化過程中所扮演的角色，很可能不同於其在後開發中國家所扮演的角色。所以，雖然農民在歐美國家的民主化過程中扮演了消極角色，但這並不代表他們不能在後開發中國家發揮積極作用，並成為民主的促進者。

本文試圖透過中國一九七八年改革以來產生的鄉村民主這一個案，探討農民與民主的關係問題。我們提出的基本觀點有兩個：第一，鄉村民主的發展形成了中國農民的階級意識，由於政治生活不斷組織化，從而使中國農民階級有別於已開發國家的農民階級，成為中國民主化過程中建設性的推進力量；第二，鄉村民主優先在中國各階層中發展的事實，很大程度上決定了中國民主化所能選擇的途徑及未來的發展方向。

農民與民主

農民在現有西方民主理論中是沒有位置的。這是因為現代西方民主產生於工業革命之後，扮演民主締造者的是資產階級而非

農民。在眾多的民主發展理論中，有三種理論對我們理解民主的含義有很大的相關性。第一種理論認為，民主這種統治形式（form of government）只能產生在市場和資本主義經濟中。第二種理論強調，民主只會在富裕和經濟發達的社會內生存與發展。第三種理論認為，民主能否產生與發展，取決於社會傳統中是否有妥協的政治傳統與制約中央權力的機制。下面我們簡單地討論上述三種理論的內在邏輯。

先看第一種理論。在當代學者群中，林德布羅姆、亨廷頓和摩爾都認為，資本主義和民主之間有種歷史的和邏輯的內在聯繫❶。他們在研究西方民主政治發展過程中發現，由於產業資產階級的興起，傳統貴族國家成功地轉型成民主國家。資本主義作為一種基於私有制之上的經濟制度，提供了制約國家權力的機制，並產生了與公共領域不同的私人領域。而公私領域的分離，是民主作為有限政府形式的必要條件。

第二種理論強調民主與經濟發展成正相關關係，認為民主並不是資本主義工業化國家特有的「土產品」❷。這一理論強調，民主一旦被引進，工業化的資本主義就為它提供了有利的制度環境。那麼，為什麼工業化社會有利於民主呢？在這一問題上，美國政治學家認為，工業資本主義社會在經濟上都相對富裕，這有助於減少不同精英團體、精英團體內部及精英和大眾之間的政治衝突，而政治鬥爭也不再是一種「零和遊戲」❸。經濟富裕為政治精英的權力鬥爭設置了底線，而這一底線對民主的穩定極其重要。因為如果精英都用生命作為政治權利的賭注，那麼民主政治就會充滿暴力。

第三種理論認為，民主制度的產生歸因於有利民主的傳統❹。以英國為例，英國中世紀的封建制度實際上為後來的民主制奠定了基礎。有了這種傳統，政治掌權者就會有一種容忍不同政治利

益體系的心態（mind-set）。這也是民主制的本質。

　　摩爾對農業社會與民主不相容的分析最為著名，但他的重點仍是分析農民與地主在民主化過程中所扮演的角色。根據摩爾的理論，共產主義革命的興起是因為下列因素：高度集中的國家，軟弱的資產階級，依賴於國家政治權利的地主階級，農民階級與地主階級關係弱化而出現的集體行為的機會。摩爾的個案研究還包括了中國。為什麼中國沒有走向民主革命而走向共產主義革命呢？儘管中國的農民階級與地主階級關係微弱，具有一定程度的獨立性及潛在的民主性，但地主階級利用國家權力阻止了農民形成階級意識和集體行為的機會，結果導致自下而上動員式的共產主義革命❺。

　　最近的一些比較研究開始對主流民主理論提出質疑和挑戰，並重新評估農民與民主化的關係。這些比較研究發現，農民階級和鄉村中產階級能否在民主化過程中扮演積極角色，主要取決於他們能否形成自主的組織並抵制統治階級的影響。在地主階級實力很強的國家，農民具有權威主義傾向；但以家庭為單位的國度裏的農業生產勞動者，則是民主的推動者。研究者更重要的發現是，階級意識並非完全客觀的東西，階級帶有很大的主觀成分❻。所以，階級意識的形成並不完全取決於階級本身，還取決於其他種種因素，例如國家與農民階級的關係、農民與城市居民的互動、教育通信的發展，等等。

中國農民的新特質

　　概括地說，在眾多的民主理論中，關於農民與民主關係的理論是極其貧乏的，現有的比較政治理論很難解釋中國的農村發展。

因此，若要解釋中國農村的發展，就要發展出基於中國現實之上有關農民與政治的理論。鄧小平時代的農村政策，改變了中國農民的生活面貌，使其有別於傳統，更有別於大多數西方國家的農民。以下提出的觀察，僅僅是與民主政治有密切關係的幾點。

與中國其他階級相較，農民階級具有更大的獨立性。這種獨立性不是傳統中國農民本身所固有的，而是國家行為的結果。二十世紀五〇年代初期的土地改革運動消滅了中國的地主階級，使得中國農民和地主階級不再有任何依賴關係，從此農村不再有統治階級。再者，中國的初步工業化是由國家引導的，使得中國農民也不再依賴國家。相反的，由於工業化是以犧牲農民利益為前提的，國家行為造就了一個新的依賴階級——工人階級，同時也造成了一個獨立的階級——農民階級，並使國家和農民的關係趨於緊張，農民不時對國家權力構成威脅（不管是顯性的還是隱性的）。也就是說，中國的工業化強化了農民階級的獨立性，作為一個階級，農民並沒有被國家所同化。

以分權為主導的改革運動大大深化了農民階級的獨立性，並提升為制度化了的自主性，農村改革的實質是縮小國家在農村的控馭範圍。國家範圍的緊縮產生一些制度空間，並為農村的自主制度所填補。儘管現在的農村基層組織仍然深受毛澤東時代的制度影響和約束，但是它們的再生是農民自主的結果。從這一意義上說，中國農村正朝私有化發展，而私有化正是自主化的本質。

改革的結果是加強了中國農民的組織性。國家權力撤走後，農民不得不組織自己的生活。儘管各地的發展不平衡，但都發展了各種自治組織，尤其表現在村民大會等民主制度上。農村內部城市化的發展（如小城鎮的發展），儘管並未使農民成為真正的城市市民，但農村市場的迅速發展溝通了各地方共同體。此外，社會流動

性的增加（如流動人口），也強化了農民作為一個大共同體或階級的認同感。

組織性的結果導致了農民的階級意識。農民在與其他階級（如城市市民）的日益交往中，產生了「我是誰」的自我認同感和「我們是誰」的集體認同感。階級意識是在社會交往中建立起來的，而國家主導下的各個階級在事實和法律上的不平等權利，更加強化了農民的階級意識。而這種由社會建構起來的階級意識，往往比由國家動員而形成的階級意識來得更有效。

農民的階級意識與集體認同意識為集體行為奠定了基礎。民主不僅是個體行動，更重要的是階級行動。建構農民階級集體行為最成功的例子，為建國前的毛澤東❼。改革後，農村自治制度的迅速發展正為農民的集體行動建構一種制度框架。一九九三年四川數縣農民的集體行動事件，在很多方面反映了農民階級這些新特質。四川仁壽縣早在一九八○年代就實施了鄉村選舉制度，但大都只流於形式，農民並沒有真正表達自己意願的機會，地方官員仍憑自己的意志攤派負擔給農民，如集資辦學、修路等。在地方幹部看來，這些完全是為地方居民考慮的。但由於這些決策並沒有經過當地居民參與，且缺乏透明度，終於在一九九三年六月五日引發了上萬農民示威抗議地方政府的集體行動。當地政府馬上視之為造反，出動武裝力量鎮暴，逮捕了一些農民領袖，農民與當地政府的對立至此充分表露。農民運動迅速向周圍蔓延，附近的巴中、萬源、南江、三臺等縣都先後響應。省政府和中央政府迅速干預，釋放了農民領袖，廢除了一些不合理的地方條例，事件才得以平息。有意思的是，仁壽附近的彭山縣，地方集資、徵稅的比率要比仁壽高得多，但因彭山縣是四川省村民自治示範縣，鄉村民主制度比較完備，農民對政府行為沒有太激烈的反應。這說明基於民主之上的政府決

策，即使其實施仍有強制性，農民對其也有一種「服從」心理。所以，經過這起事件之後，四川省政府決定把彭山縣的經驗推廣到其他各縣，以期創造新的環境秩序。

我們討論中國農民與民主的關係，正是在上述種種轉型情況下進行的。那麼，農民在民主化過程中與國家的關係又如何呢？現行各種比較政治理論所強調的是，農民能不能作為一種與國家分享政治權利的自主力量。然而，農民在民主化過程中並非一定要和國家對抗。我們認為，中國鄉村民主化的特殊途徑，使得國家與農民間的對抗關係減緩，而在某種制度框架中達到合作狀態。正是在這一意義上，我們說鄉村民主正在推進整個國家的民主化進程。這是我們下面要討論的內容。

中國農村基層組織形式

目前中國的鄉村民主制度，其形式源自農村生產合作社和生產大隊的社員代表會議和社員大會。一九八七年，中央政府法律規定，村民會議的目的是擴大人民公社體制下村民的民主權利，在村（生產大隊）一級廢除代表會議，而建立類似於生產隊社員大會那樣的村民會議，讓村民直接行使村務決策權。目前中國鄉村民主由三種相互關聯的制度形式組成，即村民大會、村民代表大會和村民委員會。下面我們來看它們之間的關係。

根據《村委會組織法》，村民會議是村民自治活動中最高的決策機構，村內重大事務必須由村民會議決策。原則上，村民會議成員由村民直接選舉產生，管理村內日常事務，是村內的「行政管理機構」。然而在實際運作過程中，村民會議運轉效率不高。從

251

制度設計上說，目前的村民會議和村民委員會是基於改革前生產大隊這一制度形式之上的，規模大、人口多是其特色。一般來說，一個村委會管轄一千至三千人，多的則達八千至九千人。人口眾多，村民會議往往流於形式。從組織上說，由於地理因素，農村居民居住分散。改革後，許多村民更成為「流民」在外勞作，導致村民會議不容易組織。原則上一些應由村民大會決策的事情，實際上為村委會所壟斷，村民參與也無從談起。在這樣一種情況下，許多地區的鄉村就有了制度上的創新，村民代表大會由此產生。此舉把中央政府規定的直接民主改變成間接民主，在村民大會難以召開的情況下，由村民代表會議代表村民大會執行決策。根據民政部統計，至一九九四年，全國已有一半以上的鄉村建立了村民代表會議。同時，中央政府也承認這種制度的合法性。

那麼，村民代表會議的民主基礎是什麼呢？這就要看它與村民的關係。在這一層次上，我們可以看到鄉村民主的中國特色。據民政部的調查，目前村民代表會議成員的構成主要有三種：第一，村民代表會議只由村民直接選舉的村民代表組成；第二，由村民選舉的代表和縣、鄉人民代表大會代表三部分組成；第三，由村民選舉的代表，縣、鄉人大代表和村黨支部書記等四部分組成。因此，村民代表的產生方式各地不同。一般由上屆村委會主持召開村民小組提名代表候選人，以直接舉手或祕密投票方式選出正式村民代表。總之，村民代表會議代表的產生，已經不是經過嚴格意義上的民主程序，而是或多或少反映了往日傳統和改革前的中國鄉村制度環境❽。

村民代表會議的職能大都仿照全國各級人大的職權，基本上包括了立法權、重大事項決定權、人事任免權和監督權四項。除立法權外，其他三項權力在村民代表會議中都有所體現，而立法權

1987年4月11日，六屆全國人大五次會議代表們舉手表決通過
《村民委員會組織法（試行）》。

則演變為村民大會和村民代表會議制訂村規民約的權利。一九八八
年全國農村村民委員會第一次普選，一九九二年前後，全國有二十
多個省、市、自治區進行了第二次換屆選舉，至一九九二年底，
全國有村民委員會一百萬零四千三百九十九個，村民委員會委員
四千三百零八萬八千七百八十人❾。

　　再來看自治下的農村「行政機構」——村民委員會與村民的
關係。根據一九八二年的憲法，農村村民委員會是基層自治組織，
村民委員會的主任、副主任和委員由村民選舉。一九八七年《村民
委員會組織法（試行）》規定，村民委員會主任、副主任和委員由
村民直接選舉產生。簡言之，村民與村民委員會的關係是選舉與被
選舉的關係。正是依據這一制度性因素，我們可以理解村民委員會
其實是中國鄉村民主的一種制度表達；也正是這種定期選舉制度的

存在，使得現在的基層組織有別於改革前的各基層組織。所以，選舉制度的有效性直接表達了鄉村民主制度的有效性。

鄉村民主與民族國家的建設

　　這裏，我們討論的重點是鄉村民主怎樣推進中國的政治進程。這並不是說中國的民主化只能始於鄉村，我們只想強調，如果中國的政治進程不把農民包括在內，它是很難實現民主化的，但這並不是說其他階級或階層不重要。

　　中國現在正在進行民族國家的建設，民主最終也要成為民族國家的一部分。確切地說，現代民族國家是民族主權和人民主權這兩種主權互動的產物，沒有民主就很難稱得上現代民族國家。但是在民主從先民主化國家傳播到後開發中國家的過程中，兩種主權被分離開來，民族主權逐漸占據主導地位，人民主權變成國家主權。之所以產生這樣一種轉型，主要根源於後開發中國家在國際體系中的地位。

　　從世界現代化歷史來看，各地區和各國民主的發展是極其不平衡的。這種不平衡往往決定了國家在開發中國家的民主化過程中，發揮一種比其在已開發國家中更大的作用。在後開發中國家，國家不僅負有政治轉型的任務，也負有社會經濟轉型的任務。而後開發國家往往在國際體系中處於不利地位，因此，國家的任務不僅是求國內的高速發展，也需要在國際競爭中生存下來❿。

　　現代民族國家不僅要求其居民變成亞里斯多德所說的政治人，還要求透過政治參與，把社會各個成員納入政治過程中。公民資格要求公民確立國家認同感。應當說，共產黨在建國初期為建設

民族國家所做的努力是相當成功的，這主要表現在它把政治權力集中起來，和把國家範圍擴展到社會每一成員等舉措上。毛澤東治下的共產黨建立了一套以農民為中心的有效革命理論，並且透過幹部下鄉等方法，把國家觀念傳達給農民，從而奠定了動員農民的基礎。共產黨的國家建設是透過自上而下的強制式動員而展開的，這是其成功的關鍵⓫。

在一九四九至一九七八年間，這種動員式的「民主建設」，仍是最大限度地動員人民參與各種政治和社會生活，並用每隔幾年便進行一次政治鬥爭的方式來強化這種參與。進而，動員式的參與被制度化。人民公社成了農村的基層組織，向下發展為生產大隊和生產隊；農民成為社員，即組織成員。這種軍事共產主義式的組織動員的後果，直接促成了改革前的經濟危機。表現在政治上，過度動員及無限擴大國家的範圍，反而降低了國家統治的有效性。

本文關注的是，改革十幾年後的今天，分權既提供了中國現代化的動力，但也導致了種種弊病。那麼，我們是否應當再用集權（centralization）的辦法來解決這些問題呢？中國的民族國家建設是否要透過自上而下的大民主（mass democracy）來進行呢？概括地問：我們要把中國建成一個怎麼樣的民族國家呢？

中國的改革是以分權為導向的，表現在國家與社會的關係上，首先就是國家範圍的回撤，即社會從過度動員向低度動員的轉變。地方及個人的經濟動力由於經濟分權而得以發揮。同時，農村居民也在這一領域建立了自治的制度，即鄉村民主，開始了真正意義上的地方民主生活。

然而，分權在某種程度上為中國民族國家的重建製造了障礙，這是國家範圍的萎縮。民族國家要求所有社會成員成為「皇民」，要求把地方意識轉變為國家意識。從某種意義上說，分權是

國家權力的制度性回撤。國家不僅放鬆了對地方和地方居民的政治控制，也在事實上廢棄了一些體現和象徵國家存在的制度，如合作醫療制度和學校制度等。在分權之下，各地經濟發展不齊，制度性發展也極不平衡，中央政府很難用統一的政策協調各地的發展。因此，我們很難說全體居民現在生活在一個共同的民族國家之中，實際上，他們是處於不同的地方政治體制之下。這使地方官員和地方居民發展出很強的地方認同感或地方意識，而他們的國家意識卻相對減弱。

這些確實是民族國家建設中的重大問題，而且這些問題由於政治體制改革的滯後而不斷惡化。但是，我們是否要再用自上而下的集權動員方法，來摧毀一些新生的地方性制度，從而使中國再度政治化，再造一個政治民族呢？在前面，我們已經從中央地方關係角度否定了這一思路，這裏嘗試結合鄉村民主這一新生制度再做進一步討論❷。

第一，不管我們選擇怎樣的政治發展道路，政治穩定始終是最重要的前提，這是國家與社會唯一能達成的共識。姑且不說用自上而下的動員來創造政治民主，往往最終走向專制控制（上面已有討論），動員本身就是一個不穩定的因素。高度的政治動員往往造成政治動亂，因為開發中國家幾乎不可能在短時期內達到較高程度的制度化，來吸收由政治動員釋放出來的不穩定因素。在動員參與和制度化之間總是有很大的時間差❸。另一方面，集權也往往導致國家壟斷經濟資源的局面，從而為政府官員的腐敗創造了機會；而腐敗又導致國家與社會關係的緊張。所以應該把集權和國家能力（state capacity）區分開來，兩者沒有必然的關聯性。

回到中國鄉村民主。鄉村民主對維繫中國目前的政治穩定可以有多方面的貢獻，而且這種穩定是極其制度化的。首先，鄉村民

主制度的出現，使得在國家與農民之間出現了一個緩衝地帶，避免了國家與農村社會之間的直接對立。如果沒有村民委員會和村民大會，那麼村幹部解決不了的事情，如計畫生育和稅收等問題，就必須靠上級政府機構用高壓的專政力量來解決。而村民委員會和村民代表會議是以民主方式選舉產生的，其權力較上級政府具有更大的合法性。其次，鄉村民主制度儘管不能消除腐敗，但能有效地遏制腐敗。由於村委會定期由選舉產生，並且村民代表的其中一項職能是經濟監督，村委會的經濟行為必須具有透明度與公開性。在這種選舉制度下，財產是「公共的」，因為沒有村民的認可，這些「少數人」無權使用、濫用這些財產。再次，因為鄉村民主是吸收地方精英的有效機制，因而減少了政治不穩定的因素。最重要的是，鄉村民主逐漸用制度化形式填補了國家權力回撤後出現的制度空間，有效地阻止了其他地方性制度的滋生。鄉村民主儘管發生在中國的最基層，卻是培養公民精神的有效場所。

　　第二，鄉村民主成為培養公民精神，建構中國政治民族基礎的制度結構。近來的研究表明，民族國家實際上是一種「想像共同體」（imagined community）⓮，而只有具備公共精神的居民才會有這種想像。公民精神只有在面對面的地方共同體中才能生成。

　　從很多方面來看，中國的鄉村民主正發揮著這種功能。首先，由於村民代表會議的代表由不同「選區」或團體選出，所以他們在會議上代表了其所屬選區和團體的利益。因為選區並不按傳統單位，如家庭、親屬等劃分，村民代表會議實際上有助於突破傳統組織的限制，使代表們從這些傳統組織中抽離出來，而成為新團體（選民群）的一員。其次，鄉村直接選舉正改變著村民的政治參與意識。中國農村已經歷兩次村委會直接選舉，選舉投票不再像以往那樣具有強制性，而是依據本人的意願，因而村民的投票態度有

了很大的改變。在一項問卷調查中，當問到「村委會幹部是否需要經過直接選舉產生」時，答案的分布如下：80.4%回答「需要經過選舉」；10.8%回答「不用選舉，由鄉（鎮）或村黨支部指定就可以了」；6.7%回答「選不選無所謂，反正與我無關」。當問到「村委會選舉是否走形式，有無作用」時，答案分布如下：62.6%回答「不是走形式，選舉有很大作用」；22.3%回答「雖說是走形式，但還是有一定作用」；11%回答「根本就是走形式，沒有什麼作用」❺。再次，村民的投票行為也有了很大改變。由於鄉村選舉和村民利益有了直接關係，村民的投票動機被激發。據民政部對第二次換屆選舉投票行為的調查，村民參選率一般在80%以上❻。因為有了祕密投票，即使村民是被動投票的，也可按照自己的意願填寫選票。當問到「是什麼動機讓你去投票」時，4.5%回答「村幹部動員我們去投票」；4.7%回答「大家都去投票，所以我也去投」；88%回答「投票是我的權利，我要認真投這一票」❼。

第三，鄉村民主正日益推動中國整體的民主化進程。很顯然，鄉村民主逐漸減少著國家政權的政治強制性程度。定期換屆選舉使村委會委員不能根據自己的意志，而要根據村內「法律」（村規民約）來治理村務，否則他們的統治就會失去合法性，其「政治生涯」會在下次選舉時結束。這不僅對村委會有效，就是對上級政府官員來說也是如此。在傳統制度中，村幹部只是執行上級命令的工具，而現在，上級政府官員逐漸發現很難撤換民選的村委委員，否則會激起村民的不滿。僅舉一例來說，江蘇省一鄉政府的主要幹部與其轄下的一位村委會主任發生衝突，導致鄉政府想撤換該村主任。但由於村主任是根據《村民委員會組織法（試行）》經「大選」當選的，鄉政府這種行為遂引起村民的不滿。村主任向縣級法庭申訴，控告鄉政府，結果勝訴。正因為這樣，中國的政權體系雖

堅實的基層民主實踐，是國家民主制度健康運行的重要基礎。
（圖／《南風窗》）

然是高度等級性的，但卻出現了我們稱之爲「合法性下垂」的現
象。也就是說，下級官員是由民眾選舉產生的，故具有民主合法
性；上級官員則基於傳統的合法性（如任命等）而缺乏民意基礎，
於是形成了上下級政體之間的張力。由於下級政府的統治更具民眾
基礎，合法性較上級政府強，故上級政府不能改變下級的決策，而
下級則可合法地向上級施加壓力。解決這種緊張的方法，要麼取消
現有鄉村民主制度，要麼透過進一步民主化，使合法性上移。由於
鄉村民主制度一經產生，即獲得了很強的生命力，履行著許多不可
或缺的政治統治功能，要取消鄉村民主，回復到過去，似乎已不可
能。那麼進一步民主化，使上級政府的合法性也基於民主之上，就
成爲一條選擇途徑。民政部正考慮建議把直接選舉擴大到鄉政府一
級，正反映了這一趨勢**⓲**。

結論

　　由分權而產生的高速經濟發展，使得中國又獲得了一次重建民族國家的機會，但如何重建民族國家是值得深入研究的課題。作爲一個開發中國家，中國需要長期持續的經濟發展及制度性的政治穩定，民主化也是國家建設所要達到的目標。如何解決分權以來出現的問題，答案遠遠超出傳統意義上的「分權」與「集權」之爭。民族國家的建設過程既是個集權過程，也是個分權過程。說它是分權過程，指的是分權的制度化，即把現有的、新生的、有利於國家建設的制度（如鄉村民主），用國家大法加以再制度化，促進民主化的進一步上移，達到一種分權狀態。說它是集權過程，並不是指國家再用社會動員方式摧毀新生的地方制度，而是國家本身透過體制改革強化其統治的合法性，增強國家能力，重新以一套新的合法制度使國家政策到達每一個社會成員，從而培養社會個體的國家意識。因此，上下合作的方式，至少就鄉村民主這一例子來說，不失爲一種有效的選擇。

（本文最初發表在《二十一世紀》1996年6月號）

註釋

❶ Charles E. Lindblom, *Politics and Markets: The World's Political-Economic Systems* (New York: Basic Books, 1977)；Samuel P. Huntington, "Will More Countries Become Democratic?" *Political Science Quarterly*, vol. 99, no. 2 (Summer 1984)；Barrington Moore, Jr., *Social Origins of Dictatorship and Democracy: Lord and Peasant in the Making of the Modern World* (Boston, MA: Beacon Press, 1966).

❷ 最有名的論述請參見：Seymour M. Lipset, "Some Social Requisites of Democracy: Economic Development and Political Legitimacy", *The American Political Science Review*, vol. 53 (1959), pp. 69-105.

❸ 除Lipset外，可參見：Karl Deutsch, "Social Mobilization and Political Development", *The American Political Science Review*, vol. 55 (Sep. 1961), pp. 493-514; Alex Inkles, "Participant Citizenship in Six Developing Countries", *The American Political Science Review*, vol. 63 (Dec. 1969), pp. 1120-1141.

❹ 例如：Reinhard Bendix, *Kings or People: Power and the Mandate to Rule* (Berkeley, CA: University of California Press, 1978）.

❺ 除Moore外，可參見：Jeffery M. Paige, *Agrarian Revolution: Social Movements and Export Agriculture in the Underdeveloped World* (New York: Free Press, 1975).

❻ 例如：Dietrich Rueschemeyer, Evelyne H. Stephens and John

D. Stephen, *Capitalist Development and Democracy* (Chicago: University of Chicago Press, 1992).

❼ 需要指出的是，除了毛澤東等少數知識分子建立了以農民爲主體的革命理論外，中國的知識分子很少以農民爲主體來建造中國的發展理論，這種情況至今未變。

❽ 關於農村村民代表會議制度的介紹，可參見中國基層政權研究會、中國農村村民自治制度研究課題組：《中國農村村民代表會議制度》，北京：中國社會出版社1994年版。

❾ 中國基層政權研究會、中國農村村民自治制度研究課題組：《中國農村村民代表會議制度》，北京：中國社會出版社1994年版，第3頁。

❿ 對這方面進一步的討論及其與中國的相關性，可參見：Yongnian Zheng, "Development and Democracy: Are They Compatible in China?" *Political Science Quarterly*, vol. 109, no. 2 (Summer 1994), pp. 235-259.

⓫ 這方面的討論可參見：Joseph B. Whitney, *China: Area, Administration and Nation-Building* (Chicago: University of Chicago, Department of Geography Research, 1970); Chalmers A. Johnson, *Peasant Nationalism and Communist Power* (Stanford, CA: Stanford University Press, 1962); Paul A. Cohen , "Post-Mao Reforms in Historical Perspective", *Journal of Asian Studies*, vol. 47, no. 3 (1988), pp. 519-541.

⓬ 吳國光、鄭永年：《論中央地方關係：中國制度轉型中的一個軸心問題》，香港：牛津大學出版社1995年版。

⓭ Samuel P. Huntington, *Political Order in Changing Societies* (New Haven: Yale University Press, 1968).

⓮ Benedict R. O'G. Anderson, *Imagined Communities: Reflections on the Origin and Spread of Nationalism* (London: Verso, 991).

⓯ 中國基層政權研究會、中國農村村民自治制度研究課題組：《中國農村村民代表會議制度》，北京：中國社會出版社1994年版，第9-10頁。

⓰ 同上，第89頁。

⓱ 同上，第90頁。

⓲ 對民政部王時浩先生的訪談。

第十一講　農民與民主：村民自治研究中被忽視的關鍵點

◆ 民主的精神主要來自民主的實踐，而非書本和灌輸。

◆ 現在，很難說國家有很有效的制度從各方面控制農民，因為農民沒有在任何方面依附於國家，或是依賴於國家提供的福利和服務而生存。

◆ 農民可以成為中國民主政治的一個主要動力。這主要是因為農民較之其他社會群體具有對於國家政權的獨立性。可以說，一個富裕但高度依賴於國家政權的中產階級，未必有利於民主政治的產生和發展，而一個獨立的、在經濟上並不小康的農民階級並不見得不能推進民主。

◆ 對政策制訂者來說，要避免革命或者各種形式的社會抗議運動發生，方法之一是賦予農民民主的權利以及創造民主的自由。因為民主從本質上說是和平的。

引言

本文想借助這個機會，討論一下中國政治研究的理論化問題。如何建立中國自己的政治理論，一直是我們所關心的問題。村民自治是海內外研究最為深入的中國政治現象。透過考察村民自治研究的現狀，特別是和理論化有關的問題，可以在一定程度上看到政治理論中國化的可能性。

本文將圍繞在農民和民主之間的關係問題展開討論。首先，我們將回答村民自治為什麼會成為一門國際顯學。其次，就迄今為止，中外學者對村民自治的研究進行歸納整理，概括幾個研究主題，並就近年來這些方面理論研究的進展做簡要概括。最後，文章將就為什麼現行理論無法解釋農民和民主的關係這一問題展開討論，在對現存理論做簡要評述之後，嘗試提出我們對農民和民主關係問題的一種解釋。

作為一門顯學的農民民主

在大量村民自治研究中，農民與民主的關係這一關鍵點被忽視了。當今天我們提出這個觀點的時候，可能很多學者會持異議。因為也許在大多數學者看來，對村民自治中農民與民主關係問題的研究，可以說是和村民自治實踐齊頭並進的。因為自從一九八七年開始實行村民自治以來，中外學者已經投入了相當的人力和財力來研究基層民主，問題的焦點當然是農民與民主關係的問題。然而儘

管如此，我們依然認為，雖然研究村民自治儼然已成為研究中國政治的一門顯學，但是對農民和民主關係問題的研究還談不上深刻，至少與我們的期望相差很遠。

很多原因使村民民主研究成為顯學，也是同樣的原因阻礙了對農民和民主之間的關係做深入的理論研究。也可以相信，正是因為它已經成為一門顯學，所以很有可能透過中外學者共同的努力，把農民民主的研究提高到一個理論層面。在這一節裏我們先來探討，村民民主研究為什麼會成為顯學？

首先，研究民主發展本來就是西方學界主流中的主流。這和民主政治是西方的主流價值觀有關。任何國家和地區一旦出現民主現象，西方學者無一例外地會把注意力集中到那個國家和地區的民主化上。客觀地說，很多中國學者對村民自治問題的關注，也是受西方這種學術趨勢的影響。

其次，對村民自治問題的關注和學者對實際政治的關心有關。在實際政治中，民主化當然是學者最主要的學術關心之一。儘管中國沒有趕上所謂的「第三波民主」，但中國的村民自治被認為可以歸屬於「第三波民主」政治。這對於中國政治系統並不太瞭解的西方學者來說，村民自治是中國總體民主化的開端。同樣，很多中國學者似乎也從村民民主中看到了中國民主的希望。當然，對很多學者來說，村民自治不僅意味著民主，而且更重要的是，它和中國農村治理制度的重建有關。當中國領導人決定用村民自治的方式來替代毛澤東時代人民公社下的生產隊制度時，並沒有預見自治制度如何鞏固和發展的問題。在這個問題還沒有得到完全解決之前，學者的關心自然大都會放在實踐層面，而非理論研究上。

再次，對中國學者來說，研究村民自治可能和很多知識分子對農民這個中國最大社會弱勢群體的關注有關。一九四九年之後，

中國國家主導下的工業化運動使得農民成為最大的受害者，或者可以說農民是中國初期工業化運動最大的貢獻者。進入二十世紀八〇年代，農民成為改革開放初期最早的受惠群體。但從八〇年代後期以來，農民的經濟收入一直停滯不前，甚至出現了相對下降的現象。「三農問題」的出現和始終得不到解決，就很能說明這一點。儘管改革開放也使很多農民致富，但絕大多數農民尚未脫貧，構成了中國社會最大的弱勢群體。可以說，這個最大的弱勢群體依然是國之根本，不解決農民問題，國家的總體進步和政治穩定都會成為問題。這也就是二〇〇二年中共中央政治局把「三農問題」作為今後工作中的「重中之重」的原因。

問題已經出現，但無論是在經濟上還是政治上，我們尚未找到一條解決農民問題的根本出路。如何解決農民問題，自然有不同的意見和選擇方案，但可以肯定地說，僅僅從經濟上論說，很難找到有效的出路。政治上的解決也必須考量在內，最終，政治因素可能是主要的。無論採用怎樣的政治方式，村民自治是起點。

儘管對實際政治政策的關注花費了學者們很多的時間和精力，但可以說冷靜的學術思考似乎顯得還不夠。我們認為，如何從政治上解決農民的問題，不僅取決於我們對實際政治的關心，還進一步取決於我們對農民問題的理論認識。對農民問題沒有深刻的理論認識，很難產生政治智慧，也很難做出大的決策。對農民問題做深刻的理論探討，正是我們學者的任務。

理論認識的進步和現狀

除了政治哲學，中國自古少有政治理論。改革開放以來的巨

大轉型，也沒有導致中國政治理論的產生。學術界除了介紹海外的各種政治理論，就是機械式的搬用西方理論來解釋中國。迄今爲止，很難說我們已經發展出研究中國問題的有效政治理論。海外學者太過於西化，而本土學者則是過於中國化，兩者之間並沒有什麼實質的聯繫和溝通。但是，村民自治方面的研究卻是個例外，這可以說和中西方學者的共同努力分不開。關於這點，我們想結合村民自治研究的現狀來展開討論。

很難在一篇文章裏對村民自治研究的現狀做一個綜合性分析，這裏想圍繞村民自治研究理論這一主題做簡要評述。

有關農民與民主關係的理論（非哲學）研究一般可從三個層面來談，也就是說，可以圍繞以下三個簡單問題而展開：(1)什麼是農民民主？(2)農村如何發展出民主？(3)爲什麼民主可以產生自農民？總體來看，迄今爲止的研究主要側重於對前面兩個問題的探討。當然，什麼是農民民主以及農村如何發展出民主，這是兩個最基本的問題。在沒有回答這兩個問題之前，很難很好地回答第三個問題。

什麼是農民民主？對這個問題並沒有很大的爭論。學者們的研究共識大致可歸納爲以下三點：第一，在所謂農民民主即村民自治中，這種自治是透過民主方式選舉出村民委員會進行的。第二，自治是游離於國家正式的行政治理制度之外的，即村民民主不是正式政治制度的一部分。儘管村民自治和國家的行政制度可以有千絲萬縷的聯繫，但是，自治本身和國家行政制度沒有多大關係。第三，再進一步說，自治制度並非占據農村政治空間的全部。自治制度只是農村現存諸多制度之一，就實際權力運作來說，它甚至並非是最重要的制度。除此之外，還有執政黨黨支部和經濟組織等制度機制，它們和自治制度共享治理農村的權力。

就第二個問題，即農村如何發展出民主這一問題，迄今為止的研究無非有三種解釋：第一，農村民主是農民自下而上的政治創新；第二，農村民主是自上而下的施加物；第三，農村民主是農民和執政黨兩者互動的產物。這三種解釋都各自能找到相關的證據，並不存在哪個因素更重要的問題，因為學者的目標在於鑑定各個因素是如何影響農民民主的。

在就以上提到的兩個問題展開討論時，學者們關注的大都是農村民主的發展過程，可以說大量的實地調查都是有關發展過程方面的。我們可以看到幾種主要的研究方式：第一類是人類學式的個案研究，可以說，村民自治研究文獻中的絕大多數是採用這類研究方式（當然，採用這些研究方式的學者中有很多並非人類學家，因為人類學式的研究並不意味著一定要由人類學家來進行，政治學、社會學研究者也可以進行）。我們可以看到，儘管個案研究的深度不一，但其覆蓋層面已經相當廣，全國各個地區差不多都已經涉及。第二類是社會學式的調查，和第一類研究相較，這類學術更注重比較研究，重點放在考察各個個案的相同性和差異性，並回答為什麼相同和不同的問題。

除此之外，我們還可以看到第三類理論導向式的研究方式。理論導向式的研究方式與人類學和社會學並沒有根本性的區別，但是值得注意的一點在於：一般來說，大多數人類學家所追求的是「地方知識」，也就是說，人類學方法論可以應用於各個社會，但是來自各個地方的知識是為了增進人們對地方的認識，從而深化對人的具體認識；而理論導向式的研究方式則以追求較為普遍性的知識為目的。就農民民主研究來說，我們不應僅僅滿足於提供地方知識，能夠提升到普遍的理論追求應當是學者的目標。就目前的研究現狀來看，可以說學者們對農民民主研究的理論探討已經開始，並

且也取得了較爲實質性的進步。現今研究中主要的理論研究方向可
以概括爲如下六個大的方面：

有關農民性質的討論

　　對農民性質的討論主要是指對農民個體特質的探討，即農民
作爲個體在現代中國的行爲方式具有什麼樣的特點。應該說，對
中國農民的特質做個體層面的討論非常重要，也非常必要。因爲不
管怎樣的分析，歸根結蒂應當還原於個人。但是從研究進展現狀來
看，我們認爲這方面研究尙有很大的發展空間。例如，我們可以分
析農民的個體特點是什麼，這些特點是怎樣形成的，各個地方的農
民是否一樣，他們之間的差異是如何形成的？我們認爲研究個人並
非指孤立而簡單地研究抽象的個人，而是說要研究造就個人特質的
社會、政治、經濟、文化等各方面的環境。應當著重指出的是，探
討中國農民的個體特質並非我們的最終目的，而是在此基礎上，進
而分析這些個體特質是如何影響農民的政治行爲，特別是他們的選
舉行爲。

有關經濟發展和農民民主之間關係的討論

　　經濟發展和民主之間的關係，是西方學者研究民主（特別是
民主化）時無法忽視的一個重要問題。相對而言，這是個較爲容易
量化的問題，在這方面已經有不少研究。這點在中國的村民自治研
究方面也不例外，很多學者都曾經在經濟發展和農民民主關係的研
究方面做了不少努力，遺憾的是，至今尙未有令人滿意的結論。在
我們看來，最重要的原因在於現今的研究文獻中，有個關鍵問題沒

271

有回答：西方經歷過的經濟發展和民主的關係是否會在中國重演？在沒有回答這個問題之前，就來進行中國和西方的比較，或是簡單地將西方經驗套用於中國，結果不見得好。實際情況也是這樣，有些學者發現經濟發展水準和村民民主有積極的關係，而有些學者則發現兩者並沒有正相關，甚至有的認為有負面關係。當然中國各地經濟發展差異很大，村民民主的發展狀況也有很大的不同。這種情況為學者探討經濟發展和民主之間的關係提供了充分理由。但從目前的研究現狀來看，在沒有釐清其他多種關係之前，這方面的研究不會有太大的突破。主要是因為經濟發展和民主政治這樣的統計學關係，是存在於其他制度關係之內的。只有弄清楚其他主要的制度關係，探討統計學關係才會變得有意義。

有關家族力量興起和農民民主之間關係的討論

很多學者已經注意到農村家族力量的崛起，但迄今為止，還沒有很好的研究來論證這個現象。很多問題並沒有得到回答，如家族力量為什麼會崛起？它是如何崛起的？家族是如何影響農民民主的？顯然，家族力量和農民民主之間的關係問題很重要，理論研究的潛力也很大。至少我們可以從如下幾方面來進行探討：第一，當我們把家族作為農民民主的角色來考察的時候，可以把家族理解為一個小小的集合單位，看它是否已經構成了村民自治中的一個角色。如果是的話，家族的集體政治行為如何進行？在中國有否出現家族作為投票單元的現象？或者說，一個家族成員是否有一樣的投票偏好及選擇？第二，選舉行為（特別是祕密投票）基本上是個人行為，也就是說，投票最終要表達為個體行為，由個體農民來完成。如果說家族影響個人的選擇，那麼這個過程是怎樣的？也就是

說，家族作爲一個制度因素，是如何制約個體的投票偏好和行爲的？個體爲什麼要偏離本身的投票偏好而和家族的投票偏好保持一致？如果有家族的集體投票偏好的話，它又是怎樣形成的？第三，家族作爲一個制度因素是如何和其他因素（如黨組織等）競爭農民的選擇的？

有關自治制度和農村其他制度，如黨組織、經濟組織、婦女組織等之間關係的討論

村民自治和其他制度因素之間的關係，學者們已經注意得比較多，共識也容易達成。到目前爲止，還沒有人會否認黨組織等制度因素的重要性，但是理論方面的討論還比較少。我們認爲，至少可以在以下幾個相關問題上，展開更爲深入的理論探討，即村民委員會和農村其他組織之間到底是如何互動的？它們的互動方式又是怎樣影響農民民主的？這些制度因素中間（尤其是黨）到底是怎樣的一個組織？是權力分配者，權力分享者，還是其他什麼？特別需要重點考量的是，如同自治組織，黨組織等也都是農村治理制度的一部分。不可否認，在這些組織之間存在著正式的或非正式的權力競爭。那麼，它們之間的競爭是種雙贏關係還是零和遊戲？在村民民主發展過程中，農村權力是如何在這些組織之間進行配置的？影響它們權力消長的主要因素又是什麼？

有關自治制度和中國總體民主政治之間關係的討論

如同前面所說的，很多學者非常關注村民自治是否可以成爲中國總體民主政治的起點。學者們這方面的研究焦點，主要表現在

對鄉鎮選舉的關注上，因爲鄉鎮民主如果產生，將意味著中國政體民主的開始。但是，在村民自治和鄉鎮民主的關係方面，學者們的看法似乎過於樂觀了一點。因爲從村民自治到鄉鎮民主，這兩者之間並沒有直接或必然的邏輯關係。也就是說，在村一級是自治，只不過這種自治是透過民主方式進行而已；而到了鄉鎮則成爲民主，不能稱爲自治了（除非被自上而下地加以鄉鎮自治）。如果說村民民主和鄉鎮民主有關係的話，這種關係是怎樣的？如果沒有關係，如何把兩者連接起來？這是個需要進一步研究的問題。另外一方面，我們也可以研究村級民主是如何培養農民的民主精神的，也就是說，民主的精神主要來自民主的實踐，而非書本和灌輸。村級民主對農民的民主精神影響如何？這也是個值得探討的問題。然而，在這方面還沒有見到很好的研究。和民主制度不同的是，這方面表現爲「軟」力量，如果不能好好地瞭解這方面的進展，很難對村民民主有深入的認識。

有關村民自治是否構成一種新社會運動的討論

這是一個值得討論的相關問題。我們認爲，村民自治可以被視爲一種新的社會運動。儘管到目前爲止，對社會運動的研究在國內尚存在禁區，但社會運動是種客觀現實，任何學者都難以迴避。中國從二十世紀九〇年代中期以來，各種形式的社會運動在全國各地區各行業頻繁發生，其中以農民爲主體的社會運動尤其令人矚目。這種現象早已爲海外的學者所注意。在國內，很多學者也已經注意到農村的社會運動（例如，中國社會科學院社會學所編輯出版的社會藍皮書每年都會講到農民抗議），只不過還沒有出現較爲系統的研究。當我們把村民自治看作新的社會運動時，關於以下問題

的討論顯然是非常必要的，即自治這種社會運動和其他社會運動之間究竟是怎樣一種關係？它們之間是否存在互動？具體來說就是，村民自治可以說是社會成員表達利益的一種機制，這種機制的存在是否會對其他形式的社會運動產生影響？換句話說，現存的抗議遊行等社會運動形式，是否會因為村民自治這種農民利益表達機制的存在而逐步減少？抑或相反，村民自治這種組織形式是否已經或者會成為其他社會運動的載體？

現存理論的批判

上面概括了鄉村自治制度研究的一些主要領域。可以說，除了第一方面即對農民本質的討論外，其他都在討論自治制度的過程及其現狀。當然，研究過程和現狀也需要理論，上面總結的六個方面就包含有理論化的努力。需要指出的是，儘管這些討論都涉及了農民，但卻是間接的。在這裏我們把農民和民主之間的關係問題特別提出來，是因為這樣做會牽涉到迄今為止很多非常重要的理論問題，這樣，我們可以在批評以往理論的基礎上，看看能否發展出新的理論。

有關農民與民主之間關係的理論並不多，或者說沒有。這裏的民主當然是指近代意義上的民主制度，而非前近代甚至原始社會的民主。近代意義上的民主產生於西方，與資產階級相關。用摩爾的話來說就是「沒有資產階級就沒有民主」。摩爾的言下之意是，「有了農民就沒有民主」。既然把農民看成是民主的對立物，自然很少有人會去探討農民和民主之間的關係了。

正式從理論上把農民和民主對立起來的是馬克思及其馬克思

主義者。馬克思把民主看成是一種集體行為，並認為農民沒有這種集體行為的能力。我們都知道，馬克思在分析法國農民的時候，把農民視為一袋馬鈴薯，各個馬鈴薯之間沒有任何緊密的關係，完全依靠行政的力量把個體農民弄在一起。在馬克思看來，正是毫無組織能力的農民構成了專制政治的社會基礎。由於對農民沒有信心，馬克思把注意力轉移到了資產階級及其創造物工人階級。

馬克思講的是近代西方民主制度，而近代西方民主政治是漸進的產物。根據馬克思的看法，民主發展起源於中央集權的專制制度的確立。他認為專制制度的確立，為資本主義制度的產生和資產階級的興起奠定了制度基礎。資產階級用經濟權力挑戰專制制度，或者用和平的方式（如英國），或者用暴力的手段（如法國），最終取得了勝利。資產階級和工業化造就了一個工人階級，工人階級用組織的力量向資產階級統治提出挑戰。馬克思理論主要是講這段時期的民主鬥爭。馬克思本來設想資產階級的民主，即少數人的民主，將會轉型為多數人的民主，即工人階級或者無產階級的民主，但是這並沒有成為歷史事實。因為儘管工人階級的組織能力的確挑戰了資產階級民主制度，但這種挑戰並非是以工人階級替代資產階級來進行的，而是透過改進議會民主而達成的。換句話說，工人階級是用人數的力量，透過選舉方式進入國家的政治過程。

很難否認馬克思理論的正確性，因為基本上它是對近代西方民主政治制度演進的描述。但是我們認為，馬克思本人及其後來的馬克思主義學者，包括摩爾，呈獻給我們的是一種歷史邏輯，而非一種政治邏輯。他們討論的是歐洲歷史上的農民和近代民主的不相容性。正因為工業革命後，西方政治舞臺上的主體是資產階級和工人階級，而農民是社會的邊緣群體，所以沒有學者把農民作為研究的主體。

　　針對馬克思及其馬克思主義學者的以上看法，我們可以做如下回答：

　　首先，資產階級民主的確是近代民主的主要甚至是唯一的形式，但它畢竟只是民主形式中的一種，並沒有多大理由來否認其他形式的民主。其他形式的民主儘管過去沒有，但將來可能會有。歷史是開放的，民主不是資產階級甚至是工人階級決定的。決定論的觀點會限制我們對歷史和未來多樣化的認識。

　　其次，馬克思強調的是民主化，而後來的馬克思主義學者則混淆了革命和民主之間的不同。馬克思關注的是農民作為一個階級，是否有能力與專制進行鬥爭，從而達到政治參與的目標。其答案是否定的，因為在馬克思看來，民主化過程是一個革命的過程。然而實際上，革命和民主是兩件不同的事。革命需要組織，需要集體行動，但民主則不然，民主不見得一定要透過集體行動來實現。因為如果從選舉和投票來看，民主主要是個體行為。

　　再次，與上面一點相關的是農民的理性選擇取向。如果把民主理解為集體行動，那麼自然而然會對農民的民主性抱持較為悲觀的態度。奧爾森已經證明了農民採取集體行動的困難，甚至不可能性。馬克思主義學者也認為，與工人階級不同，農民沒有什麼強烈的階級意識，沒有組織紀律性，要從事集體行動更是不可能。但如果我們把民主定義為個體行動，那麼結論就大不相同了。就像我們將會在下面說明的那樣，民主的個體性特徵剛好符合農民個體行為的特點，因而在革命和民主之間，農民會理性地選擇民主。

　　中國學者也經常把農民和非民主聯繫起來。無論是自由知識分子還是官方反對實行民主制度的人，總是把理由推給農民，認為農民「封建」、「落後」、「保守」、「文盲」、「素質低」、「教育水準低」，在一個農民占絕大多數的國家，民主政治是不可

能的。但是,所有這些說法可以說是似是而非,並沒有經過縝密的理論思考。

例如,有什麼道理說農民意識是封建的遺產?為什麼說有這種封建遺產就不能有民主政治了?我們很難弄清楚這裏所說的封建究竟指的是一種政治結構,還是其他什麼。如果說是一種結構,那麼它早已經不存在了。如果是一種思維定式,那麼封建的思維是怎樣的呢?沒有人說得清楚。可以說,把農民和封建等同起來,是一種沒有理論基礎的意識形態偏見。

再者,如何能把農民教育程度低和不民主聯繫起來呢?迄今為止,沒有一種很好的理論來說明民主需要高的教育水準。如果說兩者之間有關係的話,可能與我們上面討論到的理性選擇有關。即便如此,實際上,也很難把教育水準和理性選擇聯繫起來。難道教育水準低的人就不能做理性選擇了嗎?這可能和蒐集資訊有關。也就是說,設定農民教育水準低,沒有能力蒐集和處理資訊。退一步說,假定這為真,也無法把農民和非民主聯繫起來,因為這裏有很多的問題沒有得到解決。可以說,所謂的民主是對那些影響自己利益的決策參與。從這個角度來看,農民在很多場合是可以有理性行為的,因為農民是否理性決策取決於民主的層次。如果政策是關於地方事務,和農民的切身利益有關,農民比任何人更能理性選擇和決策。即使是更高層次的決策,最終也還是要落實到決策的實際影響層面來的。也就是說,國家層面的政策歸根結蒂要有個地方化的過程,一旦政策地方化,農民就可以理性地加以判斷。例如,農民知道一個特定的國家政策對自己的影響,當然,也能理性地選擇決策者,即國家領導人。

總而言之,前面討論提到的這些並非系統的理論,既是對非中國歷史觀察的結果,也就很難用來理解中國的村民民主這個現

實。要回答農民與民主的關係問題，我們並沒有任何現存的理論可以參考。但是，既然民主已經在農民中間出現，那麼兩者之間肯定存在著一種關係。這就要求我們做些理論思考的努力。

農民與民主關係的再思考

做理論化的思考可以從各個方面進行，因為任何理論都是開放性的。這裏我們僅僅嘗試提供一個思考線路。

我們把農民和民主的關係放到一些與民主相關的基本概念中來考察，這些概念主要有：自治獨立、個性化和理性選擇。也就是說，農民民主是自治獨立的農民對影響自己利益的政策或者領導人所進行的一種個性化理性選擇過程。自治獨立強調的是制度結構條件，個性和理性化選擇強調的是這種制度結構條件下的政治行為。

我們強調制度結構條件旨在不抬高中國農民，把農民理想化，甚至給農民塑造一個神話。在分析農民民主的時候，這點非常重要。認為農民可以毫無條件地和民主走在一起並不是理論分析，因為如果可以的話，為什麼數千年的農業社會沒有給中國帶來一個民主政治呢？為什麼歷史上只有農民革命的循環，而沒有政治的轉型呢？顯然，如同其他社會，中國的農民和民主並沒有天然的關係。那麼，為什麼現在有了可能，成為現實了呢？我們認為要解釋這個問題，首先要看結構因素的變化。

自治獨立

在我們的概念裏，農民自治和獨立的政治含義有細微的區

別。自治更多地是指國家如何處理與農民之間的關係，而獨立指的是農民對國家不具有依附關係。爲方便起見，我們把這兩個概念放在一起來討論。

西方學者視農民爲民主政治的消極因素，這和歐洲歷史上的農民缺乏自治獨立有關。在歐洲漫長的封建制度下，農民並沒有成爲獨立自治的個體。農民生活於城堡，僅僅是城堡的居民，而不是國家的居民。在統一的中央集權制度建立以後，因爲地主階層的存在，農民依附於地主，與地主之間構成了人身依附關係。只有當工業革命摧毀了農村的階級結構之後，歐洲國家的政治結構才發生了轉型，民主政治逐漸產生。

中國農民的獨立自治性來自於中國共產黨的革命。傳統中國社會是不是個封建體系，一直具有爭議性的問題。但可以斷定，中國的社會結構不同於歐洲，如果把近代以前的歐洲定義爲封建社會，那麼近代以前的中國就不能稱其爲封建社會了，至少，封建的程度較之於歐洲要淺。歐洲社會的封建程度高，社會的自治也很高。每個國家都是由許許多多地方化了的政體（有很多就是城堡式的）所構成，但這並不是說歐洲的農民具有自治性。前面已經指出，歐洲農民是個沒有任何自治性的依附階層。

中國自秦朝開始建立中央集權制度。在西方，中央集權往往和近代國家形式等同起來；但在中國，中央集權卻與現代國家形式大相徑庭。無疑中國的政體具有近代國家的一些因素，但國家缺乏像西方那樣有效的制度機制。所以，儘管中國的中央集權制度確立得很早，但如果說，自秦以來中國的政體就高度集權，卻並不那麼符合事實。因爲，中國的皇帝統而不治，實際上地方具有很大的自治性。很顯然的一點就是，政權的統治到縣一級就終止了。地方實際上是由紳士階層和其他精英人物所統治的。但是，地方自治並

不等同於農民自治，儘管中國與歐洲有著各式各樣的差別，但在家族、地主和紳士等制度因素下，農民同樣也是一個依附階級。

但是，共產黨革命徹底改變了這種傳統的社會政治結構，把農民從依附階級解放出來。這種徹底性是歷史上任何一次革命所沒有的。可以說，共產黨政權是中國數千年歷史以來第一個真正中央高度集權的政體，家族勢力不再是一個重要的政治角色，紳士階層消失了，而地主階層被消滅，甚至是人身的消滅。中央權力第一次直接達到了中國社會的各個角落。從理論上說，在中華人民共和國，中國農民才第一次具備了成為近代意義上的國家「公民」的制度條件。

但這種制度條件並沒有使得農民成為自治獨立的自由人。在公有制經濟環境下，經濟生活由國家全面操控，因而中國沒有土壤來產生像歐洲那種以經濟地位為基礎的「自然」意義上的階級。中國階級為政治階級，即政治上規定的用來政治動員的「階級」。沒有階級就不能形成對國家權力的制衡。再者，在毛澤東發動的國家工業化運動中，為了能有效地從農村汲取資源，國家對農民採取了全方位的控制。當然，任何一個國家的工業化都是要犧牲農民利益的，這並不是中國領導人的首創。要犧牲農民利益就要控制農民，在中國，這種控制是透過政治、行政、經濟等各個方面達成的。

需要指出的是，毛澤東式的政權也包含一定的「民主」因素，至少在諸如「文化大革命」期間等一定的階段是這樣。毛澤東不喜歡蘇聯東歐式高度官僚化的政權，所以多次發動分權運動，如「大躍進」時期的經濟分權運動，和「文化大革命」期間的以「大民主」為中心的政治分權運動。在農村，毛澤東政權容許農民每隔三五年對農村幹部進行一次「大民主」。這種「大民主」方式在某種程度上可以說和後來進行的農村選舉有關，不同之處在於民主的

方式,即用選票替代了「鬥爭」。

　　進入改革開放時代,隨著聯產承包責任制的實行及其隨後人民公社體制的解體,往日約束農民自治的制度因素不復存在。如果說,共產黨革命摧毀了農民的封建人身依附關係,那麼改革開放則可以說是摧毀了農民的行政人身依附關係。這裏也可以這樣理解,在舊有制度解體以後,國家沒有建立其他正式的行政控制制度。自治制度的確立也可以看作是國家行政統治在農村的收縮。自治,至少在理論上意味著國家不再主導農民的生活,而容許農民進行自我治理。

　　從以上討論中也可看出農民與國家之間的獨立關係。可以這樣說,儘管國家處理與農民關係的方式,和國家實際管制農民的方式,在不同時期有不同的變化,但中國的農民始終是個獨立於國家的階層或者階級。在毛澤東時代,農民沒有獨立的地位,但這不是因為農民對國家政權的高度依賴所造成的。事實恰恰相反,國家在農村建立一整套制度的主要目標在於控制,透過轉移財富來達成國家主導的工業化運動。可以說,國家並沒有向農民提供系統的公共服務,其間所確立的一些公共服務,如教育和醫療保健等,其目的也大都是為了有效地進行控制。在改革開放後,國家政權後撤,原有的公共服務不復存在,國家對農民的行政控制也隨之變得無效。在這種情況下,中國農民才成為真正的獨立人。現在,很難說國家有很有效的制度從各方面控制農民,因為農民沒有在任何方面依附於國家,或是依賴於國家提供的福利和服務而生存。

個性化理性選擇

　　自治獨立為農民個性化的理性選擇提供了一種機制和制度背

景。我們上面提到，民主與民主化以及革命不同。民主化和革命是一種集體行為，而民主則是一種個性化行為。從歷史上看，無論是革命還是民主化，其過程必然為一種政治動員的過程，一種把個人納入集體的過程，一種從個體行為轉型成集體行為的過程。與此不同，民主作為一種確定的制度，表現為個體行為。儘管民主政治表現為多個方面，但衡量民主是否存在的制度標準，就是看是否存在一套確定的投票程序。我們上面已經說過，儘管個人的投票選擇受農村黨組織以及遺留下來或者重新復興的家族勢力等各種因素影響，但投票行為最終可以還原於個人選擇。也就是說，投票是農民根據個人利益最大化原則而進行的一種對特定領導人或者政策的選擇。而民主制度下投票程序的設計，特別是祕密投票，則為這種個性化選擇提供了保障。

這種個性化投票也必然是理性的。理性可以指稱很多事情，最主要的是農民對自我利益的瞭解和基於瞭解之上的政治行為，也可以指獨立於國家和其他制度影響的選擇行為。這裏我們要強調的是，在民主和革命或者其他帶有革命暴力的政治社會運動之間，農民更有可能選擇民主。儘管從歷史上來看，中國農民一直是起義或者革命的主力，但是也必須看到，在歷次農民起義或革命中，農民都是被動員起來的參加者，是被動進入革命過程的。當然，農民被動員進入政治過程還受其他因素影響，如封建式的人身依附關係等。但現在中國農民的現狀已經產生了制度性變化。農民擁有一小塊土地和少許生產資料，屬於小生產者。正如馬克思本人和隨後的馬克思主義者所指出的那樣，這種經濟關係決定了農民天性保守的政治傾向。但也正因為這樣，使得農民民主成為可能。因為，對農民來說，透過革命方式爭取自身利益會包含很大的不確定性，代價很大。所以，除非被動員，通常情況下，農民不大可能願意透過革

農民完全可以在理性判斷的基礎上投出「神
聖的一票」。（圖／許志剛）

命方式來爭取自身利益。或者說，革命並不適合農民的理性選擇原
則。而民主則不然，民主對農民來說是一種最安全、成本最低的表
達利益的政治方式。

結論

從以上簡單的討論中，我們可以得出一些簡單的結論：

第一，農民是可以民主的，實際上這在中國已經成為現實。

有趣的是，被很多人稱為與民主無緣的農民，恰恰是中國第一個真正享有一些民主權的社會群體。民主的農民或者說農民的民主已經出現，但我們尚未有合適的理論來解釋這種新現象。這為學者提供了一次理論創新的機會。

第二，農民的民主並不是必然的，它是中國社會一系列結構性制度因素變革的產物。也就是說，農民能夠民主，主要取決於農民所面臨的結構性制度因素的變化，即獨立自治條件的產生。

第三，農民可以成為中國民主政治的一個主要動力，這主要是因為農民較之其他社會群體，具有對於國家政權的獨立性。可以說，一個富裕但高度依賴於國家政權的中產階級，未必有利於民主政治的產生和發展，而一個獨立的、在經濟上並不小康的農民階級並不見得不能推進民主。

第四，不過也要看到，民主和民主化是有區別的。給農民一種民主的結構，農民會行使這種權利，中國的村民民主已經說明了這一點。更進一步來說，給農民以自由，或許農民會創造出一個類型的民主，這一點也已經在一定程度上得到了確證。但是，我們還不知道農民是否可以爭取到一種民主的結構，爭取到許可他們創造民主的自由。這個問題涉及集體行為，我們不得而知。但是，從農民組織社會抗議運動的舉動來看，也可以說農民是具有集體行為能力的。這已經超出了本文的討論範圍。

最後，對政策制訂者來說，要避免革命或者各種形式的社會抗議運動發生，方法之一是賦予農民民主的權利以及創造民主的自由。因為民主從本質上說是和平的。

（本文與楊麗君合著，發表在2003年新加坡東亞研究所組織的一個研討會上）

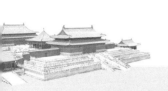

第十二講　中國要從新加坡模式學習些什麼

◆ 權力分散未必好，關鍵是怎麼集中，集中後做什麼。在這些方面，新加坡有三點經驗值得中國參考：政黨怎麼組織權力？怎麼維持權力？怎麼有效地使用權力？

◆ 中國共產黨的精英是從黨內體系培養的。在很多時候，由於制度不完善，精英培養制度演化成實際上的精英淘汰制度，有思想才幹的，反而可能會被淘汰掉。

◆ 人們一般把高薪和養廉聯繫在一起。不過，要指出的是，養廉只是其中一個目標。還有一個非常重要甚至更為重要的考慮，是要透過高薪制度與社會競爭精英人才。

◆ 很多人以為民主就是多黨競爭，這並不確切。民主的本質是競爭，而不是政黨的數量。

新加坡能不能學

中國能不能學新加坡？提出這個問題是因為事情並不總是很清楚的。一方面，中國領導階層從鄧小平開始，一直對新加坡經驗非常重視。鄧小平本人在一九九二年南方談話中，特意強調學習新加坡的經濟發展經驗和社會治理經驗。此後，對學習新加坡經驗，其他很多國家領導人，如江澤民、朱鎔基、曾慶紅和溫家寶都在不同場合有過不同的表達。總體來說，前期是學經濟社會發展經驗，而到現在，中國方面不僅繼續對新加坡的經濟社會感興趣，而且對新加坡的政治發展經驗（尤其是執政黨的經驗）也深感興趣。改革開放以來，中國向各國學習，在這個過程中，對新加坡經驗的重視不是其他國家的經驗所能及的。

但中國領導階層倡導學新加坡和地方官員學新加坡有很大的距離。領導人不僅希望學新加坡的具體經驗，而且更重要的是學新加坡的改革進取精神。作為一個沒有任何資源、建國不到半個世紀的小國，新加坡完成了從第三世界到第一世界的大轉型。這裏的經驗自然值得人們學習。實際上，不僅中國在學習新加坡，世界上其他國家（包括俄羅斯）都對新加坡經驗表現出極大的興趣。從前有亞洲「四小龍」的稱謂，新加坡是其一員。現在新加坡模式似乎已經脫離了「四小龍」，成為人們的關注點。新加坡華人占了絕對多數，基本上是個華人國家。這一點似乎表明新加坡經驗較之其他國家，對中國更具相關性。

自鄧小平南方談話之後，中國各級政府已經派遣了無數代表團來新加坡學習和進修。但是，人們不時會聽到有中國地方官員問

新加坡能不能學的問題。有的官員說新加坡好是好，但太小，不能學；如果學，最多是在市政管理方面。很多地方官員不知道如何學新加坡，對他們來說，學就是「複製」，就是「描紅」。說新加坡很小，不能學，這裏他們的理解是不能「複製」和「描紅」。但實際上這並不確切。世界上，很多管治不好的國家都是小國家，很多失敗國家也都是小國家，小國家不一定就好治理。同樣，大國家不一定難治理。美國這樣大，不也是治理得很好嗎？大國家對錯誤的消化能力強，犯一個兩個錯誤不要緊；但小國家，如果有一個重大政策失誤，也許整個國家就完蛋了。用國家的大小來判斷是不是能學，毫無道理。

我不是研究新加坡的專家，但在新加坡學習和工作多年，經過這些年的觀察，對新加坡有了一些自己的分析。最近幾年來，中國大陸有多家媒體採訪我，要我談談中國學新加坡的問題。我總覺得很多人對新加坡的理解，還是局限於一些具體的經驗方面，例如「公積金制度」、「住房制度」、「工業園區」、「淡馬錫」、「金融監控制度」等等。很少有人談論新加坡的政治制度，但中國一些高層領導對新加坡感興趣的，實際上是政治方面的經驗。這可能是談論政治問題比較敏感的緣故吧！在很大程度上，人們所涉及的很多方面的新加坡經驗，是新加坡政治制度的具體表現，不理解新加坡的政治制度，就很難理解這些具體的政治制度是如何而來的。今天藉這個機會，談一談我對中國如何學新加坡政治經驗這個問題的看法。

政治的首要問題是政治權力。這裏我從權力入手，先談新加坡的集權制度，再談新加坡的國家和社會關係、民主政治、領袖作用等。最後，我討論一下新加坡經驗和中國的政治發展，尤其是民主化的問題。

權力的有效集中

人們一般把新加坡稱之爲權威主義體系，權力很集中。任何現代國家的權力都是集中的。權力集中本身是中性的，就是說，權力集中並不是一個價值判斷，並不能衡量一個政治制度的好壞。民主國家的權力也是集中的。比如美國，它是典型的民主國家，但其總統具有至高無上的權力，很多學者稱之爲帝王般的權力。依我看，美國總統的權力實在要比中國傳統的帝王大得多，更具實質性。中國傳統皇權往往是象徵性的，統而不治；就是說，皇權的執行力很差。但美國總統的權力具有極其強大的執行力。

就權力集中來說，有三個問題可以提出來：一是權力是如何集中的，就是說是以什麼方式集中的；二是權力集中如何維持；三是權力集中的目標問題，就是說，集中權力是爲了什麼。和其他很多國家比較，在新加坡，權力是相當集中的，執政黨人民行動黨（PAP）擁有一個列寧主義式的政黨架構，就是人們一般所指的「一黨獨大」體制。儘管新加坡有很多反對黨，發揮著一些政治作用，但不能和其他國家的反對黨同日而語。

人們一般說，權力集中就要腐敗，但這並沒有發生在新加坡。很少有現存社會科學理論能夠解釋新加坡現象，一方面是權力集中，另一方面是權力的清廉。再者，在新加坡，權力集中也意味著能把政策、計畫推行下去。就是說，在新加坡，權力是集中的，但掌權者並沒有浪費任何權力，權力是用來做事的。

在中國，情況就很不一樣了。集權與分權交織，但權力無形之中流失了。儘管從總體上說，整體政治制度還是很集中，但沒有

一方感覺到有權力。老百姓覺得沒權力，領導人感覺沒權力；社會感覺沒權力，政府也感覺沒權力。部門的權力很大很大，但他們總感覺到權力不夠用。這是個體制問題，存在著黨政之間的矛盾、部門之間的矛盾、中央與地方之間的矛盾、國家和社會之間的矛盾，權力就在這些矛盾之間相互消耗掉了。

美國是民主國家，產生領導人的權力是相當分散的；但一旦選舉產生，就是帝王般的總統，權力非常大。中國看起來非常集權，但領導人要做一件事，到處都是阻力。中央、省、市都想集中權力，形式上和理論上也很集中，但實質上並非如此。從前人們說，政令不出京城；現在又有了新的說法，說政令不出中南海。如果照現在的情形發展下去，可能要達到沒有政令的地步了。傳統中國在很多時候，就是沒有政令的，統而不治就是這樣的情形。但這樣的話，中國就會出現一個軟弱不堪的政府，甚至是無政府。實際上，中國基層已經出現較大範圍的無政府狀態。

權力能做很多好事情。權力分散未必好，關鍵是怎麼集中，集中後幹什麼。在這些方面，新加坡有三點經驗值得中國參考：政黨怎麼組織權力？怎麼維持權力？怎麼有效地使用權力？

融政黨於社會

要有效集中權力、維持權力和使用權力並不是件容易的事。權力要有載體，需要有組織結構。中共有將近八千萬黨員，要比很多國家的總人口還要多，比法國、英國的人口多，也比中東的伊朗多。從中央到地方有非常多的黨組織。中共在革命的時候，需要很多黨員，因為黨在那個時候扮演動員角色，動員群眾和其他支持

291

力量。到了今天，中共基本上還是個群眾動員性的政黨。這些年中共一直在努力從革命黨轉型到執政黨，但從黨員的數量及其運作來說，這個任務還遠遠沒有達成。

　　這種情況和新加坡的人民行動黨非常不同。人民行動黨是個精英黨。黨員分幹部黨員和普通黨員兩部分，普通黨員不多，幹部黨員更少，社會上大家感覺不到黨的存在。黨是隱性的，是政治領域裏「看不見的手」。也就是說，政黨是融於社會的。實際上，政黨必須是社會的一部分，是社會的精英部分，這是列寧主義政黨的要點——政治人物來自民間。如果政黨變成了脫離社會自成一體的既得利益集團，那麼這個政黨就會處於危機之中。

　　培養黨幹部的方式也不一樣。中國共產黨的精英是從黨內體系培養的。在很多時候，由於制度不完善，精英培養制度演化成實際上的精英淘汰制度，有思想才幹的反而可能會被淘汰掉。因為主要是從內部培養黨的人才，基本上培養的是官僚型官員。官僚化嚴重使得黨培養的官員變成官僚，而非政治人物；同時也因為官僚化，政黨對社會的開放性明顯不足。

　　新加坡則不是這樣。新加坡儘管一黨獨大，但政治體系是向社會開放的。從建國開始，新加坡的領導人就意識到，在一個沒有任何資源的國家，政治人才是國家生存、發展和向上提升的關鍵。在西方已開發國家，最優秀的人都去經商。新加坡要讓這些最優秀的人來從政。因此，執政黨很重要的一個功能就是扮演「伯樂相馬」中的「伯樂」，在全社會、全世界尋找優秀人才。

　　在新加坡，政府的官僚系統公務員是內部選拔的，但其政治精英很多是社會為執政黨培養的；或者說，很多政治領袖都不是執政黨自身培養的，而是從社會吸收進執政黨的。在二十世紀七〇年代，人民行動黨吸收了後來成為總理的吳作棟和副總理的陳慶炎。

在八〇和九〇年代，又吸收了現在的總理李顯龍和副總理黃根成等精英人才。這些領袖人物在成為執政黨領導人之前，都是社會各方面的精英人才。他們在哪個領域成功了，執政黨才邀請他們入黨，為國民服務。所以，在新加坡很少有「黨齡」一說。今天不是黨員，明天黨需要你了，你就可以成為黨員，這就解決了很多列寧主義政黨黨內論資排輩的問題。列寧主義政黨的本質就是要吸收社會的精英，但它在成為組織之後，往往會演變成既得利益集團。新加坡有效地解決了這個問題。解決方法就是維持政黨的開放性，向社會開放。

執政黨吸收社會培養的人才，意義非常深遠，可以從幾個方面來理解。首先，執政黨的幹部來自社會，使得執政黨能夠和社會維持緊密的聯繫。這樣的人才，因為來自社會的各個方面，能夠更瞭解社會的需要，更能表達和代表社會各方面的利益。更重要的是，這些人來自社會，社會對他們的認同度高，他們進入黨之後，就強化了執政黨的合法性。這是執政黨保存權力不變質的一個有效方法。就是說，執政黨必須保持政權的開放性，向社會開放。其次，減少腐敗。這些人本來就有很好的經濟基礎，腐敗的可能性大大減低。就是說，他們進入執政黨，擔任公職，並非是為了經濟利益，而是為社會服務。在很多國家，包括民主國家，擔任公職的人經常出現「尋租」（rent-seeking）現象，這是以權謀私。但在新加坡，這種情況很少見。再次，培養的成本很低。要培養一個幹部並不容易，社會培養幹部無疑大大減少了培養成本。

在西方多黨制政府，政府的政策很容易轉型。政黨輪換，使得執政黨不用背負其他執政黨的包袱。但在一黨執政的條件下，政策轉型很慢，如何隨時更新自己的人才和政策，這是長期一黨執政所要面臨的挑戰，這就需要依靠黨和社會結合，體察社會，吸收社

會精英。

　　這一點上，我們可以在新加坡看到中國傳統的因素。中國近代之前沒有政黨，但國家的管理權基本上是開放的，向社會開放，開科取士。現在的執政體制在某些方面可以說比以前封閉，政治精英必須從基層一步步向上爬。像美國，滿足憲法規定條件的公民就可以競選總統。中國則必須逐級晉升，黨的幹部從科員、處長、局長一步步往上爬，不可能三十多歲就升到很高的職位。年輕人能晉到部級，必須運氣非常好，每一步都趕上車。實際上，只有到了五、六十歲，才有可能進入高層領導崗位。體制缺乏生氣，這是體制本身的不開放與局限性所致。從新加坡的經驗看，這個體制的局限性並不是不能克服的。現在共產黨也開始起用社會精英（如民主黨派人士），這是個好的起點。但還有很多事情要做，要從體制上變革，建立執政黨和社會優秀人才的直通道。

　　這裏還有一個問題需要特別強調一下，那就是新加坡的高薪制度。新加坡的部長們薪水高是人盡皆知的。從當今世界上政府官員腐敗的趨勢來看，新加坡政府的高薪養廉被證明非常具有遠見。在亞洲國家，政府官員的低工資是腐敗的一個主要根源，無論在民主政體還是非民主政體，都是一樣的。菲律賓、泰國以及臺灣都發生過大規模的腐敗。南韓前總統盧武鉉自殺，也表明依靠政治人物的道德來維持清廉很不可靠，反而會帶來巨大的政治問題。即使在運作良好的民主政治中也是這樣，最近在英國政壇爆發的濫用政府補助的事情就說明了這一點。從前，從政的大都是貴族或者有名望的人物，他們往往有很好的經濟背景，從政不是為了追求經濟利益。但是在現代大眾民主時代，任何人只要獲得足夠多的選票或者得到任命，就可以從政。很多人原來的經濟條件並不好，政府薪水不足以維持他們的體面生活。在這樣的情況下，就會發生「尋租」

行為，腐敗也變得不可避免了。

　　人們一般把高薪和養廉聯繫在一起。不過要指出的是，養廉只是其中一個目標，還有一個非常重要甚至更為重要的考慮，是要透過高薪制度與社會競爭精英人才。上面說過，新加坡很多政治人才來自社會，那些人才在企業做都可以拿到數百萬了，為什麼要到政府來拿對他們來說少得可憐的薪水？所以，要吸引這些人才就必須給他們一個基本的報酬。當然，高薪能夠推行是因為新加坡的精英制度。如果幹部隊伍過於龐大，高薪就很難實現，這是另外一個重點。

政府和社會的關係

　　新加坡本身是個很小的城市國家。人民行動黨議員都要定期和選民直接見面，討論他們所關心的問題，這就把執政黨和社會結合起來。但在中國，黨代表、人大代表、政協沒有和社會連接的有效機制，不和老百姓發生直接的關係。如果這些代表與社會及人民是沒有直接聯繫的，那麼他們如何能代表人民的利益呢？

　　新加坡把民主和一黨獨大政治制度很好地結合了起來。西方人說新加坡並非自由的民主，但名稱並不重要，關鍵是民主要能夠產生一個好的和有效的政府。自由民主不見得能夠產生好的政府和有效的政府，近來亞洲各地的民主危機就說明了這一點。亞洲很多國家和社會的民主政治的產生和發展，要麼受殖民地制度影響太大，要麼受美國影響太大。在西方國家，民主政治能夠有效運作，獲益於民主化之前的基本國家制度建設，也獲益於比較高的社會經濟發展水準。在亞洲，一些國家和地區在能夠確立基本國家制度和

取得社會經濟發展之前，受各種因素影響而民主化，民主政治因此經常出現問題，尤其是民主政治所具有的不可逆轉的性質。一旦民主化，很多基本國家制度就很難建立起來，這就有可能使得這些國家長期處於弱勢地位。

應當強調的是，任何政治制度都有可能出現一個好政府。中國也出過好皇帝和好政府，但那是靠一個領導人的個人素質。領導人好，政府就好，個人的因素發揮了主要作用。正因如此，直到今天，很多中國人還是希望能夠出現一個明君和好領導。這種現象在其他國家也有。但是，中國缺乏一種有效的監督制度來防範不好的政治人物。

新加坡是用民主制度來保證這個好政府的。執政黨必須通過五年一次的「大考」，即大選，因為有很多反對黨存在，儘管它們很小，但也構成良好的競爭壓力。反對黨本身對執政黨沒有什麼實質性的制約，在國會裏只有少數幾個名額，但如果人民不滿意於執政黨，原則上在大選時是可以支持反對黨的。因此，執政黨始終有壓力，執政黨的執政行為必須讓多數民眾滿意。

要保障真正的人才被錄用。中國事實上的精英淘汰制，使得那些對政府或者其政策持批評態度的人不被錄用，或者不被重用。實際上，看看中國的官場，不少是瞞上欺下的趨利之徒，光說好話，光拍馬屁；新加坡就不一樣。新加坡的一些官員，他們在進入政治之前，都是對政府持批評態度的。但是執政黨很開放，政府需要的是具有建設性批評的人，只要批評得有理，執政黨就會使用他們。執政黨最不喜歡光會講好話的庸人。你有能力、有業績、有建設性意見，黨就可以把你吸納進來。執政黨也不喜歡光會罵而沒有建設性意見的人。

前面說過，中國傳統皇權體制透過科舉制度來開放統治權。

現在國務院任命兩個民主黨派的人才做部長（衛生部長和科技部長），但這還遠遠不夠。毛澤東在建國初期選用了大量的民主黨派人士當部長，有些聯合政府的味道。現在和那個時候比較，在這方面做得不夠好。現在共產黨是唯一的執政黨，聯合政府的概念已經過時。但是怎麼保持政權的開放性，代表社會利益？這是執政黨要解決的問題，否則執政黨本身就會演變成既得利益集團。

執政黨要代表人民的利益，這很重要。在這一點上，新加坡政府做了很多已開發民主國家做不到的事情。新加坡政府的立國精神是民本主義——道道地地的中國傳統精神。在很多地方，人們對政府和市場的作用、對資本和人民的作用爭論不休，但新加坡很技巧地處理了這些方面的平衡。新加坡政府在「親商」和「親民」之間找到了一個平衡點。「親商」也就是親商人，重視資本的作用。要發展就要重視資本，重視商人和企業家的作用，沒有企業家、沒有資本，發展就無從談起。就我所知，新加坡發明了「親商」的概念。中國的「親商」概念就是從新加坡借用過來的，首先出現在新加坡蘇州工業園區，然後擴展到全國各地。在西方沒有「親商」這個概念，因為不需要，西方的發展本來就是商人主導的。前面說過，新加坡的發展從一開始就是政治人才主導的，這就提出了政府要「親商」的問題。就是說，政府要為商人和資本提供一個有利的環境，讓他們發揮很大的作用，推動經濟和社會的發展。新加坡的工業園區就是在這樣的背景下出現的。多年來，新加坡政府在吸收外資方面花費了很大精力。如果沒有新加坡政府的「親商」政策導向，新加坡不會有今天的建設成就。

但是，「親商」和發展本身不是目的，它們的目的是「親民」。就是說，前者是手段，後者是目的。新加坡政府在提供基本政府服務方面，是很多民主國家不能相比的。要長期執政就必須為

社會提供服務。「親商」為服務型政府提供了經濟基礎。很多中國傳統文化中的理想在中國從來就沒有實現過，例如「居者有其屋」，但在新加坡實現了。很多國家，包括民主國家都解決不了這個問題。從中國來新加坡考察的很多人，總把新加坡的住房政策看成是救濟窮人的，這是個很大的誤解。新加坡的大多數人都居住在政府住房，中產階級也是。住房政策是新加坡非常重要的立國政策。建國以來，政府圍繞著住房這個平臺制訂了一系列建設和諧社會的政策，包括社區、醫療衛生、公共安全、環保和教育等。這裏尤其要提一下新加坡政府處理經濟危機的方式。每次經濟危機到來時，政府總要考慮到資方和工人的利益，在兩者之間做一個平衡。一方面要幫助資方度過危機，因為一旦資方發生危機，工人的就業就會發生問題。在這次金融危機之後，政府補貼資方，目的是為了讓資方不任意解雇工人。另一方面，政府也不遺餘力地幫助工人。政府不會毫無目標地給窮人發錢，而是給他們提供各種再就業培訓和就業機會。

在中國，「親商」和「親民」之間的關係一直沒有理順。從新加坡的經驗看，這不是矛盾的。要發展就要「親商」；但要可持續地發展，要建設和諧社會，要長期執政，同時也必須「親民」。

反對黨並不是民主政治的唯一標誌

政治可以集中，權力可以集中，但必須保證這些掌握權力的人是社會上最優秀的人——這是新加坡領袖的重要考量。很多歷史事件表明，在很多情況下，自由民主政治既不能防止不好的人當選，也不見得能夠選出最好的人。很多人一般把民主和多黨政治聯

繫在一起，甚至把反對黨等同於民主政治，這並不符合歷史事實。反對黨的作用是能夠制約執政黨，但也存在著其他更加有效的制約措施。上面說過，對新加坡執政黨最有效的制約並不是反對黨，而是社會，也就是人民。

也有人說，只有多黨競爭，選民才會有理性的選擇，因為不同政黨提出不同的政策，選民可以在不同政策之間做一理性選擇。但這個假定可能並不符合事實。一個候選人能否被選上，既要看其政策好不好，也要看其他很多因素。假設選民都是理性的，這並不確切。你長得漂亮不漂亮、有錢沒錢、演講能力如何等等，這些都會影響你能否當選。如果去演講，鄧小平可能說不了多少話，但像陳水扁這樣的律師則可以滔滔不絕。別忘記了，希特勒當時是選舉出來的，很多腐敗的總統也是選舉出來的。

假如兩個候選人都是「爛蘋果」，那麼選哪個都無所謂。在很多年裏，西方就有這種傾向。幾個候選人都差不多，或者大家都認為這些都是「爛蘋果」，所以投票率就會比較低。根據我的觀察，新加坡的體制有個好處，就是將「選拔」和「選舉」結合起來。人民行動黨要保證，先要選拔出幾個「好蘋果」，再讓老百姓投票來選舉。選拔是中國傳統的東西，而選舉是西方的，新加坡能夠把兩者結合得很好。

應當指出的是，選拔不是指定，尤其要避免現任領導人指定其接班人。如果是指定，那麼就不是民主，而是王朝政治。選拔就是黨內民主、黨內競爭。對新加坡的領袖人物，人民行動黨的黨內認同很重要。李光耀曾說過，在吳作棟和陳慶炎之間，前者並不是他的首選。但黨內支持吳作棟，最後是黨內精英認同而不是個人認同發揮了作用，不是李光耀喜歡誰就是誰。

很多人以為民主就是多黨競爭，這並不確切。民主的本質是

競爭，而不是政黨的數量。在日本有一段很長時間，自民黨內派系競爭（這是自民黨的黨內民主）的重要性，遠遠超過黨與黨之間的競爭。這種黨內競爭就是選拔，非常重要。歐洲有些國家，有很多個政黨，他們就會覺得美國不夠民主。美國只有兩個政黨輪流執政，不僅沒有很多的區分，而且代表性也不夠。也有美國人嘗試過第三黨，結果發現第三政黨勢力不可能。其實，黨的數目不是民主的本質。如果瞭解博弈論，就不難理解兩黨之間的競爭和三黨、四黨、五黨之間的競爭，它們之間的遊戲規則和結果都有本質性的區別。民主的本質是競爭，多黨之間可以有競爭，一黨之內的不同領導人之間也可以競爭，政黨只不過是組織競爭的平臺罷了。在以往，政黨是主要組織政治競爭的平臺，但人們也不能否認可以有其他的平臺出現，甚至比政黨這個平臺更加有效、更加公平。在西方，越來越多的候選人開始關注互聯網這個平臺。現任美國總統歐巴馬就充分利用了互聯網這個平臺。

如果實行的是一黨制或者一黨獨大的制度，黨內的競爭就變得非常重要。像日本的自民黨，黨內的精英妥協就是精英的制度性競爭。當然，最理想的是黨內投票。這種投票，可以是全體黨員投票，也可以是間接投票。在黨內民主方面，中國也有很大的進步，中共十七大就慢慢地開始在嘗試這種方式。美國民主黨和共和黨的候選人，也是黨內各種勢力競爭的結果，最後讓老百姓去投票選擇。英國政黨候選人的提名更是透過變相的「選拔」制度。

保證候選人的品質、才能，老百姓投票才有意義。這點新加坡做得很好。比如，把一個在某個領域做得很好的人註冊到一個特定的選區，讓老百姓選舉你。他是先有社會認同，再有政黨認同。黨外做得好的，會被黨直接吸收進來，所以他很容易當選。中國是反過來的，先有黨的認同，再有社會認同。在新加坡，社會不認同

你，執政黨不會吸收你。

民主不一定就是反對聲音越大越好，關鍵是競爭。反對不一定要在外部，在內部也可以。無論哪個政黨，都是爲了這個國家的利益，不是爲了奪權而奪權，如英國叫作「忠誠的反對黨」。在亞洲很多國家和地區，反對黨已經演變成了爲反對而反對，這並不符合民主的本意。新加坡現在也在做政治改革，主要是爲了更多的民主，增加反對黨在國會內的比例。新加坡總理李顯龍說，這個改革是爲了維護政治穩定以及保持民眾對政府強而有力的授權。新加坡決定修改選舉條例，將反對黨在國會的保障席位，即非選區議員的席位，由最少三個增至九個。不論反對黨候選人的得票多少，在國會最少都有九個席位，令反對黨在國會的比例增至兩成。新加坡政府強調指出，比例代表制不會是政治改革的選項，否則會出現弱勢政府。就是說，發展更多的民主並不一定要學習西方。西方的很多做法在理論上比較公正，但在實際上並非如此，而且很多做法並不符合亞洲國家。新加坡做法的精神，就是在體制內提供給不同的利益和聲音以更大的空間，在體制內消化和協調不同利益。

領袖的作用

如果美國沒有華盛頓，會不會嘗試君主制？這是人們經常提出來的一個問題。國父非常重要，李光耀就扮演了這樣一個角色。總體上，新加坡是把西方的民主憲政與華人文化傳統結合得非常好的一個典型。

一個普遍的現象就是，在強人政治下往往沒有政治競爭，接班人指定就可以了。李光耀也是政治強人，不一樣的是，他能把自

己的世界觀、政策，轉換成一套制度，將執政黨的建設、反腐敗制度都建立起來。李光耀學法律，他知道要長治久安，一定要把理念轉化成制度。毛澤東、鄧小平都是強人。毛澤東時代，中國的制度建設不多，而鄧小平把自己的一些想法化成制度，比如退休制度，對今天的中國政治穩定發揮了很大的作用。

新加坡不講意識型態，只講共享價值。它把自己的文化與憲政制度相結合，是亞洲第二個把東西方文明結合得最好的國家。我認為，日本是第一個把自己的傳統文化和西方政治民主結合得最好的國家。日本並非是完全的西式民主，日本結合了傳統文化（尤其是儒家文化）和西方的民主憲政。自民黨內部的派系能夠達成共識，和傳統文化分不開。日本政治人物也勇於承擔責任，這也是傳統文化的一部分。新加坡領導人透過自己的努力，也走出了一條具有自身特色的政治道路。制度移植在新加坡沒有發生，所發生的是制度創新。

美國的制度已經經歷了兩百多年，已經生根了，誰也毀滅不了。在亞洲、非洲、拉丁美洲，很多民主政體的運作很有問題，成了社會不穩定的根源。本來民主的精神是相互妥協，但這些國家往往相互攻擊。在亞洲，很多國家實行民主已經有很多年，但政局還是很亂，社會經濟也不發達。新加坡避免了很多開發中民主國家所走過的彎路，制度創新在這個過程中扮演了很重要的角色。現在新加坡也提出了「後李光耀時代」的問題。我自己的判斷是，在「後李光耀時代」，李光耀時代所確立的制度已為這個制度的延續性提供了保障，同時這個制度也包含著巨大的創新精神。

新加坡模式與中國政改前景

　　對現在的中國來說，所有改革的關鍵就是確立改革的主體，就是誰來改革。誰也不會否認改革的重要性，各種改革設想也是存在的，關鍵在於誰來改革。新加坡為什麼能成功？最主要的就是思想和權威。李光耀能把他的想法變成制度。在二十世紀八〇年代鄧小平時期，當改革出現問題或者新政策不能實施下去的時候，領導階層的權威問題就提了出來，就是當時所謂的「新權威主義運動」。今天，儘管沒有人再提新權威主義，但中央政府缺乏權威的現象仍然存在；並且因為強人政治的過去，這個問題越來越嚴重。從前人們說政令不出京城，但現在人們說政令不出中南海了。

　　如前面所說的，在確立權威方面，中國可以從新加坡學到很多。如果中國共產黨真正能把黨內精英和社會精英聚合在一起，也可以做到這一點。中國傳統是最強調選拔的，但現在往往逆向淘汰。產生逆向淘汰機制，主要是因為沒有正式的競爭機制。中國人競爭，三分靠才能，七分靠關係，能夠參與競爭的就已經不一定是精英，幹得最好的人，不一定能上去。

　　在新加坡，出來競爭的都是社會認同度比較高的人。要吸引真正的人才，執政黨必須向社會開放。較之人民行動黨，中國的開放程度還比較低。考慮到中國的特殊情況，中國可以進行分領域的開放。在一些敏感的領域，例如與政治和安全相關的領域很難開放，開放了以後也會出現問題；但另外一些領域，如教育、科研、社會和經濟領域，應當大力開放給社會優秀人才，真正的社會精英。這裏要強調的是，如果要吸引真正的人才，中國必須改變整個

社會泛行政化的做法。在新加坡，行政級別僅僅限於政府領域，很多領域是沒有行政級別的。銀行、政府企業、學校和研究機構等，這些在中國具備行政級別的機構，在新加坡都沒有行政級別。沒有行政級別有利於人才的選用。有了行政級別，這些職位就有了政治性，而政治性往往會阻礙人才的選用。同時，把人才和行政級別聯繫起來，不是選用人才，而是浪費人才。被選用的人才往往被賦予很多行政事務，沒有時間從事專業。更為重要的是，泛行政化和專業主義相對立。從人才方面來說，新加坡兩個領域的人才培養得最成功，一是政治人才，二是專業人才。新加坡各方面我們可以稱之為文明的水準，都是因為專業人才而得到提升，而政治人物則為專業人才提供一個理想的發展環境。

要確立執政黨的改革主體地位，除了選用人才，中國還必須在民主方面做文章。如果沒有了強人，要確立權威，除了向社會開放，黨內民主也變得非常重要。共產黨是中國改革的主體，如果黨的領導人是由黨內選舉產生的，那麼就可以確立真正的民主權威，中國勢必往這個方向走。幾年前，黨的十七大已經朝這個方向走出了很重要的一步。一旦黨的領導人不能內部指定，就只能透過黨內民主和選舉來產生。

中共黨內民主的節奏會越來越快，這是不可避免的。精英民主、黨內民主會遠遠快於社會民主或者人民民主。十七大提黨內民主引導人民民主，這個提法很確切。沒有黨內民主，社會民主很難自下而上進行下去。黨內民主一定要和社會民主協調，否則就會產生這樣的情況：你不是選出來的，我是選出來的，我為什麼要聽你的？現在同一級的村委會和村黨支部都有些矛盾。所以，自上而下、自下而上的民主一定要結合起來。黨內民主的動力，大於人民民主。黨內是精英之間的競爭，職位有限，大家要競爭。在和平時

代，大家都做得很好，為什麼是你當而不是我當這個職務？靠什麼決定？大家投票。

西方實際上也是這樣，各黨派在內部協調好了，讓老百姓投一票，認可一下。西方民主的真正本質是精英競爭。幾年前，應中國一份雜誌（《南風窗》）邀約，我寫了一篇文章，說中國的民主必須是黨內民主加社會民主加憲政民主。這裏，憲政民主是個框架。無論是精英民主還是社會民主，都要以憲政、法治為基礎，沒有這個，民主就會導致無政府狀態。

精英之間競爭多了，就會發展出一些基本規則。規則可以成文，也可以不成文。比如，黨內民主選舉，需要年齡、教育程度、地方和中央工作經驗這些技術性條件。更進一步而言，什麼可以爭論，什麼不可以爭論，什麼可以修改，什麼不可以修改，這些前提就成為民主的邊界與約束條件。憲政就是進入政治競爭的各種政治力量，無論是個人還是政黨，都必須服從法律，在憲政的架構下活動。沒有憲政，就沒有政治穩定。政治力量如果不認同憲政，每一種政治力量只認同自己所界定的國家，那麼一個國家和社會就會永無寧日。

中國的憲政應該領先，然後推動黨內民主、社會民主。也不是說中國沒有法治，執政黨在推動法律制度的進步方面扮演了很重要的角色，黨也通過法律治理社會。但黨如何通過法律治理自身，這是憲政問題，還有很多事情要做。

這裏就涉及執政黨和法律之間的關係了。要考慮如果沒有政治改革，司法改革怎麼進行的問題。很難把中共看成是一個西方式政黨，黨就是國家的締造者，是所有者，政府是管理者。但正如在經濟領域，管理者和所有者既可以合一，也可以分開，就像所有權與經營權一樣。用西方的概念和理論來看中國、理解中國，往往會

南非總統姆貝基為了避免黨內惡鬥而主動提前下臺

泰國總理沙馬前腳下臺，後腳便因一樁陳舊案件被判兩年監禁

義大利總理貝魯斯科尼在本國起訴外國媒體被判輸

競爭是一種約束官員濫權、卸責的有效制度。

產生錯覺。很多人喜歡用西方的話語體系來看中國，這就好比用蘋果的理論看待橘子一樣。用蘋果的方法來改革橘子，一定行不通。

在中國的語境裏，司法的完全獨立可能一時三刻很難做到，但司法要有自治性。所有國家，甚至連美國，總統透過對法官的任命，也可以對司法產生一定的影響。但是，不要去干預司法的自治性，法官、律師的獨立、專業精神應該得到保證，這非常重要。如果法官律師與政治扯不清，就得不到社會的信任，因為社會有自己的判斷能力。

執政黨可以透過人大系統來參政執政，像新加坡這樣。黨在人大裏面占絕大多數，但不要直接行政，不要直接干預司法。透過人大，與政府、司法系統發生關係。在地方，很多黨委書記兼任人大主任一職，就有這方面的考慮。執政黨必須有合理的執政和參政機制。

　　中國要推動制度的合理化。這方面，有很多力量，但黨自身也很重要。黨必須要根據社會經濟條件的改變，採用合理的方式來管理社會。

　　中國的政治發展，不光要縱向比較，還要橫向比較。和改革開放之前比較，中國政治進步了很多；橫向比較也一樣。如果黨弱化了，中國就會沒有將整個國家整合起來的力量。在西方人眼裏，菲律賓是自由民主國家，而新加坡是非自由民主國家，但民眾會選哪一個？亞洲、非洲、拉丁美洲很多國家的民主運轉不靈，很差勁。人民都會考慮，民主會給我帶來什麼？

　　改革是各種力量互動的結果。黨不能和其他力量隔離開來。現在的黨和毛澤東時代的黨已經有了很大變化，儘管還是列寧主義式政黨，但很多內容發生了變化，中國只能在這個結構下尋求民主化的途徑。黨的優先考慮是長期執政，在這一點上，任何政黨都是一樣的。民主有助於執政黨的長期執政，沒有理由拒絕它。改革開放以來，執政黨呈現出開放性。只要這種開放性是持續的，最終必然走向民主。

（本文原為2009年新加坡中國商會和東亞研究所共同主辦的紀念鄧小平訪問新加坡三十週年紀念會上的一個講話。原題為「中國向新加坡學習些什麼？」）

結語：中國模式與思想解放

一

　　今年是「五四運動」九十週年。從這次運動發生的那個時代
起，「五四運動」注定要成為中國現代史的主題。在此之後，中
國歷史的所有發展似乎都可以不同形式和「五四運動」聯繫起來。
無論是在政治領域還是文化領域，人們都很難想像一個沒有經歷過
「五四運動」的中國。也正因為這樣，人們對「五四運動」的解讀
和評價從來就沒有停止過，有意識型態的解讀，有政治的解讀，有
黨派的解讀，也有各種各樣伴隨時代氣息的文化解讀。但無論是持
肯定態度還是否定態度，各種解讀都和現實中所發生的現象和所存
在的問題分不開。持肯定態度的人可以從「五四運動」中找到正面
的因素，而持否定態度的人也同樣可以從「五四運動」中找到負面
的因素。

　　舉一個例子來說。在二十世紀八〇年代，中國進入了一個倡
導政治改革的時代，無論在政治領域還是在知識領域，人們都大力
推崇「五四運動」的進取、改革，甚至革命精神。但是在一九八九
年「六四事件」之後，人們對「五四運動」就有了很不相同的看
法，一些人往往簡單地把這場運動和激進主義聯繫起來。「六四事
件」之後，中國的知識界想「告別革命」，開始對革命和激進社會
運動做知識反思。不久，中國領導階層也正式提出共產黨要從革命
黨向執政黨轉變。在革命的時代，人們需要「五四運動」所體現
出來的那種精神，但在和平執政年代，情況就大不一樣了。既然
「五四運動」是激進主義的產物，也是和革命聯繫在一起的，那麼
今天再提倡「五四」精神就顯得不合時宜了。這或許是中國有關部
門這些年來低調處理「五四運動」紀念日的一個主要原因。

　　對「五四運動」這樣一場在中國現代歷史上具有里程碑意義的運動，任何輕易的結論都爲時過早，政治性的結論更是站不住腳。不過，各種評價中所體現出來的態度倒也說明了這樣一個事實，即「五四運動」儘管已經成爲歷史，但仍然具有深刻的現代性。無論從「五四運動」來反思現代，還是從現代來反思「五四運動」，人們都可以看到這場運動的偉大性和其深刻的歷史性。

　　應當指出的是，「五四運動」的影響從一開始就具有全球性，影響所及包括中國、臺灣、香港、澳門在內的華人社會。這些華人社會，儘管同屬華人傳統，但從近代以來，因爲歷史的分叉式發展形成了不同的社會、經濟和政治型態，所以「五四運動」對各個華人社會的影響不同，不同社會的華人社會對「五四運動」的評價及其評價的參照價值也不同。這裏不可能涵蓋「五四運動」對所有這些社會發展的影響。本文聚焦於「五四運動」的發源地，即中國大陸。但即使聚焦於中國大陸，要對「五四運動」之後，中國思想領域的發展說個清楚也並不容易，這是一項龐大而嚴肅的任務。同樣，要對「五四運動」做任何具有結論性的評價也不可能，因爲對「五四運動」的評價應當具有開放性。歷史是開放的，對歷史的評價也應當如此。因此本文旨在討論「五四運動」對現代中國的深刻影響，及這一運動對未來的發展意義。是爲紀念。

二

　　「五四」時期可以說是一個思想「百花齊放」的歷史時期。從很多方面來看，今天的中國也呈現出這樣一個局面。儘管中國有關當局還實行學術和言論管制制度，但因爲客觀社會經濟和政治問題的存在，各種「主義」之間的爭論不時以各種方式爆發出來。所

謂的「主義」之爭，就是人們都想從各種「主義」來尋找理解和解決現實問題的有效方法。民間的各種爭論方興未艾，但官方還是秉持著鄧小平以來的「不爭論」政策。儘管在實踐層面，中國政府的改革開放政策具有相當的連續性和一致性，但對其背後所隱含的意識型態或者思想背景，官方往往是作而不述。這樣就導致了目前官方「意識型態衰落」的局面。

也正因為存在著這樣一個局面，「五四運動」對當代的中國仍然具有現實性。從「主義」之爭的視角來看，「五四運動」的一個最大特點，就是沒有人能夠控制得了思想和觀念的爭論，也沒有人害怕爭論。「五四」時期出現了名目繁多的「主義」，但大多數「主義」很快就消失了。這些「主義」的消失並不是因為外在的壓力，例如政治和行政權力，而是因為很多思想在中國找不到合適的土壤。同樣，一些「主義」在競爭中生存下來並得到了發展，這其中最主要的原因，是它們在中國找到了適合自己的土壤。

今天中國社會的主流思想社會主義，就是在「五四」時期和之後確立和發展起來的。在「五四」時期，社會主義為什麼會成為中國占領導地位的意識型態？這和社會主義思想在當時的競爭力分不開。當時，社會主義思想沒有任何政治的、行政的、法律的和經濟的支持，並且經常被視為異端。但社會主義思想顯然並不怕競爭，這種思想很快取得了領導權。這裏有諸多因素。首先社會主義思想贏得了很多知識分子的認同，這個知識群體在傳播和發展社會主義思想方面，發揮了非常重要的作用。用義大利馬克思主義者葛蘭西的概念來說，這些人就是社會主義的「有機知識分子」。社會主義思想贏得領導權，也是因為它較之其他思想更符合中國的政治經濟現實，一方面能夠解釋中國的現實，另一方面也能解決中國所存在的問題。正因為如此，在中國，社會主義不僅是一種理論哲

學，也是一種實踐哲學。還有一個重要的因素，就是當時的大學和學校具有思想自由競爭精神。任何思想都必須有載體，而大學和學校是最主要的思想載體。如果當時所有的大學都不能容忍信奉社會主義思想的知識分子，那麼社會主義要在中國取得領導權便困難得多。當時的大學（尤其是北京大學），學校領導本身並不見得認同社會主義，但他們勇於面對、也有能力面對各種思想的競爭。

社會主義成為主流思潮是競爭的結果。從「五四」到當代，社會主義思潮及其實踐本身，已經歷了幾個具有本身特色的歷史階段，總體來說，是經過了從開放到封閉再到開放的過程。在「五四」時期，社會主義是思想開放的產物，但在其發展過程中社會主義確立為主流，變成封閉僵硬的教條。在改革開放之後，社會主義再次表現為開放狀態，重新獲得了生命力。

社會主義在最初傳入中國的時候，和當時流行的各種主義，如自由主義、民主主義、資本主義、民族主義和無政府主義，並駕齊驅。早期的共產主義者，包括李大釗和毛澤東等第一代領導階層選擇了社會主義，是因為當時的主要目標是為了建立一個獨立的主權國家。社會主義作為一種政治思潮起源於歐洲，是對原始資本主義非人道的修正，因此歐洲社會主義強調的是社會正義和社會福利。但是到了中國之後，社會主義發生了很大的轉型，和民族主義結合在一起。在新中國建立之後，這種社會主義內容並沒有多大改變。不管人們對它的評價如何，計畫經濟在當時是被作為一種建立獨立主權國家的手段來實施的，它的重點並非個人和個人權利，而是國家力量；加上冷戰等因素，領導階層過分強調公有制，人為地把社會主義和資本主義區分開來。

改革開放之後，以鄧小平為代表的第二代中共領導人對社會主義進行了深刻的反思。毛澤東時代極端形式的社會主義產生了

一個強主權、窮人民的國家。鄧小平提出了「貧窮不是社會主義」
的口號,並實施「讓一部分人先富裕起來」的政策。在蘇聯和東歐
國家解體以後,更是全方位地引入市場經濟乃至資本主義經濟運作
方式。這樣做,一方面是為了經濟建設,脫離貧窮社會主義;另一
方面也是想透過資本主義經濟方式來衝擊僵硬的政治體制對經濟改
革的束縛。這個時期在市場經濟發展方面非常成功,也促使中國社
會開始做全方位的轉型。舊的體制被衝垮,但新體制的確立相當緩
慢。儘管中國領導人從來就沒有宣布放棄社會主義,但很多人認
為,市場經濟乃至資本主義經濟運作方式的全方位引入,表明了社
會主義在中國的衰落。中國各界除了拚命追求經濟利益外,表現出
了前所未有的亂象,因為人們不知道社會在往什麼方向發展。

　　進入本世紀以來,中國社會主義又開始邁向一個新的發展階
段。人們已經注意到,這些年來,中國領導階層正在促成中國社會
各方面的轉型,中國官方正式提出要建立「和諧社會」。可以說,
正在出現和形成的是社會主義的一種新潮。這種新潮已經反映在很
多方面。首先,在發展方向上,提出了「以人為本」的基調思想。
「以人為本」本來就是歐洲社會主義思想運動的核心,意在修正資
本主義制度所帶來的諸多弊端。但在改革開放前很長一段時間裏,
社會主義在中國的實踐是和「以人為本」的思想相對立。直到二十
世紀八〇年代,「以人為本」還被視為資產階級自由化思潮的主要
內容而遭到批判。現在它成了指導中國社會發展的基調思想,這是
政治上的一大進步。其次,在政策層面,「以人為本」把政策的重
心放在社會的大多數上。在用法律手段保護新興社會階層的同時,
重新認定占社會大多數的工人和農民的利益。領導階層提出的諸多
新概念如「新三民主義」和「科學發展觀」等,是「以人為本」理
念的表現。在政策層面,領導階層也開始把更多的注意力放在追求

社會公平方面。近年來，透過社會改革來確立社會制度從而達到社會公平，已經成為中國的改革大趨勢。社會保障、醫療衛生、教育和環保等是政府主要努力的領域。

所以，說它是社會主義新潮，是因為它不是對傳統社會主義的回歸，而是一種新的綜合創造。它繼承了傳統社會主義的很多合理理念，如社會公正、以人為本和協調發展等，但使用完全不同的方法來實現這些理念。從很多方面來看，社會主義新潮完全放棄了冷戰時期蘇聯和東歐版本的社會主義，而類似於歐洲版本的社會主義。當然，社會主義新潮的根據是中國的社會現實。歐洲意義上的建立在市場經濟基礎之上的工業化，在中國剛剛開始不久，加上全球化、社會流動、農民問題和階級分化等因素，中國似乎顯得更具社會主義的基礎。或者說，如果不能解決占社會大多數的工人、農民和農民工問題，任何主義在中國都會難以生存。社會公正、「以人為本」等社會主義概念，使得社會主義再次在中國煥發出活力。實際上，現在中國社會存在著的各派思潮，如「自由主義」和「新左派」，儘管有不同的理念，但沒有一個否認社會主義的核心概念。除了少數的基本教義派，各派分歧的並不是這些社會理念本身，而是實現這些社會理念的手段。

「以人為本」等新概念的提出及其新的發展手段的引入，使得中國社會主義再次具有了新的生命力。但是如何在政治層面體現和確立人本主義制度呢？就是說，如何建立社會主義的民主政治呢？和經濟領域一樣，這既是個理論問題，也是個實踐問題。社會主義是一種透過人民參與政治過程來達到社會公正，實現「以人為本」價值的制度。當中國的市場經濟制度已經建立和鞏固之後，人們更為關注的，就是政治上的民主化和社會民主制度在中國的確立。正是在民主化問題上，顯現出政府和民間的爭論和分歧。

三

　　應當指出的是，官方努力促成的社會主義新潮並沒有成爲大多數中國人所認同的意識型態。相反的，在很多年裏，中國表現爲官方意識型態的衰落和社會層面各種意識型態的崛起。也就是說，官方意識型態受到很多其他的「主義」和社會意識型態的挑戰，形成此消彼長的競爭態勢。

　　中國改革開放以來的高速經濟發展導致多元社會利益。因爲社會群體之間、地區之間的收入差異越來越大，多元利益很快演變成分化社會。任何經濟體在發展早期都會經歷一個收入分配差異拉大的階段。收入分配差異對一個社會的政治影響取決於該社會的接受程度。在中國，收入差異不僅從客觀上說（即從基尼係數來衡量）已經超過了一般國際水準，更超過了中國社會的接受程度。很多社會階層對收入分配不公已經從不滿轉向憤恨。實際上，收入分配差異及其造成的政治社會影響，也是中國官員多年來關注的焦點。儘管中國政府重塑社會主義，並在縮小分配差異、實現社會公平方面已經做了很大的努力，但是沒有跡象表明這些努力已經遏制了收入差異的擴大。反之，因爲政府還沒有發展出足夠有效的能力來管制資本，收入分配差異還在繼續擴大。利益的分化很自然導致了意識型態層面的分化。

　　這裏指的是中國社會層面的意識型態，就是社會中相當大的一部分人對某一種主義或者意識表示認同，而另一部分人則對另一種主義和意識表示認同。儘管官方仍然控制著中國的輿論界，但這並不妨礙各種主義的流行。今天的中國思想界在很多方面有如晚清和民國初年，各種主義一一湧現，例如所謂的「左派」、「右

派」、「保守主義」、「民族主義」，還有其他各種本土培育的或者從西方進口的主義和宗教意識。意識是對社會現實的反映，各種主義在中國崛起是個常態，它們也都在以各種方式和社會支持力量相結合，尋求政策層面，甚至政治層面的效應和結果。

多年來，主導中國經濟改革的是新自由主義話語。新自由主義在推動中國從計畫經濟轉型到市場經濟的過程中，發揮了不可或缺的作用。但今天的新自由主義處於一個非常難堪的局面。新自由主義促成了中國社會的分化，但沒有有效的政策來改變這種局面。相反的，在很多人看來，新自由主義已經淪落為既得利益集團的工具。在另一端，一些社會階層成為新自由主義主導下改革的受害者或者犧牲品。他們看不到以新自由主義為核心的改革路線的前途。近年來，一些人開始全面否定改革開放政策。他們對鄧小平的改革路線開始抱持懷疑態度，要求反思和糾正改革路線，因為市場化導向的改革出現了問題，而他們往往向後看。中國社會存在著的新老「左派」和被國外稱為「毛澤東派」的社會團體，都在不同程度上具有這種傾向。當然，這裏也有一些從理想出發來審視和批判現實的知識分子。

各種主要的主義都呈現出激進化的趨向。在一些情況下，各種主義都可以表現出「民粹」的特點。「民粹」往往是指社會基層被動員起來的一種狀況。在今天的中國，既存在著「左派」民粹主義，其基礎是社會底層和弱勢群體，也存在著「右派」民粹主義，其基礎是既得利益者和特權階層。雙方似乎很難找到妥協的基礎，從而表現為對立。一方面，既得利益者的心態是「窮人該死」，他們盡可能動員一切的力量，千方百計的在保護既得利益的基礎上再擴大利益。另一方面，底層社會階層面越來越難以忍受一個越來越不公正的社會，視既得利益為「不義之財」。他們和他們的代言人

當然也要動員自己的支持力量。

在這兩者之間，中國的中間力量非常小而弱。中國的中產階級本來就不大，現在這個還是弱小的中產階級處於一個困局之中：因爲財富加速從多數人手中轉移和集中到少數人手中，中產階級中少數一部分人已經透過累積財富和擴張，進入既得利益階層，但也有相當一部分人（尤其是城市居民）重新貧窮化，成爲新窮人階層。儘管經濟的發展在繼續製造中產階級，但目前中國的經濟結構決定了中產階級不會很快成長。

執政黨當然不想看到社會的激進化。官方對社會意識型態的激進化也是有相當認識的。官方在輿論和意識型態方面的控制還在繼續。但因爲利益的多元化，這種控制的有效性是相當有問題的。即使在執政黨內部，也已經出現思想多元化的局面，這使得建立一種各方都認可的意識型態變得重要起來。很容易理解，官方的意識型態強調的是各種利益之間的妥協。儘管各社會階層都能看到社會利益妥協的好處，但對底層社會階層來說，在沒有看到能夠造就社會利益妥協的具體制度和政策建立之前，還是難以忍受現在的社會不公正狀態。

社會意識型態激進化已開始表現在社會行動的一些方面，最顯著的是表現在近年來的社會群眾事件上。早期的群眾事件由具體的經濟和社會問題所引發，參與者也更多地表現爲對具體利益的爭取。但是這些年來，社會群眾事件開始超越經濟和社會範疇，具有政治性。也不可否認，一些群眾事件開始由理想的概念所引導，就是說，社會意識型態開始在群眾事件的發生和發展過程中扮演一個重要的角色。如果高度分化的利益不能達成妥協，那麼最終可能會演變成無論是「左派」或「右派」都不想看到的動亂局面。

四

　　中國社會的這種現狀表明執政黨要重拾「五四」精神，透過各種「主義」的競爭來確立中國的主流意識型態。與官方控制人們重回「五四」精神相反，執政黨現在需要的正是「五四」那種開放競爭的精神。官方擔憂思想運動的激進化可以理解，因為任何執政黨都不想看到任何一種思想的激進化。但是也必須理性地看待「五四」思想的激進化。和其他所有的思想運動一樣，「五四」運動的確有其激進的一面，主要是針對中國傳統文化的激進批評。但是激進運動並不缺失其理性的一面。對執政黨來說，有效的方法是透過思想競爭來確立主流價值和意識型態，而非使用政治的或者行政的強制方式來遏制思想。這方面二十世紀是有深刻教訓的。在二十世紀三四○年代，當國民黨確立其統治權之後，就對「五四運動」進行批判和攻擊。國民黨的發展和「五四運動」分不開，但成為執政黨之後，就失去了「五四」精神，在思想領域呈現出保守主義趨勢。針對當時社會存在的很多問題，中國的知識界秉持「五四」精神，對社會現實進行深刻的批判。執政黨顯然不想看到這個局面，因此用各種手段來控制和壓制知識分子。執政當局對「五四運動」的攻擊因此變得不可避免。但這種做法適得其反，官方的控制反而導致了學生和知識界更為激進的思想和行為，因為他們相信只有透過激進化，才能解決中國所面臨的深刻危機。毫無疑問的，失去學生與知識界的認同和支持是當年國民黨失敗的一個關鍵原因。

　　這段歷史應當仍然具有當代意義。上面已經強調過，社會主義在意識型態上的領導權，就是透過「五四」運動在中國得到確立

的。「五四」運動如何確立意識型態的領導權，對今天中國主流思想體系和價值的確立，仍具有深刻的借鑑和反思意義。對執政黨來說，首先必須區分兩個不同的概念，即「領導權」和「統治權」。根據義大利馬克思主義理論家葛蘭西的說法，「領導權」和「統治權」是兩個互相關聯但又具有不同性質的政治概念。意識型態的領導權是以特定的意識型態透過和其他意識型態的自由競爭而得到的地位，社會成員自由選擇該意識型態，自願接受認同這種意識型態，並且在行動中受這種意識型態的引導或者指導。但意識型態的統治權則不一樣。意識型態的統治權往往是一個政黨或者政治組織在取得政權之後，把自己的思想或者意識型態加於社會群眾之上。意識型態確定其統治地位並不見得要透過自由競爭，而是可以透過政治的、行政的、法律的和經濟的各種力量加於社會群眾。意識型態的統治權儘管並不排斥領導權，但兩者的區別是顯然的。領導權並不包含強制性，而統治權則包含強制性。所以，一般而言，意識型態的領導權較之統治權，具有更廣泛的合理性和社會性。

「五四運動」中所體現出來的思想競爭精神，對今天中國的思想戰線仍具有參照意義。中國共產黨現在是唯一的執政黨，擁有堅實的統治權。因為有了統治權，一些主管思想和意識型態的官員就很少去考量、甚至忽視思想意識型態方面的領導權。因為有了強大的政權基礎，有了經濟、社會和行政等各方面的權力，他們往往顯得霸氣十足。一些人害怕競爭，也不能容忍競爭，往往是用權力來壓人，用權力來解決問題。儘管這種現象在很多領域都存在著，但在思想領域尤甚。思想意識型態領導權的重要性是不言自明的，每個官員都意識到這一點，但很多官員並不想透過競爭來爭取思想上的領導權，而總是想用手中的統治權來取得這種「領導權」。

要取得思想意識型態方面的領導權，而不僅僅是擁有和使用

統治權，就需要思考知識分子，尤其是黨的知識分子的定位問題。任何一個政黨（尤其是執政黨）都必須擁有自己的有機知識分子。政黨如果不能培養自己的有機知識分子，那麼其意識型態領域的領導權就很難取得，很難維持。在多黨制國家，黨本身只是一種組織，具有組織利益，並且和其他黨派相競爭。但中國的現實是，中國共產黨是唯一的執政黨。在這種情況下，黨的利益是什麼？這是一個必須加以仔細考量的問題。人們常說「黨和國家的利益」，就是說，黨具有本身的利益，不管黨的利益多麼複雜，有一點很難忽視，那就是黨必須以社會大多數人的利益為依歸。

就是說，黨是整個社會的有機體。黨依附於社會整體，而不是社會依附於黨。這就決定了黨的有機知識分子首先應當是整個社會的有機知識分子，反映社會的聲音，代表社會的利益。黨的知識分子必須是社會的一部分，來自社會，服務於社會。他們和黨的其他幹部是黨和社會整體的緊密連接點。如果知識分子（尤其是黨的知識分子）成了某些特殊利益的代言人，那麼黨對思想意識型態的領導權就會出現問題。軟性的領導權出現了問題，那麼硬性的統治權就會顯現出來。統治權使用過度或者濫用，黨群關係就會呈現緊張狀態。

現在中國共產黨的領導階層已經提出黨要從革命黨向執政黨轉型的問題，並且把提高執政能力排到政治議程上來，這具有方向性的意義。隨著社會經濟的轉型，黨的轉型不可避免。近年來，中共在黨內民主、反腐敗等方面做了不少努力，但是迄今為止，主要集中在組織和管理層面的轉型，而這是遠遠不夠的。思想和意識型態上的轉型也同等重要。如果繼續不容許各種思想之間展開競爭，並在此基礎上融合成社會多數所能認同和接受的社會共享價值，那麼執政黨在意識型態領域會繼續處於衰落狀態。很多年來，執政黨

並不缺乏一些能夠增進社會大多數人利益的政策，但因爲在幹部黨員中間，這些政策缺少意識型態層面的理解和共識，因此不能得到他們的有效支撐，政策的執行一直是個大問題。更爲嚴重的是，如果社會缺失共同的價值，那麼社會的凝聚力也會越來越低。這樣的發展趨勢顯然非常不利於中國和諧社會目標的實現。

今天的中國面臨著前所未有的大變局。大變局產生大問題，大問題的解決呼喚思想的大解放。而思想解放也是改革開放以來各階層一直在呼籲的。但是，如何才能眞正實現思想的大解放呢？這裏人們就能看到「五四」精神對今日中國的相關性。正是在這個意義上，中國所需要的是尋回「五四」，而非告別「五四」。

（本文和王賡武合著，爲王賡武、鄭永年主編的《中國的「主義」之爭：從「五四運動」到當代》一書序言，原文標題爲「尋回，而非告別『五四』」。該書由新加坡八方文化公司2009年出版）

中國模式——經驗與困局

作　　者／鄭永年

出　版　者／揚智文化事業股份有限公司

發　行　人／葉忠賢

總　編　輯／閻富萍

地　　址／新北市深坑區北深路三段 260 號 8 樓

電　　話／(02)8662-6826

傳　　真／(02)2664-7633

網　　址／http://www.ycrc.com.tw

　E-mail／service@ycrc.com.tw

印　　刷／鼎易印刷事業股份有限公司

ISBN／978-986-298-008-8

初版一刷／2011 年 8 月

定　　價／新台幣 400 元

國家圖書館出版品預行編目（CIP）資料

中國模式：經驗與困局／鄭永年著. --初版. --
新北市：揚智文化, 2011.08
　面；　公分
ISBN 978-986-298-008-8（平裝）

1.中國大陸研究 2.文集

574.107　　　　　　　　　　100011070